제네시스박의

부동산
세금트렌드
2025

매년 변하는 부동산 절세 전략 총정리

제네시스박의

부동산 세금 트렌드 2025

박민수(제네시스박) 지음

경이로움

"세금은 살아 있는 생물이다!"

부동산 시장이 계속해서 변하듯이 세금 정책 역시 변화에 변화를 거듭한다. 지난 서울수도권 상승장에서 계속된 규제는 '22년 하락기 때 일부 풀리긴 했지만 오히려 그러한 요소들이 혼재함으로써 부동산 세금은 여전히 난제 중 하나가 되었다.

문제는 내 집 마련과 같은 실거주자들에게도 이 논리가 동일하게 적용된다는 것이다. 예를 들어 보자. 2017년 8.2 대책 이후 조정대상지역에서 신규로 취득한 주택을 비과세 받으려면 반드시 '2년 거주'를 해야 한다. 이와 별도로 양도가액 12억 원 초과 고가주택의 경우 12억 원 초과분에 대해서 최대 80%의 장기보유특별공제를 받으려면 이 역시 '2년 거주' 요건을 채워야 한다. 앞의 2년 거주는 취득일을 기준으로 하며, 뒤의 그것은 양도일을 기준으로 따지는데, 가령 2015년도 당시 비조정대상지역에 위치한 주택을 취득한 경우 단순히 10년 보유했다면 비과세가 가능하지만 12억 원 초과분에 대한 80% 장기보유특별공제는 불가능하다. 이는 1주택만 가지고 있는 실거주자에게도 동일하게 적용되며, 이를 놓칠 경우 추가로 부담해야 하는 세금은 양도차익에 따라 다르겠지만 수천만 원 이상이 될 수 있다.

이렇듯 부동산 세금은 계속해서 그 변화를 따라가야 하며, 다주택자는 물론 1주택을 보유한 실거주자 역시 이를 간과해서는 안 될 것이다. 특히 최근 심해지고 있는 '똘똘한 한 채' 집중 현상은 부동산 세금 정책 때문으로 볼 여지가 크다. 2020년 8월 지방세법 개정으로 주택 수에 따라 1% 하던 취득세율이 최대 12%까지 올라갈 수 있으니 사람들은 1채만 취득을 하거나 이미 보유한 주택을 처분하고 장기보유해도 되는 1채로 갈아타려는 심리가 매우 커졌다. 이 과정에서 지방 부동산은 더욱 소외되었으며, 공급부족으로 인한 신축선호현상은 '얼죽신(얼어 죽어도 신축)'이라는 말까지 만들어냈다.

이러한 이유로 '세금 트렌드' 시리즈를 출간하게 되었다. 내 집 한 채만 있더라도 변화하는 부동산 세금 트렌드를 알아야 하고, 특히나 다주택자라면 세금 복잡성의 정도가 더 심하기에 꼼꼼하게 공부해야 할 것이다.

이 글은 네이버의 유료 플랫폼인 '네이버 프리미엄콘텐츠'에서 제공하는 '제네시스박의 부동산 절세노트' 글을 한데 묶어 낸 것이다. 그렇다고 단순히 취합한 것은 아니며, 최신 세법에 맞게 수정을 진행했고 독자들이 순차적으로 보았을 때 보기 쉽고 이해하기 쉽도록 순서 배치나 이미지 작업 그리고 편집을 진행했다. 앞으로 '부동산 세금 트렌드'는 매년 발행될 예정이다. 그에 따라 최신 세법은 물론 내 집 마련 그리고 자산가들이 선호하는 절세법도 상황에 맞게 제공할 계획이다. 매년 이 세금 트렌드만 잘 따라오더라도 합법적인 방법으로 절세를 하고 그 결과 소중한 자산을 지킬 수 있기를 기원한다.

처음 이 제안을 했을 때 흔쾌히 수락해 준 경이로움 편집자 관계자분들께 감사의 말을 전한다. 아울러 이 과정에서 늘 묵묵히 지원해주신 고향에 계신 부모님 그리고 부족한 필자를 항상 응원해준 아내 최정희와 아들 경원이에게도 감사의 마음을 전한다.

박민수(제네시스박)

차 례

1장   세법을 이해해야
부동산 시장이 보인다

2024년 세법 개정안에서 주목해야 할 모든 것

불확실한 내용이 가득한 부동산 세금 정책

8월 대책의 핵심, 단기 비아파트와 중장기 신축 아파트 공급

2장　예상하지 못한 손실을 일으키는 취득세와 보유세

상황에 맞추어 취득세를 줄이는 전략

취득세를 알면 투자 전략이 보인다

보유세에 따른 부동산 자산 관리와 활용법

3장   부동산 절세의 핵심은 양도세다

양도세 절세의 정석 체크해야 할 두 가지

4장 양도세 심화편, 주택 수에 따른 절세 전략

1주택 양도세 비과세를 위한 핵심 사항 5가지

분양권이 있는 1주택자의 비과세 전략

2주택자가 되면 준비해야 할 절세 전략

양도세 절세의 원칙 최종 정리

5장 증여와 상속이 부의 이전을 실현한다

나의 유산을 자녀에게 현명하게 이전하는 방법은?

국세청은 내가 취득한 부동산 취득자금을 어떻게 파악할까?

6장   트렌드가 될 절세 기술, 개인 매매사업자와 법인사업자

제대로 알고 시작하는 매매사업자

매매사업자의 양날의 검

7장 기초부터 절세 노하우까지, 주택임대사업자

주택임대사업자 공적 의무 사항 한눈에 파악하기

세법을 이해해야
부동산 시장이 보인다

제네시스박의 부동산 세금 트렌드 2025

2024년 세법 개정안에서
주목해야 할 모든 것

2024년 7월 25일, 우리 정부가 「2024 세법 개정안」을 발표했다. 세법 개정안이 나오면 사람들의 반응은 크게 두 가지로 나뉘는 듯하다. 하나는 "그게 나와 무슨 상관인데?" 하는 사람이고, 다른 하나는 "내게 도움이 되는 내용은 없을까?" 하는 사람일 듯하다.

이미 언론에서도 관련 내용을 기사와 뉴스 등으로 상당히 쏟아 냈는데 독자들이 보았던 내용의 90% 이상이 바로 '상속세'와 관련한 내용일 것이다. "당장은 나와 상관없잖아?"라고 생각할 수도 있지만 해당 내용과 연계해 알면 좋은 내용이 제법 많다. 또한 상속세 외에도 꼭 함께 알아두어야 할 요소도 많다. 당연히 어떤 내용들이 있는지 알아야 하지 않겠는가?

더 중요한 점은 관련 내용의 실행 가능성 등 후속 조치다. 따라서 이에 관한 내용까지 모두 살펴보겠으니 잘 따라오길 바란다.

세법 개정안에 관한
대표 질문 세 가지

첫째, 부동산 정책을 다룬 내용인가요?

그렇지 않다. 세법 개정안은 매년 정부가 정기적으로 내놓는 방안으로 대내외 경제 환경을 고려해 이에 맞추어 세금 제도도 약간의 변화를 주기 위해 하는 것이다.

예를 들어 경기가 너무 호황이라면 이를 진정시킬 필요가 있다. 따라서 세금을 조금 더 거두어 시중의 유동성을 줄이는 방향으로 조치한다. 반대로 불황이라면 세제 혜택을 늘려 경기를 살리려고 노력한다.

부동산 역시 마찬가지다. 부동산 경기가 좋지 않으면 각종 세제 혜택이 나올 수 있는데 대표적인 게 과거의 '감면주택 제도'다. 감면주택 확인 도장을 받으면 추후 다른 주택 매각 시 감면주택을 주택 수에서 제외하고 해당 감면주택 양도세를 취득 후 5년간 100% 감면해줬다. 비록 비과세는 아니지만 상당히 큰 혜택으로 대표적으로 '서울 마곡' '경기도 광교 신도시' 등이 있었다.

해당 지역의 현재 부동산 가격을 보면 "그때 살 걸…!" 하는 말이 절로 나온다. 이렇듯 발표된 세법 개정안을 잘 활용하면 상당히 좋은 혜택을 누릴 수도 있다.

둘째, 1년에 한 번 발표하는 걸까요?

우리 세법은 '국세'와 '지방세'로 나뉘는데 '국세'는 중앙정부의 세수를 위한 것이다. 대표적으로 소득세법·법인세법·상속 및 증여세법(상증세법)·종합부동산세법(종부세법) 등이 있는데 우리가 많은 관심을 두는 양도세는 소득세법 중 하나다.

'지방세'는 지방자치단체의 세수를 위한 것이다. 대표적으로 취득세·재산세 등이 있다. 정부는 매년 7월 중에는 국세 관련 세법 개정안을 그리고 8월 중에는 지방세 관련 세법 개정안을 발표한다. 주무 부서는 기획재정부와 행정안전부로 각각 다른데 두 법의 성격이 다르기 때문이다. 예를 들어, 양도세(국세) 논리를 취득세(지방세)에 그대로 적용할 수 없는 것과 같다. 그래서 세법이 어려운 것이고 끊임없이 세법을 공부해야 한다.

셋째, 정부가 세법 개정안을 내면 그대로 시행되는 걸까요?

매우 중요하고 좋은 질문이다. 이에 관한 필자의 답은 "반반"이다. 모든 세금은 법에 근거를 두어야 하는데(조세법률주의) 이때 법이란 해당 세목 자체의 '법(소득세법 등으로 '본법'이라고도 함)'과 법 아래의 '시행령' 그리고 '대법원 판례' 등이 있다.

판례는 사법부의 영역이니 제외하면 남은 건 '법' 그리고 '시행령'인데 '법'에 관한 내용을 개정하려면 반드시 국회 동의가 필수다. 따라서 세법 개정안 중 관련 '법'을 개정해야 하는 사항은 국회 입법 절차까지 확인해야 한다.

반면 '시행령'의 경우 정부가 국무회의를 거쳐 이를 공포하면 되기에 입법부(국회)의 권한이 아닌 행정부의 영역에 해당한다. 따라서 같은 행정부에서 발표한 세법 개정안 중 시행령 개정 사항은 큰 이슈 없이 그대로 진행될 가능성이 높다. 물론 일부가 수정되어 진행되는 예도 있지만 그럴 경우는 많지 않다. 따라서 이번에 나온 세법 개정안은 아래 [자료 1-1]와 같은 프로세스로 진행될 것이다.

국세 관련 세법 개정안은 2024년 7월 25일, 지방세법 개정안은 2024년 8월 13일 발표되었다. 그리고 관련 내용으로 법 개정이 이루어진다면 보통은 2025년 1월 1일 이후 시행되며 일부는 그 이전이라도 시행될 수 있거나 혹은 국회 통과가 되지 않으면 다음을 기약해야 한다.

[자료 1-1] 세법 개정안 향후 일정

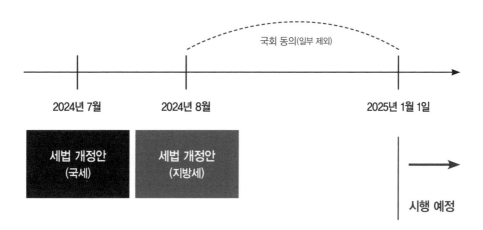

이번에 주목해야 할
상속세 이슈는 무엇일까?

그런데 왜 상속세가 이슈일까? 가장 큰 이유는 그동안 '너무 오래' 개정하지 않았기 때문이다. 그리고 부자들만 내는 세금이었던 과거와 달리 이제는 중산층도 부담해야 할지도 모를 '보통의 세금'이 되어 버렸기도 하다. 좀 더 자세히 설명하면 현행 상속세 및 증여세 세율 그리고 상속세 공제액은 1999년 개정 이래 지금까지 개정된 적이 없다. 만약 이번에 개정된다면 무려 25년 만에 바뀌는 것이다.

과거에는 "상속세 내는 사람이 있다면 친하게 지내라"라는 우스갯소리도 있었지만 지금은 서울에 아파트 한 채(평균 11억 원 내외)를 보유하고 있다면 상속세를 고민해야 할 정도니 그야말로 사람들의 관심도가 높아진 것이다.

그럼 지금부터 정부가 내놓은 상속세 개편안은 무엇인지 다음의 국세청 보도자료 원문을 통해 살펴보겠다. [자료 1-2]의 해당 내용은 상속세 및 증여세 최고세율과 과세표준 일부를 조정하겠다는 내용으로 우선 ❶번에 핵심 내용이 나와 있다.

중요한 건 ❷번이다. '상증법'이라는 글자를 보면 이는 '상속세 및 증여세법'에 관한 내용이고 26조와 관련 있다는 것인데, 이 경우 관련 '법'을 개정해야 하기에 국회 동의 절차가 필요하다. 그러니 최종 개정 여부까지 꼭 지켜보아야 한다. 반면 '시행령'이라고 표기된 항목은 상대적으로 수월하게 진행될 것으로 보면 된다.

이제 구체적인 내용을 ❸번 그리고 ❹번 영역을 통해 살펴보아야 한다. 먼저 최저세율 10%에 해당하는 구간의 과세표준을 늘렸음을 알 수 있다. 과거에는 1억 원을 증여(혹은 상속)하면 10% 세율이라 1,000만 원을 세금으로 내고 남은 9,000만 원을 수증자(혹은 상속인)가 가져갈 수 있었다. 그러나 이제는 2억 원까지 10% 세율을 적용하니 2억 원에 대한 세 부담 역시 10% 즉 2,000만 원만 내면 된다는 의미다.

1 세부담 적정화 및 조세제도 효율화

(1) 상속 · 증여세 부담 적정화

❶

① 상속세 및 증여세 최고세율 및 과세표준 조정 (상증법 §26) ❷

현 행		개 정 안	
□ 상속세 및 증여세 세율 및 과세표준		□ 최고세율 인하 및 하위 과세표준 조정	
과 세 표 준	세 율	과 세 표 준	세 율
1억원 이하	10%	2억원 이하	10% ❸
1억원 초과 5억원 이하	20%	2억원 초과 5억원 이하	20%
5억원 초과 10억원 이하	30%	5억원 초과 10억원 이하	30%
10억원 초과 30억원 이하	40%	10억원 초과	40%
30억원 초과	50%		❹

〈개정이유〉 상속 · 증여세 부담 완화

❺

〈적용시기〉 '25.1.1. 이후 상속이 개시되거나 증여받는 분부터 적용

예를 들어 똑같이 2억 원을 수증자(혹은 상속인)에게 증여하면 기존에는 3,000만 원(=2억 원×20%-누진공제 1,000만 원)을 증여세로 부담했지만 이제는 2,000만 원(=2억 원×10%)만 내면 되니 1,000만 원이나 되는 돈을 줄일 수 있다.

또한 지금까지는 상속세 및 증여세 과세표준이 30억 원을 초과하면 50% 세율이 적용되었지만 이제부터는 10억 원을 초과하면 40%만 부담하면 된다. 즉 과세 대상이 100억 원이라면 현재는 45억 4,000만 원(=100억 원×50%-누진공제 4억 6,000만 원)을 부담해야 하지만 앞으로는 38억 4,000만 원을 부담하면 되기에 무려 7억 원이

라는 거액을 줄일 수 있다. 게다가 금액이 커질수록 세금은 더욱더 줄어들게 된다.

마지막 ❺번에는 '적용 시기'가 나온다. 앞서 언급한 대로 관련 법이 국회를 통과하면 2025년 1월 1일 이후부터 상속이 개시되거나 증여받는 분부터 적용하겠다고 정부는 계획 중이다.

개인적으로는 다소 아쉬운 점이 있다. 증여는 생전에 어느 정도 의지가 있다면 할 수 있다. 그러니 증여를 계획 중이라면 일단 기다리는 편이 좋다. 반면 상속은 사람의 힘으로는 어떻게 할 수 없으니 혹시 관련 법이 통과된다면 해당 세법 개정안을 발표한 2024년 7월 25일로 소급해 적용하는 방법도 고려해 봄 직하다. 참고로 상속세 및 증여세율은 [표 1-1]과 같다.

[표 1-1]에서 보듯 상속세율과 증여세율은 같다. '상속세 및 증여세법(이하 상증세법)'에서 동일 세율로 취급하기 때문이다. 따라서 정부가 내놓은 세법 개정안 중 상속세 최고세율을 없애고 최저세율이 적용되는 과세표준 구간을 조정한다는 내용은 증여 시에도 동일하게 적용된다는 의미다. 그러니 상속에는 아직 관심이 없지만 증여를 고려 중이라면 당연히 세법 개정안을 잘 지켜보아야 한다.

[표 1-1] 상속세율 및 증여세율

과세표준	세율	누진공제액
1억 원 이하	10%	–
1억 원 초과~5억 원 이하	20%	1,000만 원
5억 원 초과~10억 원 이하	30%	6,000만 원
10억 원 초과~30억 원 이하	40%	1억 6,000만 원
30억 원 초과	50%	4억 6,000만 원

• 증여세 세율과 상속세 세율은 같음
• 세대생략의 경우 증여세율이 할증됨
  – 수증자가 증여자의 자녀가 아닌 직계비속(손주 등)인 경우 산출세액의 30% 할증
  – 만약 수증자가 미성년자고 증여재산가액이 20억 원 초과 시 40% 할증

서울 내 아파트
17억 원까지는 상속세가 없다?

이번 내용을 이해하려면 상속세 관련 세법 개정안과 상속세 계산식을 알고 있어야 한다. 현행 상속세는 상속이 개시되면 돌아가신 피상속인의 재산을 모두 더해 일단 과세한 후 이를 상속인에게 부담하게 하는데 이를 '유산과세형(유산세)'이라고 한다. 이 방법의 장점은 세수 확보가 쉽고 행정 절차가 상대적으로 간편하다는 데 있다. 다만 피상속인의 재산을 모두 더해 과세하니 세 부담이 커진다(반대 방식은 '유산취득형'으로 상속인이 받는 재산에만 상속세를 내는 것인데 이번 개정안에는 나오지 않음).

이렇게 생겨나는 과도한 세 부담을 막기 위해 상속세 공제제도를 두었는데 이 경우 인적공제가 핵심이다. 인적공제는 두 가지로 첫째, 기초공제 2억 원+그 밖의 인적공제와 둘째, 일괄공제 5억 원 중 더 큰 금액을 공제하는 방법이 있다. 그리고 가장 많이 활용하는 그 밖의 인적공제가 바로 '자녀공제'다.

예를 들어 자녀가 1명일 때 첫째 경우의 공제액은 기초공제 2억 원+자녀공제 5,000만 원=2억 5,000만 원이다. 둘째 경우의 공제액이 일괄공제 5억 원이므로 당연히 일괄공제 5억 원을 택할 것이다. 그렇다면 현행 상속세법에서 자녀가 최소 몇 명이어야 첫째 경우의 공제액이 일괄공제 5억 원과 같아질까? 무려 6명이나 되어야 한다. 즉 기초공제 2억 원+자녀공제 5,000만 원×자녀 6인=5억 원이 되어야 최소 일괄공제와 같아진다.

따라서 이번 세법 개정안에서는 자녀공제를 1인당 5,000만 원 → 5억 원으로 상향 조정했으니([자료 1-3] ❶번), 자녀가 1명만 있더라도 기초공제 2억 원+자녀공제 5억 원을 더한 값 즉 7억 원이 되어 일괄공제 5억 원보다 더 크도록 한 것이다([자료 1-3] ❷번).

여기에 배우자가 있어서 배우자공제 최소 5억 원을 더하면 공제금액은 12억 원이 되어 서울 아파트 한 채(대략 11억 원 내외)가 있더라도 상속세 부담은 벗어날

[자료 1-3] 상속세 자녀공제금액 확대(국세청 보도자료 인용)

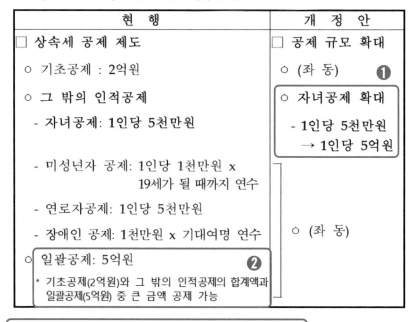

② 상속세 자녀공제금액 확대(상증법 §20①)

현 행	개 정 안
□ 상속세 공제 제도	□ 공제 규모 확대
○ 기초공제 : 2억원	○ (좌 동) ❶
○ 그 밖의 인적공제	○ 자녀공제 확대
- 자녀공제: 1인당 5천만원	- 1인당 5천만원 → 1인당 5억원
- 미성년자 공제: 1인당 1천만원 x 19세가 될 때까지 연수	
- 연로자공제: 1인당 5천만원	
- 장애인 공제: 1천만원 x 기대여명 연수	○ (좌 동)
○ 일괄공제: 5억원 ❷ * 기초공제(2억원)와 그 밖의 인적공제의 합계액과 일괄공제(5억원) 중 큰 금액 공제 가능	

〈개정이유〉 중산층·다자녀 가구 세부담 경감 ❸

〈적용시기〉 '25.1.1. 이후 상속이 개시되는 분부터 적용

가능성이 높아진다. 이러한 이유로 이번 개정은 중산층과 다자녀 가구의 세 부담을 줄이려는 조치로 보인다([자료 1-3] ❸번).

필자는 해당 내용이 부자 감세라고 생각하지 않는다. 그 이유는 증여세의 경우 증여재산공제 5,000만 원(성년 자녀 기준)이 10년마다 생기지만 상속의 경우 평생에 한 번 있는 일이다. 그런데 오랜 시간 여전히 자녀공제가 5,000만 원에 머물러 있다는 점은 현행 세법이 현실 반영을 그만큼 하지 못했다는 결과라고 생각한다.

꼭 알아야 할
부동산 관련 내용은 무엇일까?

필자는 '상생임대주택 비과세 특례 2년 연장'을 매우 중요하게 생각한다. 상생임대주택 비과세 특례란 일정 요건을 갖춘다면([자료 1-4] ❶번 참고) 조정대상지역 비과세를 위한 2년 거주 요건을 면해주고, 고가주택 비과세라면 1세대 1주택 고가주택의 장기보유특별공제에 있는 거주 요건까지 없애주는 매우 좋은 제도다. 무

[자료 1-4] 상생임대주택 비과세 특례 적용 기한 연장(국세청 보도자료 인용)

(9) 상생임대주택 양도소득세 과세특례 적용기한 연장
(소득령 §155의3①) ❹

현 행	개 정 안

□ 상생임대주택에 대한 양도소득세 특례* 적용요건
 	
    * 1세대 1주택 비과세 및 장특공제 적용시 거주기간 요건(2년) 면제
 	
○ 직전 계약에 따른 임대기간
    : 1년 6개월 이상
 	
○ 아래 요건을 모두 충족하는 상생임대차 계약에 따른 임대기간 : 2년 이상
 	
❶ 직전 계약 대비 임대보증금 또는 임대료 증가율 5% 이하
❷ 주택 매수 후 계약 체결 ❶
❸ 주택 매수시 승계받은 계약 제외
❹ '24.12.31.까지 체결
	□ 적용기한 연장
	
	○ (좌 동)
	
	                                 ❷
	❹ '26.12.31.까지 체결

⟨개정이유⟩ 전월세시장 안정 지원 ❸

엇보다 임대차 시장이 불안하다면([자료 1-4] ❸번 참조) 이를 위해 적용 기한까지 연장되었다. 그렇다면 상생임대주택은 어떻게 가능하고 이게 왜 전월세 시장 안정에 기여하는 것인지 알아보도록 하겠다.

다음 [사례 1]을 통해 구체적으로 살펴보겠다. 예를 들어 어떤 사람이 조정대상지역(강남구·서초구·송파구·용산구)에 위치한 주택을 2024년 8월에 세를 끼고 매수했다고 가정하겠다. 이후 해당 임대차계약이 2024년 11월에 만료되어 새롭게 임대차계약을 맺는다고 할 때 바로 2024년 11월에 계약하는 임대차계약이 '직전 임대차계약'이 된다. 이때 임차인이 동일인일 필요는 없으며 설령 계약갱신청구권을 사용했거나 아니면 매수자인 임대인이 스스로 5% 이내로 증액했더라도 무관하다. 즉 상생임대주택 비과세 특례를 위해서는 반드시 해당 주택을 '취득 후' 맺은 임대차계약이 '직전 임대차계약'이 되고, 이후 직전 임대차계약 대비 5%를 초과하지 않는 범위 내에서 다시 임대차계약을 맺어야 비로소 그 계약이 '상생' 임대차계약이 된다.

[사례 1]에서는 2024년 11월 임대차계약이 직전 임대차계약 그리고 2026년 11월 임대차계약이 상생 임대차계약이 되며, 이후 상생 임대차계약이 종료되는 2028년 11월 이후 해당 주택을 매각하면 2년 거주가 없어도 비과세가 가능하다.

[사례 1] 상생임대주택 활용 사례

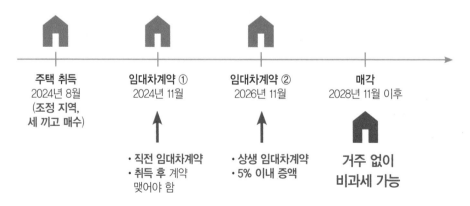

많은 사람이 2024년 8월에 세를 끼고 매수하고 곧바로 2024년 11월에 5% 이 내로만 증액하면 상생 임대주택이 된다고 오해하는데 그렇지 않다. [사례 1]에서

[표 1-2] 1세대 1주택 고가주택의 장기보유특별공제

보유기간	2019년 이전	2020년 (2년 거주)	2021년 이후(2년 거주)	
			보유 기간	거주 기간
2년 이상 3년 미만	–	–	–	8%
3년 이상 4년 미만	24%	24%	12%	12%
4년 이상 5년 미만	32%	32%	16%	16%
5년 이상 6년 미만	40%	40%	20%	20%
6년 이상 7년 미만	48%	48%	24%	24%
7년 이상 8년 미만	56%	56%	28%	28%
8년 이상 9년 미만	64%	64%	32%	32%
9년 이상 10년 미만	72%	72%	36%	36%
10년 이상 11년 미만	80%	80%	40%	40%
11년 이상 12년 미만				
12년 이상 13년 미만				
13년 이상 14년 미만				
14년 이상 15년 미만				
15년 이상				

2024년 8월에 세를 끼고 매수 시 있던 임대차계약은 해당 주택을 취득하기 이전에 매도인이 계약을 체결한 것이므로 나와 무관하며 취득 후 임대차계약이 아니다(해당 내용은 [자료 1-4] ❷번 영역에 구체적으로 명시되어 있음).

그밖에 놓치지 말아야 할
중요한 내용이 있을까?

양이 위낙 방대해 모두 다룰 수는 없겠지만 몇 가지 언급하자면 다음과 같다.

결혼세액공제 신설([자료 1-5] 참조)

2024~2026년에 혼인신고를 했다면 1인당 50만 원씩 부부 최대 100만 원을 세액공제 받을 수 있다. 이 역시 생애 단 1회라는 점을 기억하기를 바란다.

혼인에 대한 1세대 1주택 특례 적용 기간 확대([자료 1-6] 참조)

각각 주택 1채를 보유한 사람들이 혼인신고를 한 후 5년 이내에 매각하면 비과세 특례를 적용하는데 이에 대한 처분 기한을 5년에서 10년으로 연장한다. 60세 이상 직계존속과의 동거봉양 합가는 이미 10년인데 이번에 혼인 역시 10년으로 동일하게 적용되었다.

자녀세액공제 금액 확대([자료 1-7] 참조)

자녀세액공제 금액 역시 확대한다. 자녀 수에 따라 각각 10만 원씩 인상된다. 이밖에도 본인의 상황에 맞게 필요한 내용을 잘 찾아보면 중요하거나 혹은 의외의 내용을 확인할 수도 있으니 시간을 내어 살펴보길 바란다.

[자료 1-5] 결혼세액공제 신설(국세청 보도자료 인용)

1	결혼 · 출산 · 양육 지원

(1) 결혼세액공제 신설(조특법 §95 신설)

현 행	개 정 안
<신 설>	□ 결혼세액공제
	○ (적용대상) 혼인신고를 한 거주자
	○ (적용연도) 혼인신고를 한 해(생애 1회)
	○ (공제금액) 50만원
	○ (적용기간) '24~'26년 혼인신고 분

〈개정이유〉 결혼비용 지원

〈적용시기〉 '25.1.1. 이후 과세표준을 신고하거나 연말정산하는 분부터 적용

[자료 1-6] 혼인에 대한 1세대 1주택 특례 적용 기간 확대(국세청 보도자료 인용)

(3) 혼인에 대한 1세대 1주택 특례 적용기간 확대
(소득령 §155⑤·§156의2⑨, 종부령 §1의2④)

현 행	개 정 안
□ 혼인·동거봉양 등으로 1세대 2주택이 된 경우 다음의 기간 동안 **1세대 1주택자로 간주**하여 양도소득세 및 종합부동산세 **특례*** 적용	□ 혼인에 따른 1세대 1주택자 간주기간 확대
* (양도소득세) 12억원까지 비과세, 장기보유특별공제 최대 80% 적용 (종합부동산세) 기본공제 12억원, 고령·장기보유자 세액공제 최대 80% 적용	
❶ 60세 이상 직계존속과의 동거봉양: 10년	❶ (좌 동)
❷ 1주택을 각각 보유한 남녀의 혼인: 5년	❷ 5년 → 10년

〈개정이유〉 혼인에 대한 세제지원 확대

〈적용시기〉 (양도소득세) 영 시행일 이후 양도하는 분부터 적용
(종합부동산세) 영 시행일 이후 납세의무가 성립하는 분부터 적용

[자료 1-7] 자녀세액공제 금액 확대(국세청 보도자료 인용)

(5) 자녀세액공제 금액 확대(소득법 §59의2①)

현 행	개 정 안
□ 자녀세액공제	□ 공제금액 확대
○ (공제대상자녀) 기본공제 대상자인 8세 이상의 자녀 또는 손자녀	○ (좌 동)
○ (공제금액)	
- (첫째) 15만원	- 25만원
- (둘째) 20만원	- 30만원
- (셋째 이후) 30만원/인	- 40만원/인

〈개정이유〉 출산·양육부담 완화

〈적용시기〉 '25.1.1. 이후 발생하는 소득 분부터 적용

성실신고확인대상 소규모 법인에 대한 법인세 과표 및 세율 조정([자료 1-8] 참조)

다음 [자료 1-8]에서 보듯 부동산 법인에 대한 요건 세 가지가 명시되어 있다. 법인은 대체로 지배주주 지분율이 50%를 초과하고 부동산임대업이 주된 사업이거나 매출액의 50% 이상일 것이며 상시근로자 수가 5인 미만일 확률이 높다.

이 경우 2억 원 이하 법인세율 9%를 없애고 곧바로 19% 세율을 적용하기에 부동산 법인의 경우 세 부담이 늘어날 수밖에 없다. 특히 법인명의로 주택 취득 시 적용되는 여러 규제는 전혀 바뀌는 게 없는데 이러한 내용까지 더해진다면 앞으로 부동산 법인은 상당히 힘들어질 것으로 보이니 부동산 법인이라면 중장기 관점에서 대비하길 바란다.

이렇듯 세법 개정안은 우리의 경제 활동에 상당한 영향을 미친다. 당장 나와

[자료 1-8] 성실신고확인대상 소규모 법인에 대한 법인세 과표 및 세율 조정
　　　　(국세청 보도자료 인용)

(5) 성실신고확인대상 소규모 법인에 대한 법인세 과표구간·세율 조정
　　(법인법 §55①)

현　행	개　정　안
☐ 법인세 과세표준 및 세율	☐ 성실신고확인대상 소규모 법인에 대한 법인세 과표구간·세율 조정
	* ❶~❸요건을 모두 갖춘 법인 ❶ 지배주주등 지분율 50% 초과 ❷ 부동산임대업이 주된 사업이거나 부동산 임대수입·이자·배당소득이 매출액의 50% 이상 ❸ 상시근로자 수가 5인 미만

과세표준	세율	과세표준	세율
2억원 이하	9%	**200억원 이하**	**19%**
2억원 초과 200억원 이하	19%		
200억원 초과 3,000억원 이하	21%	200억원 초과 3,000억원 이하	21%
3,000억원 초과	24%	3,000억원 초과	24%

〈개정이유〉 성실신고확인대상 소규모 법인에 대한 세부담 적정화

〈적용시기〉 '25.1.1. 이후 개시하는 사업연도분부터 적용

상관없는 내용이라도 꼼꼼하게 살펴보기를 권한다. 그리고 언론에서 잠깐 말하는 내용이 전부가 아님을 꼭 기억하길 바란다.

불확실한 내용이 가득한
부동산 세금 정책

22대 총선은 (비례 위성정당 포함해) 더불어민주당 175석, 국민의 힘 108석 확정으로 마무리되었다. 역사적으로 선거 이후 부동산 세금 정책은 여러 정책 중에서도 특히 국민의 삶과 재산에 직접적인 영향을 미친다고 볼 수 있다. 따라서 총선 이후 부동산 세금 정책이 과연 어떻게 전개될 것인지 그리고 현재 발표된 정책 중 진행 상황은 어떠하며 이 상황에서 부동산 자산관리를 어떻게 해야 할지를 염두에 두어야 한다.

필자가 정치에 조예가 그리 깊진 않지만 이번에는 2016년 부동산 강의를 시작한 이래로 그동안 정책을 분석한 결과를 전달하는 과정에서 느낀 점 그리고 실제 주택임대사업자이자 법인 대표의 관점에서 생각하는 바를 전달하겠다.

힘들 것으로 보이는
취득세 중과 완화

취득세 중과세율은 지난 수도권 집값이 가파르게 상승하던 2020년 8월 지방세법이 개정되면서 최고 12% 세율이 적용되는 상황이다.

당초 기본세율 1~3%에서 주택 수에 따라 최고 12%까지 취득세율을 부담하게 함으로써 투기 수요 억제라는 효과를 낼 수 있지만 거래 침체라는 부작용도 나타나고 있다. 특히 주택 수가 적을수록 세율 측면에서 유리하기에 '똑똑한 1채' 선호

현상을 더욱 심화시킨 요소이기도 하다.

이에 대해 정부와 여당은 2022년 12월 21일 이후 취득 분에 대해서는 최고세율에서 50%를 인하하는 정책을 내놓았으나 시간도 상당히 지났고 이번 선거 결과로 진행 여부를 장담할 수 없게 되었다. 특히 다주택자를 바라보는 시각이 여야에 있어 극명하게 다른데, 야당의 경우 2주택부터 투기 수요로 보고 있기에 새롭게 구성되는 국회에서 과연 이에 대한 내용이 논의될 가능성은 불투명해 보인다. 취득세율만 놓고 보면 당분간 똘똘한 1채 선호 현상은 더욱더 심해질 것으로 예상된다.

의문이 남는
종합부동산세 중과세율 폐지

종부세는 현 정부에 들어 여야 합의를 통해 기본공제금액을 올리고 세율을 일부 개정하는 등 기존 징벌적 조세를 일부 완화한 것이 특징이다. 다만 3주택 이상이면서(지역 불문) 종부세 과세표준이 12억 원을 초과하는 경우에는 여전히 종부세 중과세율이 적용된다.

다만 정부가 결정할 수 있는 공정시장가액비율의 경우 최저 수준인 60%를 여기에 추가로 적용했고 종부세 중과세율 폐지를 기본 입장으로 정했으며 최근에는 민생토론회에서 "공시가격 현실화율 폐지" 대통령 언급도 있었기에 보유세 부담은 더욱 내려가리라고 예상되었다.

하지만 이번 선거 결과를 통해 당분간은 종부세 중과세율 역시 유지될 것으로 보인다. 법인 종부세 관련해서는 전혀 논의되고 있는 부분이 없다. 따라서 보유세(종부세) 측면에서도 주택은 1~2채 정도만 보유하는 게 상대적으로 유리하다고 볼 수 있다.

2년 미만 단기 양도세율과 분양권 양도세율
개정 가능성

다음은 양도세 부분이다. 양도세 중과 한시 유예 그리고 보유 기간 재산정(최종 1주택)에 대한 부분은 시행령으로 개정이 가능하기에 현재 정부에서 진행할 수 있는 부분이다. 다만 2년 미만 단기 양도세율 그리고 분양권 양도세율은 관련 법을 개정해야 하는데 이에 대해서는 입법부의 협조가 필수라 개정 여부를 장담할 수 없게 되었다. 특히 1년 미만 양도세율이 70%인데 이는 불법 미등기 자산에 대한 양도세율과 동일하다.

정리하자면 일반적으로 주택의 경우 최소 2년 이상 보유해야 하고 만약 전세나 월세 등 임대를 주었다면 계약갱신청구권 영향으로 4년 정도 보유해야 할 것이다. 그만큼 단기 거래는 쉽지 않으며 이는 상대적으로 시장에 매물이 잠기는 효과를 줄 수 있다.

주택임대사업자와 부동산 법인
과연 개정될까?

그럼 주택임대사업자는 어떻게 될까? 이 역시 현 정부에서 2023년도에 아파트 신규 등록을 허용하고 주택임대사업자 인센티브를 복원하기로 했다.

당초 2023년 1분기에는 아파트 신규 등록을 허용하고 같은 해 2분기에는 인센티브를 복원하기로 했으나 이후 아무런 진전이 없었다. 앞으로의 진전 가능성도 희박할 듯하다. 입법부의 협조뿐만 아니라 해당 내용은 기본이 되는 민간임대주택에 관한 특별법(민특법) 개정은 물론 소득세법과 종합부동산세법 그리고 조세제한특례법(조특법)까지 광범위하게 다루어야 하기 때문이다. 특히 당시에는 공

[자료 1-9] 단계별 부동산 법인 규제 내용

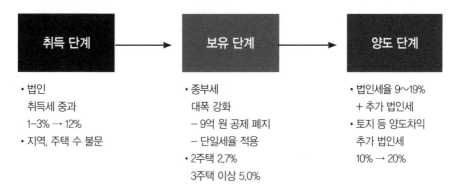

취득 단계	보유 단계	양도 단계
• 법인 취득세 중과 1~3% → 12% • 지역, 주택 수 불문	• 종부세 대폭 강화 - 9억 원 공제 폐지 - 단일세율 적용 • 2주택 2.7% 3주택 이상 5.0%	• 법인세율 9~19% + 추가 법인세 • 토지 등 양도차익 추가 법인세 10% → 20%

공 기능과 세제 혜택을 확대한 '장기 15년 도입 계획'은 물론 최근에는 '단기 6년 부활'에 대한 내용도 있었으나 실제로 실행될지는 더 지켜보아야 할 듯하다.

부동산 법인은 어떨까? 법인명의로 주택을 취득하면 곧바로 12% 취득세율 그리고 종부세는 기본공제 미적용에 개인 최고세율(2.7%, 3주택 이상 5.0%)이 즉시 적용된다. 여기에 법인세는 양도차익에 대해서 '추가 법인세' 20%도 함께 적용된다. 따라서 부동산 법인으로 주택을 신규 취득하겠다면 매우 신중해야 하며 이미 법인명의로 보유 중인 주택에 대해서는 출구 전략을 잘 세워야 한다. 매년 부담하는 보유세(종부세)가 상당하기 때문이다. 부동산 법인에 대해서는 안타깝지만 현재 논의되고 있는 부분이 전혀 없다.

결국 더욱 유행할
똘똘한 1채 선호 현상

지금까지의 내용을 종합하면 [표 1-3]와 같다. 물론 여기에는 현재 진행 중인 상황도 있지만 필자가 생각하는 '예상 시행 시기'도 함께 있기에 이 점을 고려하기

[표 1-3] 부동산 정책 개정 현황

구분	개정 여부	예상 시행 시기
취득세 중과 완화	X	불투명
종부세 중과 폐지	X	–
2년 미만 단기 양도세율	X	불투명
양도세 중과 폐지	X	2025년 5월 9일까지 중과 유예 시행 중
보유 기간 재산정 폐지	O	2022년 5월 10일 이후 시행 중
아파트 신규임대주택 등록 허용	X	당초 2023년 1분기, 불투명
임대사업자 인센티브 복원	X	당초 2023년 2분기, 불투명

바란다.

하지만 지금과 같은 상황으로 보자면 ①성급하게 주택 수 늘리기는 자제하고 ②중심지에 위치한 똘똘한 1채 선호 현상은 더욱더 심해질 것이며 ③법인명의로 신규 주택 취득에 있어서는 확실한 전략이 있어야 함을 알 수 있다. 여기에 (향후 부동산 시장을 더 지켜보아야 하지만) 기존 부동산 정책을 고려했을 때 주의해야 할 '위기' 그리고 고려할 수 있는 '기회'는 무엇인지도 함께 알아야 한다.

개인 매매사업자
생각보다 힘들어질 수 있다?

2년 미만 단기 양도세율을 피할 수 있는 방법으로 개인 매매사업자를 활용하는 사람이 많아지고 있다. 앞에서 설명했듯 매매사업자는 양도세가 아닌 사업소득으로 과세하기에 보유 기간에 상관없이 일정 수준의 차익을 낼 수 있다. 따라서 매수할 때부터 어느 정도 시세차익 확보가 가능한 급매 또는 경·공매를 활용해 더 큰 이득을 낼 수 있다.

이는 필자가 보기에도 좋은 방법이라 생각하지만 치명적인 단점이 하나 있으니 바로 '비교과세'다. 즉 양도세 중과 대상이 되는 주택을 매각한다면 중과 적용 양도세와 매매사업자 간 세금을 비교해 더 높은 쪽으로 과세하는 비교과세를 신경 써야 한다.

쉽게 말해 중과 대상 주택의 경우 매매사업자를 통해 매각하더라도 단기 양도 세율 중과가 그대로 적용될 수 있으므로 이익이 발생하지 않을 수 있다. 물론 현재는 양도세 중과 한시 유예 기간이고 대부분 지역이 비조정대상지역이라 이슈는 없다.

다만 양도세 중과 한시 유예 폐지 그리고 시간이 흘러 조정대상지역이 늘어나면 매매사업자 비교과세가 적용될 것이고 이러한 상황에서는 매매사업자를 하더라도 단기 양도세율 등 중과세율이 적용되니 유의해야 한다.

8월 대책의 핵심, 단기 비아파트와 중장기 신축 아파트 공급

생각보다 빨리 나온 8월 부동산 대책이었다. 2024년 7월 25일 세법 개정안이 나오고 이후 8월 8일 곧바로 8월 대책을 정부가 내놓았는데 토지거래허가구역 및 조정대상지역 신규 지정에 대한 내용은 없다. 또한 대부분이 '주택 공급'에 대한 내용으로 부동산 세제 관련해서는 그렇게 많은 내용이 있지 않다.

다만 '비아파트 공급' 관련해 '6년 단기임대 도입'에 관해서는 확인할 필요가 있으니 현 시점에서 이를 어떻게 활용하면 좋을지에 대해 살펴보겠다.

8월 공급대책 핵심은?

8월 대책은 말 그대로 '공급대책'이다. 하지만 주택 공급은 단기간에 가능한 것이 아니기에 벌써부터 대책 '실효성'에 대해 우려가 많이 나오는 상황이다.

[자료 1-10]에서 볼 수 있는 것처럼 이번 대책은 크게 5가지 추진 방향이 있고 이 추진 방향을 달성하기 위한 세부과제가 여럿 있다. 이번 정책의 핵심내용을 한눈에 파악할 수 있는 이번 내용은 모든 보고자료의 기본적인 틀이기 때문에 잘 알아둘 필요가 있다. 자료 속 5가지 추진 방향의 제목을 옮겨보면 다음과 같다.

[자료 1-10] 8월 공급대책 5가지 추진 방향(국세청 보도자료 인용)

II. 추진방향

안정적 주택공급을 확신할 수 있는 실천적 방안을 통해
우량주택 공급을 확대하고 국민 주거안정을 실현

추진 방향	도심 내 아파트 공급 획기적 확대	빌라 등 非아파트 시장 정상화

세부
과제
	▲ 정비사업 속도 제고 및 부담 경감
	 · 특례법 제정으로 사업기간 단축
	 · 공공지원을 통한 불확실성 해소
	 · 용적률, 세제, 금융, 보증 지원으로
	  사업 중단 최소화 및 사업성 강화
	 · 재건축 부담금 폐지 추진
	▲ 노후계획도시 정비 본격 추진
		▲ 공공 신축매입 2년간 11만호+α
		  공급 (서울 무제한 매입)
		▲ 5만호 분양전환형 신축매입 공급
		▲ 사업자, 임대인, 실수요자, 임차인
		  맞춤형 세제·청약 등 지원
		▲ 뉴:빌리지 선도사업 선정
		▲ 기축임대주택 1.6만호 추가 공급

추진 방향	수도권 공공택지 신속 공급 확신 부여	서울·수도권 신규택지 발표 등	주택공급 여건 개선

세부
과제
	▲ 22조원 미분양
	  매입확약 제공
	  (3.6만호)
	▲ 後분양 조건부
	  공공택지
	  先분양 허용
	▲ 수도권 공공택지
	  지구지정 조기화
		▲ 서울 포함 수도권
		  신규택지 후보지
		  8만호 발표
		▲ 공공택지 이용
		  효율화로 2만호 이상
		  추가 공급
			▲ PF대출 보증
			  35조원 공급
			▲ 인허가 관리 등
			  장애요인 해소
			▲ CR리츠 활성화 등
			  지방 미분양 해소

➕

건전성 확보	■ 현장점검 및 기획조사 실시(수도권 주택거래, 서울 GB 등) ■ 토지거래허가구역 이용실태 조사 실시

1장 · 세법을 이해해야 부동산 시장이 보인다 | 43

1. 도심 내 아파트 공급 획기적 확대

2. 빌라 등 비아파트 시장 정상화

3. 수도권 공공택지 신속 공급 확신 부여

4. 서울과 수도권 신규택지 발표 등

5. 주택 공급 여건 개선

이 중 필자는 1번, 2번, 4번이 중요하다고 생각한다. 1번은 말 그대로 도심 내 아파트 공급을 확대하기 위한 정책인데 여기에서 핵심은 재개발·재건축과 같은 정비사업 속도를 높인다는 내용이다. 속도를 높이기 위해 절차 간소화, 인허가 지원, 정비사업 관련 규제 완화 등의 내용으로 구성된다. 세제 지원 관련해서 일부 취득세 감면이 있지만 [자료 1-11]의 내용처럼 규제지역 외 지역이어야 하고

[자료 1-11] 재건축 사업 관련 취득세 감면(국세청 보도자료 인용)

☐ **(취득세 감면)** 재건축 사업의 사업자(조합)·**1주택** 원조합원에 대해 **취득세를 감면**할 수 있도록 개선

  ○ 규제지역 외의 지역에 한하여, 분양가격 **12억원 이하**인 경우에 지자체가 조례로 **최대 40% 범위** 내에서 감면

[자료 1-12] 서울 공공주택 무제한 매입

❖ 서울 **지역의 경우,** 非**아파트 공급 상황이 정상화 될 때까지 공공주택**을 전월세로 무제한 공급하고, 세제·대출 등 지원으로 사업성 및 속도 제고

☐ **(매입규모 확대)** 수요가 많은 수도권을 중심으로 공공 **신축매입**을 '25년까지 **11만호+α** 집중 공급(LH 신축든든전세 포함)

  * '24.7월말 LH 신축매입 신청접수는 7.7만호('22년 : 총 5.2만호, '23년 : 총 3.1만호)

  ○ 서울은 非아파트 공급상황이 정상화 될 때까지 **무제한**으로 **매입**

분양가 12억 원 이하 요건도 붙기 때문에 실효성은 크지 않다고 볼 수 있다.

2번 '빌라 등 비아파트 시장 정상화' 정책과 관련해서는 눈여겨 볼 특징이 있는데 바로 공공 신축매입 확대에 관해 특히 서울은 전월세 시장이 안정될 때까지 '무제한 공급'한다는 점이다([자료 1-12] 참조). 그만큼 서울 전월세 시장이 불안하며 공급량도 부족함을 의미하지만 현재 대부분 사람이 선호하는 주택 유형은 '아파트'이기 때문에 이로 인해 얼마나 수요가 분산될지는 지켜보아야 한다.

정부도 이 부분을 잘 알고 있기에 비아파트 시장기반 정상화를 위한 세제와 청약 등 맞춤형 지원 방안을 마련했다. 우선 [자료 1-13]의 내용처럼 소규모 건설사업자는 취득세 중과배제 요건을 완화했다. 여기에 비아파트 등록임대주택 공급을 위해 '6년 단기임대'를 도입하고 관련 세제 혜택을 계속 가능하게 했다.

6년 단기임대는 예전에도 나왔던 내용이다. 언제 실행될지 예측할 수 없지만 여전히 아파트는 신규 등록이 불가능하다. 다만 기존 내용과 한 가지 다른 점은 [자료 1-14]에서 볼 수 있듯이 1주택자가 소형주택을 구입하고 6년 단기임대로 등록하면 1세대 1주택 특례를 적용하겠다는 것이다. 구체적인 내용은 추후 자세히 알 수 있겠지만 기존에 있던 소형주택 혜택을 의미하되 10년이 아닌 6년 의무임대로도 혜택을 주겠다는 뜻으로 해석된다.

이어서 소형주택에 대한 내용이 나온다. 소형주택은 신축과 기축으로 구분해서 보아야 한다. 신축의 경우 당초 2025년 12월까지 취득했어야 취득세, 종부세,

[자료 1-13] 주택신축판매업자 취득세 중과배제 요건 완화(국세청 보도자료 인용)

주택신축판매업자 취득세 중과배제 요건 완화(안)

기준	현행	개선
대상	멸실 후 신축을 목적으로 구입한 주택	
요건	1년 내 멸실 + 3년 내 신축 및 매각	1년 내 멸실 + 3년 내 신축 + 5년 내 매각
세율	취득세 중과(12%) 않고 일반세율(1~3%) 적용	

[자료 1-14] 등록임대사업자 세제 혜택 일몰 연장 및 대상 및 범위 확대
   (국세청 보도자료 인용)

❷ **(등록임대사업자) 세제혜택 일몰 연장 및 대상·범위 확대**

□ **(단기 등록임대 도입)** 1호만으로도 사업자 등록이 가능한 **6년 단기 등록임대**를 도입하여 소형주택 공급 **활성화** (아파트 제외)

   * 1주택자가 소형주택 구입 및 6년 단기임대 등록 시 1세대1주택 특례 적용

□ **(일몰연장)** 임대사업자의 **등록임대주택**(장기일반·공공지원)에 대한 **취득세·재산세 감면**＊일몰기한을 **연장**('24.12 → '27.12)

   ＊ (취득세) 공동주택(신축·최초분양)·오피스텔(최초분양) 60㎡이하 면제, 60~85㎡ 50% 감면
      (재산세) 공동주택·오피스텔·다가구 40㎡이하 면제, 40~60㎡ 75% 감면, 60~85㎡ 50% 감면

   ○ **건설형 등록임대주택**에 대한 **양도세 장기보유특별공제 70%**를 (10년 보유 시, 비등록은 20%) 적용하는 **일몰기한**을 **연장**('24.12 → '27.12)

□ **(대상확대)** 등록임대 유형으로 **신설**('23.9)된 **임대형기숙사**(공유주택)를 취득세·재산세 감면 대상에 **신규로 포함**

[자료 1-15] 임대수요 정상화(국세청 보도자료 인용)

❸ **(임대인) 임대수요 정상화**

□ 신축 소형주택＊을 구입하는 경우, 취득·종부·양도세 산정 시 **주택수 제외**하는 기간을 **'27.12월까지 확대**(준공·취득일 기준, 현 ~'25.12월)

   ＊ 전용 60㎡ 이하 수도권 6억원·지방 3억원(취득가격) 이하 다가구 주택, 연립·다세대, 도시형 생활주택, 주거용 오피스텔

□ 기축 소형주택＊을 **'27.12월까지 구입**하여 등록임대주택으로 **등록** (매입임대)하는 경우, 세제 산정 시 **주택수에서 제외**

   ＊ '24.1월~'27.12월간 구입 및 임대 등록한 전용 60㎡ 이하, 수도권 6억원·지방 3억원 (취득가격)이하 다가구주택, 연립·다세대, 도시형생활주택, 주거용 오피스텔

양도세 산정 시 주택 수에서 제외했지만 이를 2027년 12월까지 연장했다. 전용면적 60㎡(18.15평) 이하면서 6억 원 이하(지방은 3억 원 이하), 아파트를 제외한 다가

구/연립/다세대/도시형 생활주택/주거용 오피스텔 등이 그 대상이다. 반면 기축은 2027년 12월까지 구입하는 것은 동일하나 반드시 등록임대주택으로 등록해야 한다. 이때 등록은 지자체와 세무서 두 곳 모두 등록하는 것을 의미한다.

[자료 1-15]에서는 '세제 산정 시 주택 수에서 제외'라는 용어에 주목해야 한다. 취득세의 경우 해당 소형주택 취득 전 주택 수를 기준으로 한다. 종부세의 경우 임대주택으로 등록하고 요건을 갖출 시 주택 수에서 제외된다. 양도세의 경우 현재도 있는 '주택임대사업자 거주주택 비과세 특례'를 의미하는 것으로 보인다. 이때 등록임대주택 외 남은 주택에서 반드시 전 세대원이 2년 이상 거주해야 한다 (조정 및 비조정 불문). 만약 그게 아닌 다른 특례를 적용한다면 혜택이 있다고 볼 수 있으나 이에 대해서는 관련 내용이 구체적으로 나온 후 충분한 확인을 거친 다음 의사 결정을 해야 한다.

임차인을 위한 비아파트 정보 제공 역시 강화된다([자료 1-16] 참조). 앞으로 임차인은 임대인 동의 없이 '안심전세' 애플리케이션을 이용해 임대인의 주택보유 건수 등을 확인할 수 있다. 또한 일정 요건을 충족하면 임대인은 안심전세 애플

[자료 1-16] 비아파트 정보 제공 강화(국세청 보도자료 인용)

❺ **(임차인) 非아파트 정보 제공 강화**

☐ **(정보제공 확대)** 임차인이 임대인 동의 없이 안심전세앱에서 임대인 주택보유 건수 등을 **확인할 수 있도록 법적 근거 마련**

☐ **(안심임대인 혜택제공) 일정요건*** 충족 임대인에 대해 안심전세앱 상 **안심임대인 확인서 부여** 및 임대인 보유주택에 대한 **혜택 제공****

    * (예) 보증사고 이력없음, 전세보증 가입건수(2건이하) 및 주택별 담보인정비율(70% 이하) 등
  ** 임차인이 '안심임대인' 주택에 대하여 전세금 반환보증 가입 시 보증수수료 10% 할인

  ○ **임대인 요청** 시 안심임대인이 보유한 임차주택에 대하여 민간 부동산 플랫폼(예: 직방, 네이버 부동산 등) 상 안심임대인 마크 표출

리케이션에서 '안심임대인 확인서'를 부여받으며 임대인이 요청하면 해당 임대인이 보유한 임차주택에 대해 '안심임대인 마크'를 표출할 수 있다. 이렇듯 빌라 등 비아파트 시장 정상화를 위해 여러가지 제도를 시행할 예정이다.

지금까지 알아본 1번과 2번 정책 내용을 한 번 더 정리하면 1번 '도심 내 아파트 공급 획기적 확대'는 정비사업을 신속하게 해서 더 많은 아파트를 공급하겠다는 내용이다. 그러나 정비사업 특성상 단기 공급은 현실적으로 어려운 게 사실이다. 이에 반해 2번 '빌라 등 비아파트 시장 정상화'는 전월세 등 임차시장을 안정화하기 위한 것이라 상대적으로 단기간에 공급힐 수 있다. 빌라, 도시형생활주택, 오피스텔 등은 상대적으로 공사 기간이 짧고 적은 땅으로도 공급할 수 있기 때문이다.

[자료 1-17] 서울 및 서울 인근 신규택지 후보지 8만호 발표
        (국세청 보도자료 인용)

❶ 서울 및 서울 인근 신규택지 후보지 8만호 발표

☐ **(지정계획)** 선호도 높은 서울·수도권 우수입지 후보지를 '25년까지 당초[*] 대비 4배 규모인 **총 8만호** 발표 추진('24년 5만호, '25년 3만호)

  * 수도권 중심으로 '24년 신규택지 2만호 발굴 추진 발표('24.1.10)

 ○ '24년 5만호 중 **2만호**에 대해서는 **신혼·출산·다자녀가구**를 위한 분양·임대주택이 **최대 70%** 공급되도록 추진

  * 저출생 추세 반전을 위한 대책('24.6.19, 저출산고령사회위원회)

 ○ **'25년**에도 지자체 및 관계부처 협의 등 후보지 지정 관련 절차를 신속하게 추진하여 **발표 시기 조기화**

☐ **(투기방지)** 신규택지 발표 시('24.11월 예정)까지 서울 **GB** 전역, 서울 인접 **수도권** 지역 등을 **토지거래허가구역**으로 한시 지정

  * 투기수요 차단을 위해 국토부·지자체 등 관계기관 합동 정밀기획조사 실시

하지만 아파트에 대한 수요가 비아파트 주택보다 월등히 높은 상황에서 재개발이나 재건축과 같은 정비사업만 진행해서는 안 된다. 즉 잘 정비된 택지개발을 통한 아파트 공급이 필요하다. 이게 바로 4번 '서울과 수도권 신규택지 발표 등'에 대한 내용이다. 즉 서울 인근의 그린벨트를 일부 해제해 신규택지를 확보한 다음 사람들이 원하는 아파트를 공급하겠다는 것이다([자료 1-17] 참조).

2024년 11월에 신규택지가 발표되는데, 그전까지 서울 그린벨트 전역 그리고 서울 인접 수도권 지역 등을 토지거래허가구역으로 한시 지정한다는 내용이다. 그리고 투기수요 차단을 위한 조치로 동시에 국토부, 지자체 등 관계기관 합동 정밀기획조사도 실시한다. 하지만 벌써부터 본질인 주택 공급과는 무관하게 이로 인한 시세차익에 더 관심이 몰리는 모습이 보이고 있다. 따라서 이에 대해서는 추가 조치들이 나올 수도 있을 것이다.

결국 수요 분산 혹은 억제를 위한 대책인가?

앞에서도 언급했듯 주택 공급은 상당히 오랜 시간이 걸리는 일이다. 정부 역시 이 점을 모를 리 없다. 그렇다고 정부가 아무런 조치를 하지 않을 수도 없다. 그렇기에 주택 공급에 대한 로드맵과 함께 시간이 걸리더라도 사람들이 원하는 곳에 기대하는 수준의 아파트가 반드시 공급된다는 확신을 심어줘야 한다.

그렇기에 단기적으로는 비아파트 주택을 최대한 공급하고(서울의 경우 무제한 공공 신축매입 등) 중장기적으로는 그린벨트라도 해제해 신규택지를 지정하고 동시에 재개발과 재건축 같은 정비사업 신속화를 지원하는 것이다.

부동산 세금과 관련해서는 무엇을 봐야 할까? 사실 이번 대책에서는 부동산 세제 관련 내용이 거의 나오지 않았다. 그래도 주목할 만한 점은 중간마다 사업

속도 진행을 위한 취득세 감면이라는 혜택이 있다는 것이고 좀 더 중요하게 체크해야 할 내용 중에는 '6년 단기임대'가 있다는 점이다. 특히 10년 의무임대보다 짧고 무엇보다 '1주택자가 소형주택 구입 및 6년 단기임대 등록 시 1세대 1주택 특례 적용'이라는 부분을 관심 있게 보아야 한다.

6년 단기임대
그럼 지금 해도 괜찮을까?

당연히 구체적인 내용을 확인 후 진행해야 한다. 하지만 앞서 말한대로 6년 단기임대는 이미 예전에도 한 번 나온 사항이다. 원래대로라면 2023년도에 아파트 신규 등록도 허용되고 기존 주택임대사업자 인센티브 역시 복원되었어야 한다.

하지만 어떤 개정도 없이 현재에 이르렀다. 필자로서는 이 주택임대사업자 제도가 '방치되고 있는' 느낌이 들어서 상당히 안타깝다. 이번에는 관련 내용이 조속히 개편되기를 기대해본다.

만약 정부안대로 개정이 된다면 다음의 경우를 활용해 볼 수도 있을 것이다. 첫째, 소형주택을 통한 월세 현금 흐름을 만드는 것이다. 기존 1주택자가 요건에 부합한 소형주택을 취득할 경우 세제 혜택을 받을 수 있기에 취득세 중과 없이 주택 수를 늘릴 수 있고 종부세 합산배제 역시 가능하다.

양도세에 있어서는 앞서 말한대로 현재의 거주주택 비과세 특례가 그냥 적용이 될지 혹은 다른 별도 혜택이 있을지는 더 지켜보아야 한다. 이때 중요한 건 기존 보유한 1주택이 가급적 '똑똑한 1채'여야 한다는 점이다. 그래야 부담없이 주택 수를 늘릴 수 있다. 물론 이와 동시에 소형주택을 통한 월세 현금 흐름 수익율이 어느 정도 되어야 할 것이다.

둘째, 향후 시세차익을 얻을 수 있는 소형주택을 취득하는 것이다. 가장 좋은 건 '재개발'이다. 앞서 본 것처럼 재개발 사업 속도 역시 촉진한다고 했으니 이를 잘 활용할 수 있는 물건을 등록한다면 매우 좋을 것이다.

예를 들어 향후 재개발 가능성이 있는 소형주택을 여러 채 취득해 임대주택으로 등록하면 취득세 혜택을 받을 수 있고 소형주택이기에 수도권은 기준시가 6억 원 이하일 가능성이 높다. 이 경우 종부세 합산배제 역시 가능하다. 양도세는 더 기다려야 하나 정비사업을 기대한다면 조기매각할 게 아니니 느긋하게 기다릴 수 있다.

토지거래허가구역
더 늘어날 수 있을까?

안타깝지만 이 부분에 대해서는 조심해야 한다. 2024년 8월 8일 공급대책이 나오고 곧바로 다음 날인 9일, 서울시는 서울 그린벨트 대부분을 토지거래허가구역으로 묶었다. 그런데 더 중요한 점은 앞서 8월 공급대책 내용에서 보았듯 오는 11월 신규택지지구 발표까지 서울 그린벨트를 토지거래허가구역으로 지정할 것이라고 이야기했다. 이에 대해 서울시는 이 외에도 다른 지역을 추가로 지정할 수 있음을 밝힌 셈이다.

"서울시 강남3구·용산구 거래허가구역 지정 검토"(〈Channel A〉, 2024.08.09.)라는 기사 내용에 따르면 "만에 하나라도 계속해서 부동산 가격이 오르는 현상이 관찰되면 아마도 또 다른 조치들도 필요할 것이다"라고 오세훈 서울시장의 발언에 이어 조남준 서울시 도시공간본부장도 "반포동, 서초동을 중심으로 신고가가 계속 진행되고 있기 때문에 토지거래허가구역을 기성 시가지에 대해서 지정하는 것도 적극적으로 검토하겠다"라고 설명했다. 즉 지금은 특정 구의 일부 동에 대해서만 토지거래허가구역으로 지정되어 있지만 이를 해당 구 전체로 확대할 수 있음을 시

사한 것이다.

구 전체로 토지거래허가구역 지정은 필자로서는 그리 좋은 정책은 아니라고 생각한다. 현재 부동산 시장은 철저히 실거주자 중심에 심지어 해당 지역에서도 '중심지' 위주로만 거래되고 가격 또한 오르는 상황이기에 의도치 않게 다른 지역에 피해를 줄 수 있기 때문이다.

참고로 토지거래허가구역이 추가로 나올 경우 해당 지역의 부동산을 취득할 수 있는 방법은 경매와 공매 혹은 주택임대사업자 등록(혹은 포괄양수도) 등이 현실적이다.

앞으로 어떤 정책이
더 나올 수 있을까?

추가로 나올 수 있는 내용으로는 대출규제 그리고 조정대상지역 추가 지정 등이 있을 듯하다. 앞서 말한대로 8월 공급대책의 핵심은 '수요 분산'이다. 이를 통해 사람들의 불안한 심리를 잠재우면서 아파트를 지을 시간을 버는 것이 정부의 목표일 것이다.

다만 여전히 서울 신축 아파트에 대한 사람들의 갈망이 높고 이를 제대로 해소하지 못한다면 부동산 시장은 과열될 것이고, 그렇게 되면 정부는 여기에 규제를 가할 것이다. 정부는 여기에 규제를 가할 것이고 그러면 이를 비켜간 곳으로 사람들의 수요가 이동하는 풍선 효과 등의 악순환이 발생할 가능성도 고려해야 한다.

필자가 생각했을 때 나올 수 있는 규제 중 하나는 바로 '대출 규제'다. 특히나 2024년 9월에 스트레스 DSR 2단계가 시행되었다. 오히려 이 보다는 '금리 인하 가능성' 때문에 투자 심리가 살아날 수도 있다. 그럴 때 정부가 꺼내들 수 있는 건 바로 대출규제다. 물론 어디까지나 필자 개인 의견이다.

또 하나 고려할 수 있는 규제는 '조정대상지역 신규 지정'이다. 알다시피 조정대상지역에서 신규 주택을 취득하면 반드시 2년 거주를 해야 양도세 비과세가 가능하다. 또한 취득 당시는 비조정대상지역이었을지라도 추후 매각 시 다주택상태이고 해당 주택이 조정대상지역에 있다면 양도세 중과에 해당되어 상당히 많은 양도세를 부담해야 한다.

2장

예상하지 못한
손실을 일으키는
취득세와 보유세

제네시스박의 부동산 세금 트렌드 2025

상황에 맞추어
취득세를 줄이는 전략

2020년 8월 지방세법이 개정되면서 '취득세 중과세율'이 시행되었고 여전히 해당
내용이 유지되고 있는 상황이다. 당시 개정 이후 부동산 시장은 조정, 하락 특히
거래량 감소로 이어졌다. 그리고 현재, 달라진 부동산 상황임에도 여전히 취득
세 개정 논의가 없는 상황이다. 이런 환경에서 신규주택을 취득할 시 어떤 부분
을 조심해야 할지 그리고 부동산 시장과 연계해 어떻게 활용할 수 있는지 살펴
보겠다.

취득세율이 높아지는
결정적인 이유

부동산 취득세는 주택 그리고 주택 외 부동산으로 나뉜다. 이에 대한 취득세율은
보통 4%(지방세 등 포함 4.6%)이었는데, 과거 2008년과 2010년 주택 시장 침체기
이후 취득세 감면 정책으로 주택 취득세는 금액에 따라 1~3%가 적용되었다.

이때 1~3%를 보통 '취득세 기본세율'이라고 칭하며 현재에도 여전히 적용되
고 있는 수치다. 예를 들어 취득하는 주택의 가격이 6억 원 이하라면 1%가 적용
되고, 6억 원 초과 ~ 9억 원 이하라면 (취득가액 × 2/3억 원 - 3) × 1/100과 같은 산식
이 적용되며, 9억 원 초과의 경우에는 3%의 취득세율이 적용된다. 그런데 여기서
문제는 2020년 8월 지방세법이 개정되면서 다주택자 및 법인이 주택을 취득하는

[자료 2-1] 다주택자 및 법인 취득세 중과

기존		
개인	1주택	주택 가액에 따라 1~3%
	2주택	
	3주택	
	4주택 이상	4%
법인		주택 가액에 따라 1~3%

현행			
개인	1주택	1~3%	
		조정	비조정
	2주택	8%	1~3%
	3주택	12%	8%
	4주택 이상	12%	12%
법인		12%	

* 단, 일시적 2주택은 1주택 세율 적용(1~3%)

경우 취득세 중과세율이 적용된다는 것이다.

[자료 2-1]에서 알 수 있는 것처럼 개인명의로 주택을 취득할 때(일반적인 거래 시), 최고 12%의 세율까지 취득세가 올라간다. 그런데 만약 법인명의로 주택을 매수하면 지역이나 주택 수 상관없이 곧바로 12%의 취득세율이 적용되기에 매우 주의해야 한다. 물론 기존에는 1~3% 기본세율 외에 2019년 12월 4일 ~ 2002년 7월 10일 사이 계약을 취득할 경우 4주택은 4% 취득세율이 적용된 적도 있었으나 12%에 비해서는 상대적으로 낮다.

여기에서 중요한 것은 세 가지다. 첫째, 현 상황에서 법인으로 주택을 매수(취득)하는 것은 매우 부담이 된다. 수익률적인 측면에서 결코 바람직하지 않다. [자료 2-2]에서 예시로 계산을 해보았는데, 법인으로 5억 원의 주택을 취득하고 이후 2년이 지나서 6억 원으로 올랐다고 가정을 하더라도 세 부담만 9,000만 원이다. 물론 보유세, 매각 당시 법인 경비에 따라 일부 금액은 달라질 수 있겠지만 개인 대비 세 부담이 매우 크다는 것을 알 수 있다.

둘째, [자료 2-1]의 다주택자 취득세 중과세율 적용 시 주택 수는 개인이 아닌 '세대 기준 주택 수'라는 점이다. 따라서 개인이 보유한 주택 수만 체크해서는 안

[자료 2-2] 개인 vs 법인 세부담 비교

- 취득가액 5억 원
- 공시가액 3억 5,000만 원
- 양도차익 1억 원
- 법인 경비 3,000만 원
- 1주택(단, 비과세 X)
- 2년 보유 가정

구분	개인	법인
취득세	500만 원	6,000만 원
보유세	40만 원	1,860만 원 (3억 5,000만 원×2.7%)×2년
양도세	2,000만 원 (2년, 단독)	90만 원 {(1억 원 −6,000만 원−3,000만 원)×9%}
추가법인세	–	800만 원 {(1억 원−6,000만 원)×20%}
총 세 부담	2,540만 원	8,750만 원

되며, 주민등록상 등재되어 있는 다른 가족들의 주택 수까지 모두 확인해야 한다.

셋째, 취득세 주택 수 산정 시 2020년 8월 12일부터 새롭게 추가되는 부동산이

[표 2-1] 단계별, 종류별 주택 수 포함 여부

구분	취득세	종합부동산세	양도세
조합입주권	△ (2020년 8월 12일 이후 포함)	X (건물 멸실분)	O
주택분양권	△ (2020년 8월 12일 이후 포함)	X (주택분재산세 포함)	O (2021년 1월 1일 이후 포함)
주거용 오피스텔	△ (2020년 8월 12일 이후 + 주택분재산세 포함)	△ (주택분재산세 포함)	O
공시가 1억 원 이하	△ (정비구역 지정 시 포함)	O	O
상속주택	X (5년 미만 제외)	X (5년 미만 또는 소수/저가 제외)	△ (취득 순서 유의)
등록임대주택	X (신규 + 전용 60m2 이하 제외)	X (세법상 장기임대주택 제외)	△ (일부만 제외)

* '△'는 포함 또는 불포함일 수 있다는 뜻

있다는 점이다. 대표적으로 주택분양권, 조합원입주권 그리고 주거용 오피스텔이 있다.

여러 경우로 나누어 주택 수에 대해 정리하면 [표 2-1]과 같다. 특히 취득세에서는 2020년 8월 12일 이후(해당일 포함) 취득하는 조합원입주권, 주택분양권, 주거용 오피스텔 포함 여부가 매우 중요하다.

세대 기준 주택 수를
줄이는 것이 중요하다

다주택자 취득세 중과세율 적용 시 그 기준은 '세대 기준 주택 수'다. 따라서 세대 기준 주택 수를 잘 따져봐야 하는데, 지방세인 취득세는 형식주의를 택하고 있다. 따라서 '주민등록표'상에서 가족이 누구인지가 중요하며, 해당 가족의 주택 수가 그 기준이 된다. 그 결과 주민등록상 분리를 진행하면 주택 수를 일부 줄일 수 있는 것이다.

다음 [자료 2-3]에서 보이는 것처럼 〈사례 1〉 경우는 부모 세대가 2주택이므로 여기에서 신규주택을 취득하면 최소 8% 취득세율이 적용된다(조정인 경우 12%). 반면 자녀 세대는 무주택이므로 여기에서 1채를 구입해도 1~3%, 추가로 비조정 대상지역 주택을 취득해도 역시 1~3%가 적용된다. 주택 수가 적은 자녀 세대가 훨씬 유리한 상황이다.

그런데 〈사례 2〉처럼 부모 세대 1주택, 자녀 세대 1주택으로 하면 어떻게 될까? 각각 1채씩은 더 추가할 수 있는 여력이 생기는 게 아닐까? 특히 대부분 지역이 비조정대상지역이므로 이런 방법을 활용하는 것이 더욱 도움이 될 수 있다. 그런데 여기서 자녀가 세대를 구성할 수 있는 '능력'이 있어야 한다는 점은 당연히 유의해야 한다.

동거봉양 합가는
별도 세대로 본다

취득세 개념이 어려운 이유는 우리가 기존에 알고 있던 양도세(소득세법, 국세)와 다른 기준을 적용하기 때문이다. 예를 들어 동거봉양 합가 같은 것이 대표적인 사례다. 양도세 비과세 중 부모 동거봉양 합가 시 일시적 2주택 비과세에서 기준이 되는 연령은 60세다. 하지만 지방세법인 취득세는 그 기준이 65세이므로 주의해야 한다.

예를 들어 1주택을 소유한 부모(66세)의 세대원인 자녀(30세 이상)가 주택을 취득하는 경우, 부모와 분가하지 않고 계속해서 합가인 상태인 경우라도 이를 동거봉양 합가에 따른 별도세대로 판단한다. 물론 세대원인 자녀가 다른 주택을 이미 취득하고 있는 경우라면 당연히 취득세 중과세율이 적용될 수도 있다. 이 내용에서의 핵심은 함께 살고 있더라도 별도 세대로 본다는 점, 다만 그 기준이 되는 연령이 60세가 아닌 65세라는 점(부모 1명 이상인 경우) 그리고 세대원인 자녀는 당연히 별도 세대를 구성할 수 있는 능력이 있어야 한다는 점이다.

따라서 만 30세 이상이고 일정한 소득이 있는 자녀라면 부모 명의로 주택이 1채가 있고, 자녀 명의로 주택이 없다면 굳이 떨어져 살지 않더라도 1채 정도는 더 취득할 수 있다. 물론 추후 양도세 비과세를 받으려면 반드시 매도 전 세대분리를 한 후에 매각해야 한다. 즉 취득세와 양도세를 따로 생각해야 한다는 것이다.

양도세와 다른 취득세
일시적 2주택

양도세와 또 다른 취득세 특징을 한 가지 더 이야기하고자 한다. 바로 '일시적 2주택'이다. 앞서 [자료 2-1]을 다시 보면 2주택이며 조정대상지역인 경우 8%라고 표시되어 있는 것을 확인할 수 있다. 이는 예외사항이 있다는 뜻인데, 양도세와 기준이 다르니 유의해야 한다.

우선 세대 기준 2번째 주택을 조정대상지역에 위치한 주택을 취득했다고 해서 곧바로 8% 취득세율이 결정되는 건 아니다. 일단은 기본세율 1~3%를 납부하고 일정 기간 내 종전주택을 처분하지 않을 경우 8% 취득세율을 적용하는 것이다. 따라서 3년 내 종전주택을 처분하면 취득세율이 높아질 일은 없는데, 이때 두 가지를 체크해야 한다.

첫째, 만약 종전주택을 처분하지 않고 2주택을 보유할 계획이라면 처음부터

[자료 2-4] 양도세와 취득세의 일시적 2주택 비교

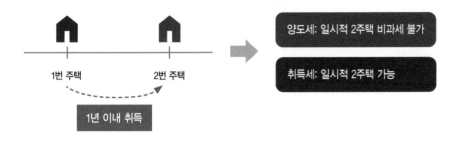

8%를 부담하는 것이 좋다. 그렇게 해야 가산세를 부담하지 않기 때문이다.

둘째, 취득세 일시적 2주택은 1년 후 신규주택을 취득하지 않아도 활용할 수 있다. 즉 양도세에서는 종전주택을 취득하고 1년이 지난 후에 신규주택을 취득해야 일시적 2주택 비과세가 가능하나, 취득세는 그런 요건이 없다. 따라서 연달아 주택을 구매하더라도 종전주택을 3년 내에만 처분하면 신규주택 취득세 중과는 적용되지 않는다.

물론 가장 좋은 방법은 1번 주택을 조정대상지역, 2번 주택을 비조정대상지역으로 취득하는 것이다. 하지만 부득이한 사정으로 인해 2번 주택을 조정대상지역으로 취득한 경우라면 이 방법을 활용해서 취득세 중과라도 피하는 것이 좋다. 물론 1년 후 취득한 경우라면 취득세 중과는 물론 양도세 일시적 2주택 비과세도 가능하다.

뒤에서 더 구체적으로 다룰 내용이지만, 양도세에서는 3주택인 경우 1주택을 매각하고 남은 2주택이 일시적 2주택 비과세에 해당하면 곧바로 2채 모두 비과세가 가능하다. 하지만 취득세에서는 그런 방법이 적용되지 않는다. 즉 3주택을 취득하면 곧바로 8%(조정대상지역 12%) 취득세율이 적용되는 것이지, 3주택에서 1채를 매각하고 남은 2주택을 일시적 2주택으로 해서 취득세 중과를 피하는 방법은 없다.

마찬가지로 양도세에서는 주택임대사업자 거주주택 비과세 특례의 경우 등록

[표 2-2] 상황에 따른 취득세와 양도세 비교

구분	취득세	양도세
일시적 2주택	1년 후 요건 없음	1년 후 신규주택 취득
3주택에서 1채 매각 후 일시적 2주택 적용	불가능(최소 8%)	요건을 충족하면 가능
등록임대주택 주택 수 제외	해당 내용 없음	거주주택 비과세 특례 시 가능

한 임대주택이 주택 수에서 제외될 수 있으나 취득세에서는 그런 규정이 없으니 주의가 필요하다. 이상의 내용을 정리하면 [표 2-2]와 같다.

취득세를 알면
투자 전략이 보인다

2020년 8월 12일에 개정된 취득세 중과는 부동산 시장에 상당한 영향을 미쳤다. '세대 기준 주택 수'에 따라 1~3%하던 취득세율이 최대 12%까지 올라가게 되므로 상당한 부담을 느낄 수 밖에 없기 때문이다. 가령 매매가액 5억 원의 주택을 취득할 때의 취득세율은 1%이므로 500만 원을 부담하면 되는데(농특세 등 제외), 만약 다른 가족이 주택을 보유하고 있어서 해당 주택이 4번째 취득하는 주택이라면 12% 취득세율이 적용되므로, 이 경우의 취득세는 6,000 만 원에 달한다.

언뜻 보면 '투기 수요를 억제해야 하니 이 방법이 맞다'라고 생각할 수 있겠으나, 이로 인해 발생하는 부작용도 상당하다. 가령 주택 수를 줄이는 것이 중요하기에 다주택자가 보유 중인 임대주택은 사라지면서 전월세 가격은 올라가게 된다. 또한 이렇게 주택을 처분한 후 결국 한 채 정도만 보유하는 것이 유리하기에 이왕이면 좋은 물건에 집중하게 되는데, 이것이 '똘똘한 한 채' 선호현상이 심화되는 이유다.

또한 앞에서 설명했듯이 취득세는 지방세에 해당해 소득세법 중 하나인 양도세와 과세 원리가 전혀 다르다. 즉 우리가 알고 있던 양도세 비과세 특례, 그리고 비과세 판단에 있어서 주택 수 제외와 같은 논리가 취득세에서는 적용이 안 될 수 있다. 결론적으로 양도세 따로, 취득세 따로 이렇게 공부를 해야 한다.

그렇다고 언제까지 현행 취득세율 체계에 대해 비판만 하고 있을 수는 없다. 자칫 잘못할 경우 현행 제도가 더 오래 지속될 수도 있기 때문이다. 이런 상황에서 최선의 투자 전략은 무엇인지 살펴보겠다.

조정대상지역에서
내 집 마련을 노려라

현행 취득세율을 보면 왜 첫 번째 주택으로 좋은 곳을 사야 하는지를 알 수 있다. 앞의 [자료 2-1]의 내용처럼 개인의 경우 주택 수가 늘어날수록 취득세율이 최저 1%에서 최고 12%까지 올라가는데, 여기서 중요한 점은 조정대상지역과 비조정 대상지역으로 이를 구분한다는 것이다. 만약 두 번째로 취득한 주택이 조정대상 지역에 있으면 8%(단, 3년 내 종전주택 처분 시 기본세율 적용), 비조정대상지역이라면 1~3% 기본세율이 적용된다.

　따라서 처음 매수하는 주택은 규제 지역 상관없이 1~3% 기본세율 적용이므로 이를 최대한 활용하는 것이 유리하다. 참고로 법인의 경우 주택 수, 지역 상관없 이 무조건 12% 취득세율이 적용된다. 따라서 현재 법인으로 신규주택 취득을 고 려 중이라면 다시 생각해보는 것이 좋다.

두 번째 주택의 위치는
어디가 좋을까?

그래도 최소 2채 정도는 보유해야 자산을 불릴 수 있을 것이다. 1채만 가지고 있 을 경우 해당 주택 가격이 올라도 현실적으로 이를 매각하는 것이 힘들기 때문이 다. 그래서 1채는 실거주, 다른 1채는 자산가격 상승에 따른 위험분산을 위해 2채 정도를 보유하는 경우가 많다. 그렇다면 이때 활용할 수 있는 전략은 어떤 것일 까? 취득세를 고려하면 답은 쉽게 찾을 수 있다. 즉 처음 취득할 1번 주택은 조정 대상지역(가급적 중심지), 2번 주택은 비조정대상지역에 위치한 물건을 취득하는 것이다.

[자료 2-5] 2주택 모두 보유 가정 시 취득 순서에 따른 취득세율

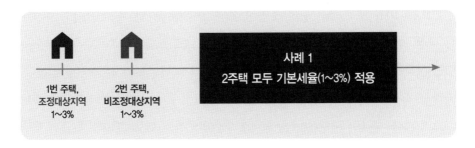

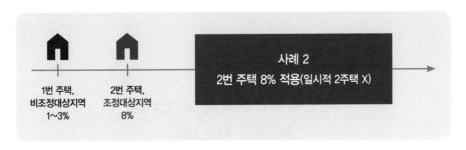

[자료 2-5]에서 〈사례 1〉은 1번 주택을 조정대상지역, 2번 주택을 비조정대상지역에 위치한 주택을 취득함으로써 취득세율을 모두 1~3% 기본세율이 가능하도록 한 사례다. 필자가 보기에 매우 좋은 사례이고 지금도 충분히 활용 가능한 전략이라고 생각한다.

반면 사례 2는 똑같이 2주택을 보유하는 것이 목적인데, 1번 주택을 비조정대상지역, 2번 주택을 조정지역대상지역 주택을 취득함으로써 2번 주택에 대해서는 8% 취득세율을 적용해 불필요한 세금을 더 내야 하는 사례다(단, 2채 모두 보유함으로써 일시적 2주택이 아니라고 가정).

예를 들어 2번 주택 매매가액이 10억 원이라고 가정할 경우, 〈사례 1〉은 기본세율 적용으로 3% 취득세를 부담하면 되지만 〈사례 2〉는 경우 8% 취득세율이 적용되므로 무려 5,000만 원의 취득세 차이라는 결과가 나온다. 이렇듯 취득 순서만 달리하더라도 상당히 큰 금액을 절세할 수 있는데, 그렇다면 비조정대상지역 중 어디에 위치한 주택을 매수하는 것이 좋을까?

　2024년 10월 기준 남아 있는 조정대상지역은 서초, 강남, 송파 그리고 용산구다. 특히 해당 지역에서는 최근에도 고가주택을 중심으로 연일 신고가가 나오고 있는 상황이다 만약 추가로 규제지역이 지정된다면 인근부터 될 가능성이 높다. 따라서, 강동, 성동, 마포, 동작구를 중심으로 추가 주택 구매를 고려해하는 것도 나쁘지 않다. 즉 1번 주택은 조정대상지역에 위치한 주택을 취득한 후, 2번 주택을 비조정대상지역 중 향후 조정대상지역 지정이 될 가능성이 높은 물건으로 취득한다면 매우 좋은 전략이라고 생각한다.

세 번째 주택 취득 시 고려할 점, 취득세율 최소 8%

부동산 투자를 해본 사람들은 잘 알겠지만 1채보다는 2채가, 2채 보다는 그 이상이 더 유리하다는 사실을 잘 안다(물론 잘 매수했을 때 이야기다). 필자 역시 주택임대사업자를 활용해 짧은 기간 안에 상당한 자산을 불릴 수 있었다. 그렇기에 3주택 이상을 고려하는 사람들도 분명 일부 있을 것이다. 이 경우 앞서 살펴본 것처럼 3번째 주택 취득세율은 최소 8%(조정대상지역은 12%)인데, 이때는 두 가지를 고려해야 한다.

첫째, 취득세 8%를 부담하더라도 추후 매각 시 이득이 되는지 따져야 한다

투자라는 것은 관련 거래비용보다 더 많은 수익이 나면 된다. 다만 주택 취득세의 경우 취득세율 8%, 12% 등으로 인해 상당한 자금을 매수할 때 곧바로 부담해야 한다. 양도세처럼 별도 분납도 없으니 꽤 큰 부담이 될 수 있다. 간혹 "취득세는 필요경비로 공제받으니 괜찮지 않나요?"라고 필자에게 문의하는 경우가 있는

[표 2-3] 취득세 중과와 실제 세부담

구분	취득세 일반과세(1%)	취득세 중과(12%)
양도가액	10억 원	10억 원
(-)취득가액	5억 원	5억 원
(-)필요경비	500만 원	6,000만 원
양도차익	4억 9,500만 원	4억 4,000만 원
(-)장기보유특별공제	-	-
양도소득금액	4억 9,500만 원	4억 4,000만 원
(-)기본공제	250만 원	250만 원
= 과세표준	4억 9,250만 원	4억 3,750만 원
세율	40%	40%
누진공제	2,594만 원	2,594만 원
산출세액	1억 7,106만 원	1억 4,906만 원
총 부담세액(지방세 포함)	1억 8,816만 6,000원	1억 6,396만 6,000원

데, 다음 [표 2-3]을 보기 바란다.

취득가 5억 원, 양도가 10억 원에 매각한 사례이며 하나는 취득세 일반과세 (6억 원 이하, 1%)이고 다른 하나는 취득세 중과세율 12%가 적용된 경우다. 취득세 는 취득원가를 구성, 필요경비에 산입되는데 그 결과 양도차익을 줄여주므로 분 명 양도세를 줄여주는 절세 효과가 있기는 하다. 다만 그렇다고 해서 모든 취득 세를 돌려받을 수 있는 것이라 생각하면 안 된다.

먼저 일반과세 1%인 경우는 양도차익 5억 원에 총 부담세액이 1억 8,816만 6,000원이다. 반면 취득세 중과 12%인 경우 동일한 양도차익 5억 원이라 하더라 도 총 부담세액은 1억 6,396만 6,000원으로 분명 더 작다.

이 차액은 2,420만 원인데, 이는 취득세 차액 5,500만원에서 적용되는 세율

40%에 지방소득세 4%를 더한 값과 동일하다(=5,500만 원×44% = 2,420만 원). 즉 양도차익이 클수록 취득세 절세 효과가 더 있는 것이다.

그렇다고 해서 추가로 더 낸 취득세 5,500만원을 모두 돌려받는 것은 아니다. 방금 사례의 경우 취득세 추가 부담분은 5,500만 원이지만 이로 인한 절세액은 2,420만 원이므로 결과적으로 3,080만 원을 더 부담한 것은 변하지 않는 사실이다.

둘째, 취득세가 부담된다면 취득세 '틈새 상품'을 노려야 한다

예를 들어 2주택을 보유한 경우(1번은 조정대상지역, 2번은 비조정대상지역 등) 추가 부동산으로 주택을 매입하고자 하면 최소 8% 취득세를 부담해야 한다. 따라서 다른 부동산을 고려해 볼 수 있다. 예를 들면 다음과 같다.

1) 토지 → 4%

2) 오피스텔 → 4%

3) 상가 → 4%

4) 멸실된 입주권 → 4%

모두 지방세 등을 제외한 것으로 실제로는 4.6%라고 이해하면 된다. 다만 해당 자산을 취득하는 목적이 분명해야 한다. 가령 토지라면 해당 토지 위에 건물을 올려 이용하거나 추후 개발 호재에 따른 차익을 기대해볼 수 있다.

오피스텔이라면 반드시 월세 수익률이 어느 정도 나와야 하며 이로 인해 현금흐름에 관심을 두어야 한다. 그런데 오피스텔은 주거용, 비주거용이 혼재되어 사용 가능하므로 이로 인해 놓칠 수 있는 특별한 과세 체계를 매우 조심해야 한다.

상가 역시 마찬가지다. 기본적으로 수익형 부동산이므로 일반임대사업자, 부가가치세 등 관련 세금 정보를 알아두어야 한다.

멸실된 입주권은 재개발, 재건축과 같은 정비사업 투자와 밀접한 관계가 있다.

특히 주택 중심으로 투자를 한다면 향후 신축 아파트를 얻을 수 있는 입주권이 좋은 투자처가 될 수 있다. 다만 입주권의 경우 곧바로 건물이 철거되는 것이 아니므로 취득세를 줄이고 싶다면 멸실 확인 후 매입하는 것이 중요하다.

만약 2주택을 보유 중이라고 가정 시, 향후 신축이 될 입주권까지 보유한다면 장기적 관점에서 유리할 수 있다. 게다가 신축 아파트에 대한 선호도가 높다면, 당연히 재건축이나 재개발에 대한 관심도 올라갈 것이다. 그리고 투자금이 상대적으로 적게 들어가고 수익률이 높은 재개발에 대한 관심이 더 높아질 것인데, 결과적으로 [자료 2-6]과 같은 모습이 나올 수 있다.

물론 주거용 부동산을 계속해서 취득하는 건 결국 취득세뿐 아니라 종부세 부담도 높일 수 있다. 게다가 주택 수가 많아지면 매도 전략도 매우 복잡해지기 때문에 양도세 관련 실수가 발생할 가능성도 높아진다.

따라서 주택은 적당히 1~2채 유지하고, 추가 부동산은 비주거용으로 부동산을 매입하되 법인으로 취득하는 것도 좋은 방법이다. 이 방법이 좋은 이유는 명의를 완벽히 분리할 수 있고, 그에 따라 용도에 맞게 이를 활용할 수 있기 때문이다. 법인에 쌓인 임대소득은 추후 급여나 배당 등으로 개인명의로 가져오거나 법

[자료 2-6] 2주택 + 1입주권인 경우

주택 A,
조정대상지역
1~3%

주택 B,
비조정대상지역
1~3%

입주권 C,
건물 멸실, 지역 무관
4%

- A, B는 적당히 보유 후 매각(B 선매각 가능성 높음)
- 이후 남은 1주택과 입주권 C 사이에 일시적 2주택 비과세 전략
- 그 결과 A, B 중에서 1채 비과세 그리고 이후 C 역시 비과세 가능

[자료 2-7] 개인명의 + 법인명의 활용법

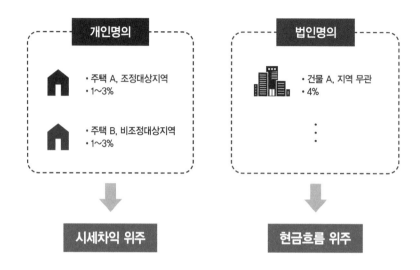

개인명의
- 주택 A, 조정대상지역
- 1~3%
- 주택 B, 비조정대상지역
- 1~3%

→ 시세차익 위주

법인명의
- 건물 A, 지역 무관
- 4%
⋮

→ 현금흐름 위주

인 자체에서 경비처리하는 것이 좋다. 이게 잘 이루어지면 [자료 2-7]과 같은 모습이 될 것이다.

개인명의로는 중심지 위주의 주택을 1~2채 정도만 보유함으로써 보유세 부담도 줄이고 여차하면 비과세 전략이 가능하도록 한다. 이로 인해 부동산 자산시장 상승기 때 시세차익을 얻는 것이 목적이다.

반면 법인명의로는 상가, 건물 등 비주거용 부동산에 집중해서 취득세 중과를 피한다. 물론 수도권 과밀억제권 밖에 법인 본점 소재지를 두거나 혹은 과밀억제권 소재라면 설립 후 5년이 지난 법인으로 취득을 해야 한다. 실사용보다는 임대가 주가 되기 때문에 현금흐름 위주로 활용을 하는 것이 좋고, 법인 비주거용 부동산의 경우 주택 수에 따른 제한이 없으므로 본인 상황에 맞게 활용하기 바란다.

취득세 주택 수 제외에 대한
오해 두 가지

간혹, "임대주택등록하면 취득세 주택 수에서 제외된다고 하던데요?"라고 필자에게 문의하는 사람들이 있다. 결론부터 말하자면 그렇지 않다. 특히 임대주택등록을 하면 '주택 수 제외'라는 말은 너무나도 의미의 범위가 광범위하고 모호하기 때문에 조심해야 한다.

인터넷에서 검색하다 보면 임대주택으로 등록하면 주택 수가 제외되는 것처럼 보이는 기사가 여럿 있다. 물론 제대로 설명한 기사도 있지만 얼핏 보면 '주택 수가 제외되니 유리하구나'라고 오해할 수 있으니 조심해야 한다.

결론적으로, 양도세 비과세 판단에 있어서는 등록임대주택이 주택 수에서 제외될 수 있다. 뒤에서 더 자세히 다루겠지만 이를 '주택임대사업자 거주주택 비과세 특례'라고 한다. 즉 주택임대사업자가 거주하고 있는 주택을 양도할 때 요건을 갖춰 등록한 임대주택에 대해서는 주택 수 제외가 되어 거주주택 비과세가 가능하다.

그렇다면 취득세에 있어서도 등록임대주택이 주택 수 제외가 될까? 이러한 내용에 대해서는 취득세를 다루는 지방세법에 전혀 없다. 다만 신규주택이면서(최초 등기) 공동주택인 경우, 그리고 전용면적 60m^2 이하라면 취득세 감면 혜택이 있다. 그러나 주택 수 제외는 아니니 유의해야 한다.

다음으로 사람들이 자주 하는 오해는 '소형신축 주택 수 제외'다. 오해를 정정하자면, 일부 소형주택은 취득세 주택 수에서 제외되기는 한다. 소형주택은 소형신축과 소형기축으로 나뉘는데, 소형기축은 취득 후 60일 이내 임대주택으로 등록해야 하니 넘어가기로 하겠다. 결론적으로 소형신축은 취득세 주택 수에서 제외는 되지만 모든 소형신축이 제외되는 것은 아니다.

중요하게 봐야 할 점은 소형신축을 취득하기 전 주택 수를 기준으로 취득세율

[자료 2-8] 취득세 주택수 제외 관련 시행령

지방세법 시행령

[시행 2024. 9. 15.] [대통령령 제34881호, 2024. 9. 10., 타법개정]

☐ **제28조의4(주택 수의 산정방법)** ① 법 제13조의2제1항제2호 및 제3호를 적용할 때 세율 적용의 기준이 되는 1세대의 주택 수는 주택 취득일 현재 취득하는 주택을 포함하여 1세대가 국내에 소유하는 주택, 법 제13조의3제2호에 따른 조합원입주권(이하 "조합원입주권"이라 한다), 같은 조 제3호에 따른 주택분양권(이하 "주택분양권"이라 한다) 및 같은 조 제4호에 따른 오피스텔(이하 "오피스텔"이라 한다)의 수를 말한다. 이 경우 조합원입주권 또는 주택분양권에 의하여 취득하는 주택의 경우에는 조합원입주권 또는 주택분양권의 취득일(분양사업자로부터 주택분양권을 취득하는 경우에는 분양계약일)을 기준으로 해당 주택 취득 시의 세대별 주택 수를 산정한다.

> ② 제1항 전단에도 불구하고 법 제13조의2제1항제2호 및 제3호를 적용할 때 다음 각 호의 어느 하나에 해당하는 주택을 취득하는 경우 세율 적용의 기준이 되는 1세대의 주택 수는 주택 취득일 현재 취득하는 주택을 제외하고 1세대가 국내에 소유하는 주택, 조합원입주권, 주택분양권 및 오피스텔의 수를 말한다. <신설 2024. 3. 26., 2024. 5. 28.>

이 결정되는 것이다. 즉 1주택인 상태에서 소형신축을 취득하면 소형신축 역시 1주택을 기준으로 취득세율이 결정되므로 유리할 수 있다. 그러나 3주택 상태에서 소형신축을 취득하면 3주택 취득세율이 적용되므로 불리할 수 있다. 게다가 소형신축이 취득세 주택 수에서 제외되는 건 2024년 기준 앞으로 3년간 유지되는 내용이다. 이후에는 어떻게 될지 정해진 바가 없으므로 유의해야 한다.

   [자료 2-8] 지방세법 시행령 28조의 4, 2항을 보면 '(취득)세율 적용의 기준이 되는 1세대의 주택 수는 주택 취득일 현재 취득하는 주택을 제외하고'라고 표현되어 있다. 따라서 가령 현재 4주택을 보유하고 있는 상태에서는 제 아무리 요건을 갖춘 소형신축을 취득한다 하더라도 4주택 기준 취득세율이 적용되므로 12%의 취득세율이 적용되기에 유의해야 한다.

보유세에 따른
부동산 자산 관리와 활용법

부동산 절세는 체계를 잘 잡는 것이 중요하다. 부동산 세금은 단계별로 구분할 수 있는데 취득할 때 내는 취득세, 보유할 때 내는 보유세 그리고 마지막으로 매각할 때 내는 양도세가 있다.

여기서 보유세는 해당 자산을 얼마나 더 보유할지 아니면 처분할지를 결정하는 세금 중 하나다. 당연히 보유세 부담이 크다면 장기간 보유하기가 힘들고, 반대의 경우라면 조금 더 느긋하게 운영할 수 있다. 따라서 보유세가 어떻게 될지 잘 살펴보아야 자산 관리가 가능한 것이다.

참고로 보유세는 재산세와 종부세로 나뉘는데, 특히 부담이 되는 세금은 종부세다. 이러한 이유로 종부세를 중심으로 보유세를 살펴보겠다.

보유세 계산의 시작,
'공시가격'

우선 보유세 계산과정을 알아보겠다. 계산과정을 잘 이해해야 절세 포인트도 쉽게 찾아낼 수 있기 때문이다. 보유세 계산은 해당 자산의 '공시가격'에서 출발한다. 흔히 알고 있는 기준시가와 다른 개념이지만 큰 틀에서 보면 큰 차이가 없다고 이해해도 된다.

[자료 2-9]에 정리한 내용처럼 재산세와 종부세 계산구조에서 그 시작은 '공시

[자료 2-9] 보유세 과세체계 – 재산세 및 보유세

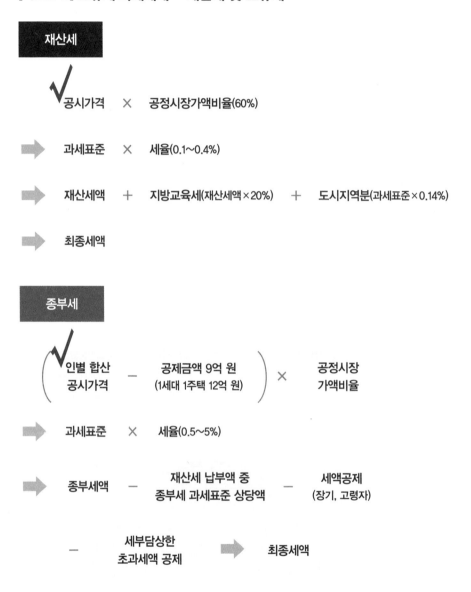

가격'이다. 공시가격은 정부에서 매년 발표하는 가격인데 시세의 대략 70% 내외
다. 여기서 시세 대비 공시가격이 차지하는 비율을 '공시가격 현실화율'이라고 하

는데, 예를 들어 시세 10억 원 아파트의 공시가격이 7억 원이라면 공시가격 현실화율은 70%(=7억/10억 * 100)가 된다. 부동산 시장이 좋지 않아 집값이 떨어지게 된다면 대체로 공시가격은 낮아진다.

참고로 공시가격은 '개인별' 보유한 주택의 공시가격이다. 즉 취득세 및 양도세는 '세대 기준 주택 수'가 기준이었지만 보유세는 세대가 아닌 개인이 보유한 주택의 공시가격을 합해 계산한다. 본인이 보유한 주택의 공시가격을 다 더한 값을 기준으로 보유세를 계산하는 것이다.

3주택 이상
종합부동산세 중과

한때 종부세 중과가 큰 이슈가 되었던 적이 있다. 서울 대부분 지역이 조정대상지역이었던 당시, 아파트 2채 정도만 보유를 하더라도 종부세가 수천만 원이 나왔던 적이 있었다.

그러나 지금은 그러한 종부세 중과세율이 많이 사라졌다. 다만 완전히 사라진 것은 아니고 3주택 이상이면서 종부세 과세표준이 12억 원을 초과하는 경우에는 종부세 중과세율이 적용된다.

[표 2-4]의 내용처럼 개인이 보유한 주택 수가 3채 이상이고(지역불문, 일부 지분도 하나로 간주), 공시가격 합에서 공제금액 9억 원을 차감하고 공정시장가액비율을 적용한 종부세 과세표준이 12억 원을 초과하는 경우에는 여전히 종부세 중과세율이 적용된다(시세로는 대략 24~25억 원정도). 또한 법인은 주택 수, 지역 상관없이 개인 세율 중에서 가장 높은 세율을 곧바로 적용하며, 개인에 적용되는 기본 공제금액이 없기에 종부세 부담이 상당하다.

따라서 현 상황에서 법인명의로 주택을 신규 취득해 임대하는 것은 가급적 자

[표 2-4] 현행 종합부동산세 세율

구분	2023년 이후	
과세표준	2주택 이하(조정대상지역 2주택 포함)	3주택 이상(지역 불문)
3억 원 이하	0.5%	
3억 원 초과~6억 원 이하	0.7%	
6억 원 초과~12억 원 이하	1%	
12억 원 초과~25억 원 이하	1.3%	2%
25억 원 초과~50억 원 이하	1.5%	3%
50억 원 초과~94억 원 이하	2%	4%
94억 원 초과	2.7%	5%
법인	2.7%	5%

제하는 것이 좋고, 이미 보유하고 있는 주택이 있다면 이를 얼마나 더 보유할지에 대한 계획이 반드시 있어야 한다.

공시가격은
언제 결정되는 것일까?

그렇다면 보유세를 짐작하기 위해서는 공시가격이 어떻게 책정되는지를 알아야한다. [자료 2-10]을 보면 공동주택공시가격은 매년 3월 말에 가안이 발표되고, 이후 의견접수 및 조정 등을 거쳐 4월 말까지 확정된다. 이때를 기준으로 최종 공시가격이 확정된다고 이해하면 되는데, 앞서 설명한 대로 공시가격은 시세의 일정 비율만큼 정해진다. 즉 전년도 가격이 반영되어 결정되는 것이므로 만약 전년도 부동산 시장은 일부 지역을 제외하고 가격이 하락했다면 다음 해의 공시가격

[자료 2-10] 공시가격 확정과 보유세 과세기준일

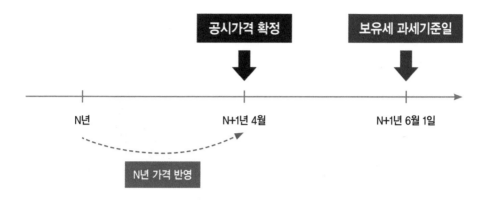

[자료 2-10] 공시가격 확정과 보유세 과세기준일

은 작년과 비슷하거나 내려갈 가능성이 높다.

예를 들어 정부가 발표한 로드맵과 동일하게 공시가격 현실화율을 70%로 한다고 했을 때, 가령 집값이 10억 원이라면 7억 원이지만 집값이 하락해 9억 원이 되면 현실화율 70%를 적용해 6억 3,000만 원으로 공시가격은 내려갈 수 있다는 의미다. 물론 단순한 예시이지만 전반적인 시장 상황이 하락세이거나 공시가격 현실화율 로드맵의 개편 유무 등을 고려한다면 공시가격을 어느 정도 유추할 수 있다.

여기까지 보유세에 대한 전반적인 내용을 알아보았으니 지금부터는 활용할 수 있는 절세 전략을 살펴보겠다.

과세기준일 결정이 절세를 정한다

취득세는 해당 부동산을 취득한 후 60일 이내 납부해야 한다. 양도세는 부동산을 처분일이 속하는 달의 말일로부터 2개월 이내 신고 납부를 해야 한다(약 2달). 그

[자료 2-11] 보유세 과세기준일

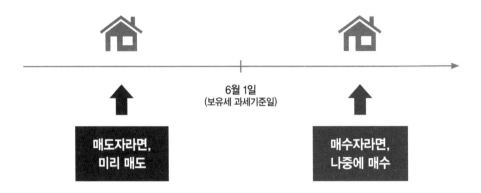

6월 1일
(보유세 과세기준일)

매도자라면,
미리 매도

매수자라면,
나중에 매수

런데 보유세는 단 하루만 보유를 하더라도 1년치 보유세를 부담해야 하는데, 그 날은 바로 매년 '6월 1일'이다. 따라서 매수, 매도 시 이 날을 피한다면 상당한 보유세를 아낄 수 있다.

가령 매수자라면 주택을 취득할 때 매수 잔금일을 6월 1일 지나서 하는 것이 좋다. 매도자라면 반대로 나중에 매도하는 것이 유리하다. 예를 들어 2024년 2월 매수 계약서를 작성하는 경우라면 계약서 작성 시 중도금과 잔금일을 정하는데, 이때 중도금은 선택사항이며 잔금일은 협의 후 결정하는데 통상적으로 2~3개월 정도 후로 한다.

따라서 2월 계약 → (중도금 없음) → 5월 매수 잔금으로 한다면 6월 1일 기준으로는 매수자가 소유자가 되기 때문에 당해 보유세를 모두 부담해야 한다. 그렇다면 어떻게 해야 이를 줄일 수 있을까?

첫째, 잔금일을 길게 잡아서 6월 1일 이후 정한다
이를 매도자가 싫어하겠지만 협상력을 통해 설득해야 한다. 가령 거래가 잘 되지 않고 하락기인 부동산 시장 상황에서는 매수자가 원하는 대로 계약서를 작성할 확률이 높다. 따라서 부동산 시장을 파악한 후 잔금일을 길게 잡는 것이 좋다. 반대의 상황이라면 매도자에게 유리하도록 일찍 잔금일을 잡는 것이 좋다.

둘째, 날짜 조정이 힘들다면 가격을 조정한다

예를 들어 매도자도 급하게 처분을 해야 하고 매수자 역시 일찍 매입하는 것이 목적이라면 매수자 입장에서 가격 조정을 제시해볼 수 있다. 물론 매수자에게 협상력이 있을 때의 이야기다. 가령 상승기 시장에서는 물건을 보유한 매도자 협상력이 높기 때문에 이런 제안은 좋지 못하다. 따라서 시장 상황에 맞게 이를 활용하되, 매수자라면 일단 좋은 물건을 취득하는 것에 집중하는 것이 좋다.

3장

부동산 절세의 핵심은
양도세다

제네시스박의 부동산 세금 트렌드 2025

양도세 절세의 정석
체크해야 할 두 가지

주택을 취득한 후 보유 및 매각(혹은 양도)의 과정을 겪는다면 최소 세 번의 세금을 내야 한다. 취득할 때는 취득세를, 보유하면 재산세나 종부세 같은 보유세를, 마지막으로 매각할 때 발생한 양도차익에 대해 양도세를 내야 한다.

이 중 세 부담이 가장 큰 세금이 바로 양도세다. 양도세는 기본적으로 발생한 양도차익에 대한 세금이며 만약 양도차익이 없거나 손실이 났다면 납부할 양도세는 없다. 하지만 내야 할 양도세가 없더라도 비과세는 아니기에 이에 대해 "이득을 낸 게 없어 내야 할 세금이 없습니다"라는 신고는 해야 한다.

반면 보유 기간 동안 양도차익이 발생하면 그에 대해 세금을 내야 하는데 만약 양도세 중과에 해당하면 생각보다 거액의 세금을 납부해야 할 수도 있다. 하지만 일시적 2주택 비과세에 해당하면 세금을 한 푼도 내지 않을 수도 있다.

이렇듯 주택 관련 세금에서 가장 '드라마틱한' 세금이 바로 양도세다. 비과세에서 양도세 중과까지 '극과 극'을 넘나들기 때문에 투자자는 물론 실거주자라도 양도세에 대한 공부는 기본 중의 기본이 되어야 한다.

꼭 알아야 할 개념
'과세표준' & '세율'

세금 공부를 하다 보면 과세표준 그리고 세율이란 말을 자주 접하게 된다. 과세

[자료 3-1] 양도세 계산 방법

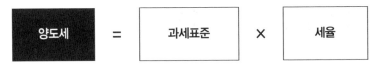

표준은 세금을 부과하는 일종의 '표준 사이즈'라고 생각하면 된다. 세금의 종류(이를 '세목'이라 한다)마다 어떤 것을 과세 대상으로 하는지가 관건인데, 그에 대한 자료를 종합해 과세하는 데 용이하게끔 규격화한 값이 과세표준이다. 보통 수량이나 값으로 표시하는데 이 과세표준에 세율을 적용하면 부담해야 할 세금액수(보통은 '세액'이라 한다)가 정해진다. 물론 여기에서 다시 세액감면 등 추가 조정이 진행되나 이 부분은 넘어가겠다.

따라서 양도세를 구하고 싶다면 양도세 과세표준과 세율 이 두 가지만 알면 된다([자료 3-1] 참조). 양도세를 계산하는 과정은 간단하나 문제는 과세표준을 구하는 게 쉽지 않다는 것이다. 그러나 차근차근 과세표준을 구하는 계산을 해보면 그렇게 어렵지 않다.

'필요경비' 과세표준의 핵심

결론부터 말하자면 양도세 과세표준을 계산하는 데 있어서 가장 중요한 항목은 바로 '필요경비'다.

양도세를 구하려면 양도세 과세표준 그리고 세율에 대해 먼저 알아야 한다. [자료 3-2]에서 정리한 양도세 과세표준 계산 방법에서 확인할 수 있는 것처럼 양도세 과세표준은 양도가액에서 괄호 안에 있는 값(①취득가액 ②필요경비 ③장기보

[자료 3-2] 양도세 과세표준 계산 방법

과세표준 = <u>양도가액</u> − (<u>취득가액</u> + 필요경비 + <u>장기보유특별공제</u> + <u>기본공제</u>)

• 밑줄로 표시한 항목은 임의로 변경이 불가하다.
• 양도세를 낮추는 핵심은 양도세 과세표준을 줄이고 필요경비를 늘리는 것이다.

유특별공제 ④기본공제)을 차감해서 구한다. 여기서 중요한 점은 필요경비를 제외한 나머지 값은 모두 정해져 있거나 내가 임의로 조작할 수 있는 값이 아니라는 거다. 즉 양도가액과 취득가액은 실거래가액으로 신고되어야 하고 매도자와 매수자 간에 크로스체크가 진행되기에 임의 작성이 불가하다(간혹 이를 피하기 위해 다운 또는 업 계약을 하는 경우가 있는데 이는 불법이라 비과세 혜택을 받지 못하니 권하지 않는다).

또한 장기보유특별공제는 물론, 기본공제 역시 법으로 정한 대로만 적용해야 한다. 따라서 양도세 과세표준을 줄이기 위해 우리가 할 수 있는 유일한 방법은 필요경비를 최대한 많이 늘리는 것이다.

돈 되는
필요경비란?

필요경비란 해당 주택을 취득하는 데 있어 어쩔 수 없이 지출한 금액을 의미한다. 여기서 꼭 알아야 할 점은 모든 비용을 필요경비로 올릴 수 있는 게 아니라 세법에서 인정한 것만 필요경비로 경비 처리를 할 수 있다는 것이다. 세법에서 인정하는 양도세 필요경비는 크게 네 가지 그룹으로 나눌 수 있다([표 3-1] 참조).

[표 3-1] 양도세 필요경비 항목

구분	내용	비고
취득세	취득세 납부 내역	취득원가를 구성
법무사, 세무사 수수료	현금영수증 발행 필수	–
중개 수수료	취득, 양도 수수료만 인정 (임차는 인정되지 않음)	불가피한 경우 계좌이체 내역
자본적 지출	새시, 발코니 확장, 보일러 교체 등	적격 증빙(카드결제 등)

1. 취득세

취득세는 취득원가를 구성해 추후 양도차익을 줄여주는 역할을 한다. 취득세 납부내역을 통해 취득세 조회가 가능하니 매번 신경 쓰지 않아도 된다. 다만 취득세 중과는 유의해야 하는데 간혹 취득세 중과 시 모든 취득세를 돌려받는다고 알고 있는 사람도 있지만 이는 잘못된 생각이다.

예를 들어 실거래가 5억 원인 주택을 취득하는 경우 취득세는 1%(부가세 제외, 이하 동일)에 해당해 500만 원을 납부하면 되므로 취득가액은 5억 500만 원이 된다. 반면 취득세 중과에 해당해 12% 취득세, 즉 6,000만 원을 부담한다면 취득가액은 5억 6,000만 원으로 급격하게 올라간다.

두 가지 경우 모두 주택을 6억 원에 매각하면 첫 번째 경우는 양도차익이 9,500만 원이고 두 번째 경우는 4,000만 원이 된다. 이때 첫 번째, 두 번째 경우의 양도차익 차이는 5,500만 원이 되는데 이는 당연히 취득세 차이(500만 원 vs. 6,000만 원)와 같다.

두 번째 경우가 양도차익이 4,000만 원으로 줄어드니 양도세를 덜 부담하지만 무조건 좋은 것은 아니다. 예를 들어 해당되는 양도세 세율이 35% 구간에 있다고 가정한다면 양도세는 4,000만 원에 35% 세율이 적용된 1,400만 원 정도라고 보면 된다. 따라서 두 번째 경우가 첫 번째 경우보다 취득세 5,500만 원을 더 부담했음에도 양도세 절세 효과가 그리 크지 않다. 물론 대략적으로 계산한 것이지만 취득세 중과에 해당한다고 모두 세금을 돌려받는 것은 아니라는 걸 꼭 기억해야 한다.

2. 법무사, 세무사 수수료

주택을 취득 및 양도할 때 법무사나 세무사 등에게 업무를 맡기고 이에 대해 수수료를 지급하는 경우가 있다. 이때 현금영수증을 받고 양도세 신고 시 이를 첨부하면 필요경비로 양도세 공제가 가능하다. 특히 법무사, 세무사 등은 전문자격사이므로 현금영수증 발행이 필수다.

3. 중개수수료

중개수수료에서 유의해야 하는 점은 취득 그리고 양도 중개수수료만 인정된다는 것이다. 중간에 전월세 등 임차할 때 발생하는 중개수수료는 해당하지 않는다. 다만 임차 중개수수료는 양도세가 아닌 종합소득세(사업소득)로 신고하면 주택임대소득세 경비로 인정될 수 있다.

또 하나 유의해야 할 점은 법정수수료를 초과하는 중개수수료의 경우 경비 인정이 안 될 수 있다는 점이다. 간혹 "컨설팅 비용이니 모두 경비 처리로 인정됩니다" 하고 주장하는 경우도 있으나 그에 대한 증빙(관련 자료 등)이 있어야 하고 과세당국 해석 역시 대체로 인정하지 않는 분위기이니 유의해야 한다.

4. 자본적 지출

자본적 지출은 '주택의 내용연수를 연장시키거나 가치를 현실적으로 증가시키기 위해 지출한 수선비'라고 이해하면 된다. 여기서 꼭 알아야 할 점은 자본적 지출에 해당하는 항목이 정해져 있다는 것이다.

대표적으로 새시, 발코니 확장, 보일러 교체, 배관 공사, 시스템 에어컨 등이

[표 3-2] 자본적 지출과 수익적 지출 비교(국세청 자료 인용)

구분	자본적 지출	수익적 지출
개념	자산의 내용연수를 연장시키거나 당해 자산의 가치를 증가시키기 위해 지출한 수선 비용 등	정상적인 수선 또는 경미한 개량으로 본래의 기능을 유지하기 위한 비용
필요경비 해당 여부	해당	해당되지 않음
예시	아파트 베란다 새시 공사 비용, 방 확장 등의 내부시설 개량 공사 비용, 보일러 교체 공사 비용 등	벽지나 장판 교체 비용, 조명 교체 비용, 타일 교체 비용, 화장실 공사비, 싱크대 교체 비용, 하수도관 공사비 등

해당한다. 반면 인테리어를 할 때 기본으로 하는 도배, 장판, 싱크대, 욕실 등은 인정되지 않는다. 자본적 지출로 인정받을 수 있는 항목의 구체적인 내용은 국세청 자료([표 3-2] 참조)를 참고하면 도움이 되겠다. 그리고 되도록이면 자본적 지출에 해당하는 항목은 카드결제 등 적격 증빙을 갖추어 두는 게 좋다. 2018년도에 진행된 개정으로 적격 증빙이 없더라도 계좌이체 혹은 실제 공사한 사실 등을 입증하면 경비 처리가 된다고 하지만 적격 증빙보다 쉽게 인정받기란 쉽지 않기 때문이다.

주택은 '최소 2년 이상' 보유한 후 매각할 것

다음으로 '세율'이다. 양도세 세율에는 특이한 점이 있는데 바로 보유 기간에 따라 세율이 달라진다는 것이다.

[표 3-3]에서 확인할 수 있는 것처럼 주택과 조합원입주권의 경우 2년 미만 단기 양도세율이 큰 폭으로 올랐다. 정리하자면 1년 미만 보유 시 40%에서 70%로,

[표 3-3] 주택, 입주권, 분양권 등의 양도세 세율

구분		기존			현행	
		주택 외 부동산	주택, 입주권	분양권	주택, 입주권	분양권
보유 기간	1년 미만	50%	40%	조정지역: 50% 기타지역: 기본세율	70%	70%
	2년 미만	40%	기본세율		60%	60%
	2년 이상	기본세율	기본세율		기본세율	

1년 이상 및 2년 미만 보유 시 기본세율에서 60%로 올랐다. 특히 분양권의 경우 올라간 세율을 더욱 유의해야 한다.

이러한 세율 변화는 주택분양권을 취득했다면 중간에 전매 등을 하지 말고 등기를 해서 실거주를 하라는 취지로 해석된다. 참고로 [표 3-3]에 나오는 양도세 기본세율은 6~45%에 해당하며 이때 적용되는 세율은 과세표준에 따라 달라진다. 우리 세법은 과세표준이 커질수록 세율이 올라가는 '초과 누진세율' 구조를 따른다. 소득이 높을수록 더 많은 세 부담을 지게 함으로써 과세 형평을 맞추겠다는 뜻이다.

양도세 기본세율은 부동산을 취득한 지 최소 2년 이상 보유한 후에 매각할 때 적용되는 세율이다([표3-4] 참조). 이때 거주 요건은 당연히 필요 없고(비과세를 받을 게 아니므로) 주택, 조합원입주권, 토지, 상가, 상가분양권 등 모두 부동산에 해당한다.

현재 정부는 주택의 경우 2년 미만 단기 양도세율 기간을 2년 → 1년으로 단축하고 1년 미만 보유하는 경우는 45%(기본세율 중 최고세율), 1년 이상 보유한 경우에는 양도세 기본세율을 곧바로 적용하도록 개정을 추진 중이다.

단, 2년 미만 단기 양도세율 개정은 주택과 조합원입주권만 해당한다는 점을 유의해야 한다. 다시 말해 상가나 토지 등을 보유한 경우에는 여전히 최소 2년 이

[표 3-4] 양도세 기본세율

과세표준	세율	속산표
1,400만 원 이하	6%	과세표준×6%
1,400만 원 초과~5,000만 원 미만	15%	과세표준×15% − 126만 원
5,000만 원 초과~8,800만 원 미만	24%	과세표준×24% − 576만 원
8,800만 원 초과~1억 5,000만 원 미만	35%	과세표준×35% − 1,544만 원
1억 5,000만 원 초과~3억 원 미만	38%	과세표준×38% − 1,994만 원
3억 원 초과~5억 원 미만	40%	과세표준×40% − 2,594만 원
5억 원 초과~10억 원 미만	42%	과세표준×42% − 3,594만 원
10억 원 초과	45%	과세표준×45% − 6,540만 원

* 2023년 1월 1일 이후 양도분부터 적용
* 2년 이상 보유 시 적용
 • 다주택자, 조정대상지역인 경우 양도세 중과에 해당
 • 단, 2025년 5월 9일까지는 중과 제외
* 과세표준 8,800만 원 이하 일부 개정
 • 종합소득세 동일 적용

상 보유한 후에 매각하는 과정이 필요하다는 뜻이다.

'양도차익'
양도세 계산 과정해서 주의할 것

지금까지의 내용을 정리하면 ①양도세 과세표준에 있어서는 '필요경비'를 최대한 많이 받아야 하고 ②세율에 있어서는 '최소 2년 이상 보유'가 핵심이다([자료 3-3] 참조). 이렇게 구한 양도세 과세표준을 바탕으로 한 양도세 계산 과정에 있어서 중요한 게 바로 '양도차익'이다.

[자료 3-3] 양도세 절세 포인트 도출

[표 3-5] 양도세 계산 과정(국세청 자료 인용)

계산 과정	내용
양도가액 − 취득가액 − 필요경비 = 양도차익	양도가액에서 취득가액 및 필요경비를 공제해 양도차익을 계산한다.
양도차익 − 장기보유특별공제액 = 양도소득금액	양도차익에서 장기보유특별공제액을 공제해 양도소득금액을 계산한다.
양도소득금액 − 기본공제 = 과세표준	양도소득금액에서 양도소득 기본공제를 하고 과세표준을 계산한다.
과세표준×세율 = 산출세액	과세표준에 세율을 곱해 산출세액을 계산한다.

[표 3-5]는 양도세 계산 과정을 개략적으로 정리한 것으로 여기서는 '양도차익'을 알아두는 게 중요하다. 그 이유는 양도차익을 기준으로 장기보유특별공제액을 계산하기 때문이다.

장기보유특별공제는 최소 3년 이상 보유할 때 연 2%씩 양도차익을 공제하는데 최대 30%(15년)까지 가능하다. 한편 양도가액 12억 원을 초과하는 고가주택 비과세의 경우 최대 80%까지 가능한 장기보유특별공제가 별도로 있다. 장기보유특별공제에 대한 더 자세한 내용은 뒤에 나올 [표 3-14]를 확인해 보길 바란다.

다시 돌아와서 양도차익을 구하는 습관을 들이기 위해서는 양도차익을 구하는 산식을 외워두어야 하는데 해당 식은 '양도차익=양도가액-취득가액-필요경비'라고 기억하면 된다. 이렇게 구한 양도차익을 기준으로 장기보유특별공제 10%(5년 보유), 20%(10년 보유) 등을 적용하는 것이다. 이제 구체적인 예시를 살펴보겠다.

양도세 계산 구조 총정리

단독명의
양도세 계산 과정은?

먼저 '단독명의'로 취득하고 매각하는 경우를 살펴보자. 양도세 계산을 잘하려면 조건을 꼼꼼하게 체크해야 하는데 [표 3-6]은 단독명의로 주택을 취득했을 시 양도세 계산 예시다. 취득가액은 5억 원, 양도가액은 10억 원이며 소요된 필요경비는 1,000만 원이라고 가정했다. 5년 거주하면서 보유한 물건이니 장기보유특별공제 10%를(뒤에 나올 [표 3-14] 참조) 받을 수 있다. 용이한 계산을 위해 1세대 1주택 등 비과세에는 해당되지 않는다고 가정했다.

앞서 '양도차익'이 중요하다고 강조했다. [표 3-6] 내용을 토대로 우선 양도차익을 구해보면 양도가액 10억 원에서 취득가액 5억 원 그리고 필요경비 1,000만 원을 차감한 결괏값이니 양도차익으로 4억 9,000만 원이 도출된다. 다음으로 장기보유특별공제 여부를 확인해야 하는데 5년 이상 보유했으니 10%(=2%×5년)를 장기보유특별공제로 받을 수 있으며 이는 양도차익 4억 9,000만 원의 10%인 4,900만 원을 공제할 수 있다는 뜻이다.

양도차익 4억 9,000만 원에서 장기보유특별공제액 4,900만 원을 차감하면 양도소득금액 4억 4,100만 원이 도출되며 여기서 기본공제 250만 원을 차감한다. 기본공제는 누구에게나 적용되며 명의당 1년 이내에 250만 원이 고정적으로 제공된다. 기본공제까지 차감하면 최종적으로 양도세 과세표준이 구해진다.

[표 3-6] 단독명의 시 양도세 계산 예시

단독명의, 취득가액 5억 원, 양도가액 10억 원, 필요경비 1,000만 원, 5년 거주 및 보유	
구분	내용
양도가액	10억 원
(-)취득가액	5억 원
(-)필요경비	1,000만 원
양도차익	4억 9,000만 원
(-)장기보유특별공제	4,900만 원(2%×5년=10%)
양도소득금액	4억 4,100만 원
(-)기본공제	250만 원
= 과세표준	4억 3,850만 원
세율	40%
누진공제	(-)2,594만 원
양도소득세	1억 4,946만 원
지방소득세	1,494만 6,000원
총 납부세액	1억 6,440만 6,000원

이쯤 계산했다면 이제 세율을 적용한다는 판단을 할 수 있어야 한다. 해당 예시에서 양도세 과세표준은 4억 3,850만 원이다. 세율을 적용하기 전에 앞에서 살펴보았듯이 이제 '보유 기간'을 살펴봐야 한다.

5년 보유했으니 '2년 이상 보유' 조건을 충족하므로 양도세의 '기본세율'이 적용되고 이때 구체적인 세율은 양도세 과세표준에 따라 달라진다. 예시에서 과세표준은 약 4억 3,000만 원으로 '3억 원 초과~5억 원 이하' 구간에 해당하므로 40% 세율이 적용된다. 따라서 예시의 양도세는 4억 3,850만 원×40%-누진공제 2,594만 원=1억 4,946만 원으로 계산된다.

|

하지만 여기서 계산이 끝난 게 아니다. 양도세의 10%는 '지방소득세'라고 해서 따로 붙는데 이렇게 거둔 세금은 지방자치단체의 원활한 운영을 위해 사용된다. 따라서 양도세의 10%가 추가로 붙고 이를 더하면 최종적으로 부담해야 할 '총 납부세액'은 1억 6,440만 6,000원이 되는 것이다.

정리하면 5억 원에 취득한 주택을 10억 원에 매매해 양도차익 5억 원이 발생했지만 양도세만 대략 1억 6,000만 원이 나온 것이다. 물론 이때 양도세는 명의와 보유 기간 그리고 필요경비에 따라서 일부 달라질 수 있다.

그럴 가능성은 낮지만 단기간(1년 미만)에 주택 가격이 10억 원으로 폭등해 단기양도차익을 위해 매각한다면 70%의 양도세율이 적용되어 양도세만 대략 3억 5,000만 원이 나오게 된다. 따라서 양도세율 개정 전까지는 일단 최소 2년 이상 보유하는 편이 좋다.

공동명의로 세금을 얼마나 줄일 수 있을까?

이번에는 많은 사람에게 하나의 절세 방법으로 잘 알려진 '공동명의'로 취득 후 매각하는 경우를 살펴보겠다. 단독명의로 양도세를 계산했을 때와 공동명의로 양도세를 계산했을 때를 구분해 [표 3-7]로 정리했다.

공동명의 지분은 9 : 1 / 7 : 3 / 5 : 5 등 다양하게 임의로 정할 수 있는데 이에 따라 각자 양도세 신고를 별도로 해야 한다. 예를 들어 남편 : 아내=5 : 5 지분으로 했다면 비록 양도세 값은 동일하게 나오더라도 남편 따로 아내 따로 각각 양도세를 신고 및 납부 5 : 5 해야 한다는 뜻이다.

이번 예시에서는 계산 과정 및 세 부담 차이를 알기 위해 5 : 5 지분으로 가정했다. 이 경우 어느 한 사람의 양도세만 구해서 2배를 하면 총 세 부담이 계산된

[표 3-7] 공동명의 시 양도세 계산 예시

취득가액 5억 원, 양도가액 10억 원, 필요경비 1,000만 원, 5년 거주 및 보유		
구분	단독명의	공동명의(1인)
양도가액	10억 원	좌동
(-)취득가액	5억 원	
(-)필요경비	1,000만 원	
양도차익	4억 9,000만 원	
(-)장기보유특별공제	4,900만 원(5년, 10%)	
양도소득금액	4억 4,100만 원	4억 4,100만 원×0.5 = 2억 2,050만 원
(-)기본공제	250만 원	250만 원
= 과세표준	4억 3,850만 원	2억 1,800만 원
세율	40%	38%
누진공제	(-)2,594만 원	(-)1,994만 원
양도소득세	1억 4,946만 원	6,290만 원
지방소득세	1,494만 6,000원	629만 원
총 납부세액	1억 6,440만 6,000원	6,919만 원

다. 계산 과정에서 중요하게 볼 개념은 '양도소득금액'이다. 공동명의로 할 경우 해당 인원만큼 기본공제 대상자가 늘어나기에 기본공제 적용 전 항목인 양도소득금액을 지분대로 나누어야 하기 때문이다.

일단 이것만 보더라도 공동명의를 하면 기본공제가 추가로 늘어난다는 이점을 가져갈 수 있다. 기본공제 250만 원을 앞서 정한 지분에 따라 명의자끼리 나누어 가져가는 게 아니다. 따라서 [표 3-7]을 보면 한 사람의 양도소득금액은 2억 2,050만 원이 되고 여기서 기본공제 250만 원을 차감하면 과세표준은 2억 1,800만 원이 된다.

공동명의를 통해 양도소득금액을 분산하니 과세표준이 줄어들었고 그에 따라 세율 역시 단독명의일 때의 40%에서 38%로 내려갔다. 그 결과 한 사람당 부담해야 하는 양도세는 6,290만 원이 나왔고 여기에 지방소득세를 더하면 6,919만 원으로 계산된다. 다시 여기에 곱하기 2를 해서 공동명의자 모두 부담해야 하는 세금을 계산하면 최종적으로 1억 2,580만 원이 도출된다. 이 금액은 단독명의와 비교하면 무려 2,602만 6,000원이라는 큰 금액이 절세된 결과다.

이것이 양도세 절세에 있어 공동명의가 절대적으로 유리한 이유다. 물론 취득세나 보유세가 다를 수 있기에 별도로 따져보아야 하지만 양도세 하나만 본다면 공동명의가 매우 유리함을 명확하게 확인할 수 있다. 그러므로 매수 계약을 진행하기 전에 계약서의 매수자 작성란을 공동명의로 작성해 공동명의의 이러한 이점을 꼭 챙기길 바란다.

양도세 신고와 계산법

앞에서 양도세의 두 가지 절세 포인트로 ①양도세 과세표준에 있어서는 '필요경비' ②세율에 있어서는 '최소 2년 이상 보유'라고 정리했다. 지금까지 기본기를 숙지했으니 이번에는 응용하는 법을 이야기하고자 한다. 즉 양도세 신고를 어떻게 할 것이며(예정신고 및 확정신고) 이에 대한 계산법과 활용하는 방법에 대해 살펴보도록 하겠다.

양도세 신고
주택 판매 후 언제까지 해야 할까?

우리 세법에 따르면 '양도일이 속하는 달의 말일로부터 2개월 내'로 양도세 신고를 해야 한다. 만약 A라는 사람이 2025년 3월에 주택을 매각했다면 해당 양도세 신고는 5월 말일까지 해야 한다. 차익이 발생했다면 당연히 그에 따라 세금을 납부해야 하며 손해가 발생해도 그 사실에 대해 신고하는 게 원칙이다. 세법에서는 이러한 신고를 '예정신고'라고 정의한다. 이해하기 쉽게 '주택을 매도하고 나서 2개월 내에 신고하기'라고 외워두면 잊지 않을 것이다.

그런데 이 A라는 사람이 2025년 10월에 또 다른 주택을 매각하면 어떻게 될까? 외운 것처럼 12월 말일까지 예정신고를 해야 하지만 이것으로 끝이 아니다. 우리 세법은 '동일 연도(매년 1월 1일 ~ 12월 31일)'에 2건 이상 양도했다면 양도한 주

[자료 3-4] 예정신고 및 확정신고

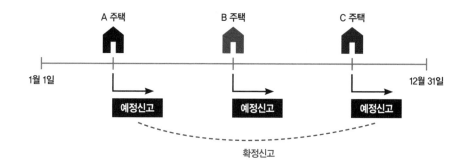

택 모두를 합산해 과세한다.

[자료 3-4]의 내용처럼 주택을 매각할 때마다 2개월 내에 예정신고를 해야 한다. 그런데 그 건수가 2건 이상이라면 이를 합산해 '확정신고'를 해야 하는데 확정신고는 '다음 해 5월 말일까지' 별도로 신고해야 한다. 예를 들어 2025년도 3월에 1건, 10월에 1건 이렇게 총 2건의 매각을 진행했다면 이를 모두 합산해 그다음 연도인 2026년도 5월에 제대로 계산한 세금을 신고 및 납부하면 된다.

여기서 한 가지 주의해야 할 점은 내가 팔고 나서 1년이라는 기간을 따로 체크하는 것이 아니고 1월 1일부터 12월 31일까지를 매해 체크해서 정산하는 것이다. 직장인이 1월부터 12월까지 급여를 연말정산하는 것과 마찬가지다.

그렇다면 특정 연도에 단 1건만 매각하는 경우는 어떨까? 예를 들어 B라는 사람이 2025년 10월에 단 1건의 주택을 매각했다면 2025년 12월 말일까지 예정신고를 해야 하는데 2025년도에 다른 부동산을 매각한 것이 없으니 그 자체가 곧 예정신고이면서 확정신고가 된다. 참고로 이러한 합산과세 형태는 같은 '자산그룹'에 해당할 때 가능하다. 즉 부동산 자산이라면 토지, 상가, 주택 등을 합산할 수 있지만 부동산이 아닌 다른 자산, 가령 주식 등이라면 합산이 불가하다.

비과세일 때도
신고해야 할까?

만약 A라는 주택을 매각했는데 비과세일 경우 신고를 해야 할까? 이는 양도가액을 확인하면 알 수 있다. 양도가액이 12억 원을 넘어가지 않으면 과세권 자체가 발생하지 않기 때문이다. 하지만 양도가액이 12억 원을 초과하는 고가주택 비과세라면 세금이 발생하므로 당연히 신고해야 한다.

반면 '감면'의 경우 일단 양도세가 발생하고 그걸 경감해주는 것이기에 발생한 세금(통상 양도세의 20%를 농어촌특별세로 부담)에 대해서 당연히 신고 의무가 있다. 과거 미분양 감면주택이나 최근에는 준공공 양도세 100% 감면 주택 등이 있는데 이와 같은 감면주택은 비과세에 해당하는 주택과 다르니 무조건 신고한다고 생각해야 한다.

그렇다면 고가주택이 아닌 12억 원 이하의 주택이라 비과세라면 신고하지 않아도 될까? 안 해도 되지만 필자는 가급적 신고하기를 권한다. 이는 다음과 같은 이유 때문이다. 예를 들어 어떤 사람이 주택을 4월에 매각했다면 앞서 본 것처럼 6월 말일까지는 예정신고를 해야 한다. 그리고 매각한 다른 주택이 없다면 신고는 이걸로 종결이다. 여기까지는 우리가 앞에서 이해한 내용이다.

[표 3-8] 비과세 vs. 감면

구분	비과세	감면
개념	과세권 포기	세금의 일부 또는 전부를 감면
세금 발생 유무	없음	감면세액의 20% 발생(농특세)
세금신고 유무	없음(단, 고가주택 비과세는 신고)	반드시 신고
예시	1세대 1주택, 일시적 2주택 비과세 등	감면주택, (구)준공공 양도세 100% 감면 등

[자료 3-5] 비과세라도 신고를 해야 하는 이유

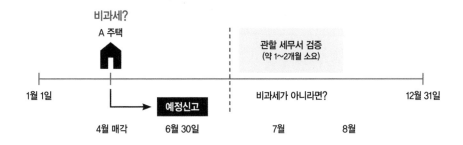

이제 예정신고를 진행한 주택에 대해 어떻게 비과세 적합성을 판단하는지를 알아야 한다. 세금과 관련해 실무하는 분들의 이야기를 들어보면 예정신고가 종료되고 나서 보통 1~2개월 내에 신고 내용을 검증한다고 한다. 제대로 신고가 되었는지 혹은 과다 공제 항목은 없는지 그리고 비과세에 해당한다면 정말 그 요건을 잘 갖추었는지 등을 확인하는 것이다. 그런데 4월에 매각한 해당 주택이 비과세라고 판단해 신고하지 않았다고 가정해보자. 그리고 과세관청에서 살펴봤더니 실제로는 비과세에 해당하지 않는다면 어떻게 될까?

이 부분이 중요하다. 당사자는 비과세라고 생각해서 신고하지 않았는데 실제로는 비과세가 아니라면 이때는 단순히 세금을 내는 것에서 그치지 않고 '가산세'를 내야 한다. 게다가 신고 자체를 안 했으니 '무신고 가산세'를 내야 하고 이때 가산세는 납부해야 할 세액의 20%에 해당한다. 즉 당초 내야 할 세금이 1억 원인데 이걸 비과세라고 착각해서 신고를 안 했다면 원래 납부해야 할 세금 1억 원에 무신고 가산세 20%인 2,000만 원을 더해서 최소 1억 2,000만 원을 부담해야 한다.

만약 신고를 했다면 비과세가 아니더라도 무신고 가산세 20%가 아닌 과소신고 가산세 10%가 적용되므로 1,000만 원이라도 아꼈을 것이다. 따라서 비과세라고 판단이 될지라도 혹시 모르니(비과세가 아닐 수 있으니) 가급적 신고하는 것을 권한다. 참고로 양도세 부과제척 기간은 보통 5년이다.

합산과세
어떻게 활용하면 좋을까?

이제 구체적인 합산과세 활용법을 살펴보겠다. 앞에서 간략히 살펴본 내용을 구체적으로 정리했다.

[자료 3-6]은 합산과세 예시로 〈예시 1〉은 양도차익 3건을 모두 동일 연도에 매각함으로써 세 부담이 늘어난 경우다. 이때는 가급적 연도를 달리해서 합산과세를 피하는 게 좋고(세 부담이 줄어들기에) 만약 3채를 모두 빨리 처분해서 현금 확보 또는 다른 상품에 투자할 계획이라면 세금을 내더라도 빨리 처분하는 게 나을 수 있으니 경우에 따라 진행하면 된다.

[자료 3-6] 합산과세 예시

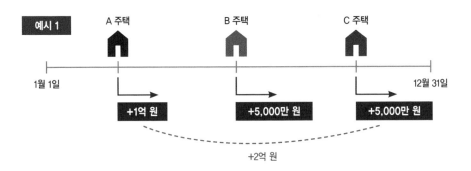

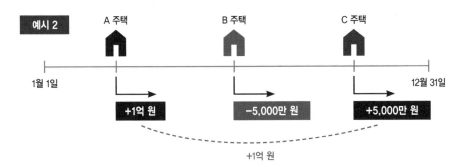

반면 〈예시 2〉는 중간에 손실 난 주택 B가 있는데 이때는 반드시 동일 연도에 함께 매각해 세 부담을 줄여야 한다. 만약 〈예시 2〉에서 A와 C는 2025년도에 매각하고 B는 2026년도에 매각하면 연도가 달라지므로 합산되지 않는다. 즉 〈예시 2〉에서 주택 B는 손실을 냈으니 합산과세를 활용해 다른 주택 세금이라도 줄이는게 좋다. 이걸 조금 응용해본다면, 만약 1년에 2채 이상 매각해야 하는데 거래가 잘 안된다면 몇몇 주택의 가격을 확 낮추어서 매각하는 것도 방법이 될 수 있다.

[표 3-9]는 국세청 사이트 자료인데 세율 개정분이 반영되어 있지만 직관적이고 이해하기 쉬워 필자가 자주 인용하는 자료다. 주택 A와 B는 모두 각각 8,000만 원 양도차익이 발생한 물건인데 이를 동일 연도에 매각했을 때의 세금과 연도를 달리했을 때의 세금 차이가 1,423만 원이나 된다. 따라서 본인 상황에 맞게 시간적 여유가 있다면 가급적 한 해에 1채 정도 매각하는 편이 좋고 그렇지 않고 빨리 매각해야 하거나 손실 난 주택이 있다면 동일 연도에 함께 처분하는 게 유리할 수 있다.

[표 3-9] 합산과세 여부 양도세 비교 정리 표

구분	주택 A+B	A 주택	B 주택
양도소득금액	1억 6,000만 원	8,000만 원	8,000만 원
기본공제	250만 원	250만 원	250만 원
과세표준	1억 5,750만 원	7,750만 원	7,750만 원
세율	38%	24%	24%
양도소득세	3,991만 원	1,284만 원	1,284만 원

합산과세를 통한 확정신고
계산은 어떻게 할까?

이제 구체적인 계산을 통해 확정신고하는 법을 알아보겠다. 1년에 2채를 매각한 경우이며 모두 양도차익이 발생한 예시다.

[표 3-10]의 내용과 같이 동일 연도에 주택 2채를 매각했다면 예정신고 그리고 확정신고는 어떻게 해야 할까? 3년 미만 보유했기에 장기보유특별공제가 없으므로 계산하면 산출세액은 2,568만 5,000원이 나온다. 계산 편의상 지방소득세는 없고 비과세가 아닌 일반과세라고 가정했다.

[표 3-10] 예정신고 정리 표

구분	예정 신고	
양도자산	A 아파트(2025년 3월 매도, 2년 보유)	B 아파트(2025년 10월 매도, 2년 보유)
신고기한	2023년 5월 31일까지	2023년 12월 31일까지
양도가액	6억 원	5억 원
취득가액	4억 5,000만 원	4억 2,000만 원
필요경비	3,000만 원	1,800만 원
양도차익	1억 2,000만 원	6,200만 원
장기보유특별공제	없음(3년 미만)	없음(3년 미만)
양도소득금액	1억 2,000만 원	6,200만 원
기본공제	250만 원	없음(이미 공제함)
과세표준	1억 1,750만 원	6,200만 원
세율	35%	24%
누진공제	1,544만 원	576만 원
산출세액	2,568만 5,000원	912만 원
비고	–	3,480만 5,000원

여기에서 다른 주택 매각이 없다면 예정신고를 하는 것으로 종결되겠지만 10월에 B 아파트를 추가 매각했으니 12월 31일까지 다시 양도세 신고를 해야 하고 1년에 2건 이상 매각했으므로 다음 연도의 5월 31일까지 확정신고를 해야 한다.

우선 B 아파트 예정신고만 본다면 마찬가지로 양도차익 6,200만 원이 도출된다. 3년 미만 보유라 장기보유특별공제 역시 해당되지 않는다. 여기서 주의할 점은 A 아파트에서 기본공제 250만 원을 받았으니 B 아파트에서 추가로 다시 공제를 해서는 안 된다. 이제 과세표준과 세율을 적용하면 912만 원의 양도세가 계산된다. 이렇게 해당 예시의 당사자는 2025년도에 총 3,480만 5,000원의 양도세를

[표 3-11] 예시 중 예정신고 및 확정신고 정리 표

구분	예정 신고		확정 신고
양도자산	A 아파트(2025년 3월 매도, 2년 보유)	B 아파트(2025년 10월 매도, 2년 보유)	A 아파트+B 아파트
신고기한	2025년 5월 31일까지	2025년 12월 31일까지	2026년 5월 31일까지
양도가액	6억 원	5억 원	
취득가액	4억 5,000만 원	4억 2,000만 원	
필요경비	3,000만 원	1,800만 원	
양도차익	1억 2,000만 원	6,200만 원	–
장기보유특별공제	없음(3년 미만)	없음(3년 미만)	
양도소득금액	1억 2,000만 원	6,200만 원	
기본공제	250만 원	없음(이미 공제함)	
과세표준	1억 1,750만 원	6,200만 원	1억 7,950만 원
세율	35%	24%	38%
누진공제	1,544만 원	576만 원	1,994만 원
산출세액	2,568만 5,000원	912만 원	4,827만 원
비고	–	3,480만 5,000원	1,346만 5,000원

부담했다. 그런데 이 둘을 합산해서 확정신고를 해야 하는데 이때는 어떻게 계산해야 할까?

앞서 살펴본 것처럼 확정신고는 진행한 거래 모두를 합산해서 계산해야 하는데 이를 '양도세 과세표준'으로 쉽게 진행할 수 있다. 즉 양도세에서 세금을 부과하는 기준인 과세표준을 더하는 것으로 합산과세 계산이 가능한 것이다. 따라서 A 아파트와 B 아파트를 판 양도세 과세표준은 1억 7,950만 원(=A 아파트 1억 1,750만 원+B 아파트 6,200만 원)이 되고 그에 따라 양도세 계산을 하면 총 4,827만 원이 나오게 된다.

그런데 당사자는 2025년도에 3,480만 5,000원만 납부했으니 차액인 1,346만 5,000원을 추가로 납부해야 하고 그 시기는 2026년 5월 31일까지다. 즉 생각보다 큰 금액을 납부해야 한다. 그렇다면 왜 이런 결과가 나왔을까? 이는 [표 3-11]의 '세율' 부분을 보면 이해할 수 있다.

예시 내용에서 A 아파트를 팔았을 당시 이미 35% 세율 구간을 적용받았다. 따라서 추가로 매각을 해서 양도차익이 발생한다면 최소 35%의 세율이 아닌 38% 세율 구간에 해당한다. 그런데 2025년도에 B 아파트 세율 24%를 추가로 계산했으니 당연히 그다음 확정신고 때 세부담이 커진 것이다. 반대로 B 아파트가 양도차손이었다면 일단 35% 구간이 적용되지만 세율 구간은 낮아졌을 것이다. 이게 바로 합산과세의 묘미다.

예정신고 때
확정신고로 신고해도 될까?

방금 예시를 바탕으로 간혹 이런 의문을 가질 수 있다. "어차피 낼 세금인데, 이 예시에서 B 아파트 예정신고인 12월에 기존 것과 확정신고해서 납부해도 되지 않나요? 더 팔 물건이 없다면요." 물론 가능하다. 즉 B 아파트 예정신고를 12월에 하면서 기존 것과 합산해 확정신고를 마무리하는 것이다. 이때 당연히 추가로 매각하는 부동산은 없어야 한다.

하지만 필자라면 그렇게 하지 않을 것이다. 5개월 후에 납부해도 될 세금을 굳이 먼저 납부할 필요가 없다. 1,300만 원이 넘는 큰 금액인데 차라리 CMA계좌에 넣어 이자라도 받는 게 좋다. 반대로 B 아파트가 손실이 난 경우라면 내년 5월까지 기다리지 말고 곧바로 확정신고를 해서 세금을 줄이는 것도 방법이다.

취득 당시 비조정대상지역인데 왜 '2년 거주'가 필요할까?

이번에는 고가주택 비과세와 장기보유특별공제 그리고 양도세 중과에 대해 살펴볼 것이다.

비과세라는데 왜 세금을 내야 할까?

앞서 우리는 비과세와 감면의 차이에 대해 살펴보았다. 비과세는 세금 자체가 발생하지 않았으므로 신고 의무도 없다. 그러나 비과세라도 반드시 신고를 하고 세금을 납부해야 하는 경우가 있는데 이게 바로 '고가주택 비과세'다.

고가주택 비과세란 1세대 1주택 등 비과세라고 할지라도 양도가액(실거래가)이 12억 원을 초과한다면 이에 대해 세금을 납부해야 하는 경우다. 예를 들어 A라는 사람이 6억 원에 취득한 주택이 12억 원이 되고 이를 비과세로 매각한다면 12억 원 이하이므로 내야 할 세금은 없다. 그런데 B라는 사람이 10억 원에 취득한 주택이 13억 원이 되어 이를 비과세로 매각한다 하더라도 기준점인 양도가액 12억 원을 초과해서 매각했기 때문에 초과분인 1억 원에 대해서는 세금을 내야 한다.

고가주택 비과세 관련해 몇 가지 오해가 있는데 첫 번째 오해는 '양도차익이 12억 원일 때 고가주택 비과세 아닌가요?'다. 이는 틀린 생각이다. 양도차익과 상관없이 양도가액이 12억 원을 넘어서고 이때 비과세가 된다면 설령 비과세라도

12억 원 초과분에 대해서는 세금 납부를 해야 한다.

두 번째 오해는 '취득한 주택의 취득가가 12억 원을 초과하면 비과세 해당 사항이 없죠?'다. 이 역시 그렇지 않다. 비록 취득가가 12억 원을 훌쩍 넘은 경우라도 비과세에 해당한다면 혜택이 반드시 있다. 따라서 아무리 고가주택이라도 1세대 1주택 비과세, 일시적 2주택 비과세 등 현행 세법에서 정한 비과세에 해당한다면 가급적 비과세를 받는 것이 유리하다.

세 번째 오해는 '기준이 되는 가격이 기준시가((공시가격)와 실거래가 중 무엇인가?'다. 이것에 대한 답은 "양도세를 제외하고 모두 기준시가"라고 외우자. 즉 양도세에 있어서 고가주택 비과세 판단은 기준시가가 아닌 실거래가로 한다. 구체적인 계산 예시를 통해 알아보겠다.

고가주택 비과세는 앞에서 확인한 양도세 계산법과 두 가지 다른 점이 있다. 하나는 '과세 대상 양도차익'을 구해야 한다는 점이고 다른 하나는 '장기보유특별공제'를 달리 적용해야 한다는 점이다. 우선 우선 [표 3-12]에서는 과세 대상 양도차익만 구분했다.

고가주택 비과세 특성상 양도가액 12억 원 초과분에 대해 과세를 해야 하기 때문에 과세 대상 양도차익을 구한다. [표 3-12]를 통해 확인하자면 〈예시 2〉에서는 양도차익이 3억 원(=양도가 13억 원 - 취득가 10억 원 - 필요경비 0원)이 나오는데 양도가 12억 원을 초과하는 고가주택 비과세이므로 초과분인 1억 원에 대해서만 과세를 한다. 과세 계산 방법은 전체 양도가액에서 기준이 되는 12억 원을 초과하는 부분에 대해서만 과세하는 것이다.

즉 양도차익 3억 원×{(13억 원 - 12억 원)/13억 원}=2,307만 6,923원 이렇게 도출된다. 원래는 양도차익 3억 원에 대해 과세해야 하지만 비과세이므로 양도가액 13억 원 중에서(분모) 12억 원 초과분인 1억 원(분자)만큼의 비율에 대해서만 과세를 하겠다는 취지다.

이후 계산 과정은 동일한데 우선 장기보유특별공제가 없다고 가정했다. 이제

[표 3-12] 고가주택 비과세 계산 예시(단독명의 가정)

구분	예시 1	예시 2	예시 3
양도가액	12억 원	13억 원	30억 원
(-)취득가액	6억 원	10억 원	15억 원
(-)필요경비	없다고 가정		
= 양도차익	6억 원	3억 원	15억 원
과세 대상 양도차익	6억 원×{(12억 원-12억 원}/12)=0원	3억 원×{(13억 원-12억 원)/13억 원}}=2,307만 6,923원	15억 원×{(30억 원-12억 원)/30억 원}=9억 원
(-)장기보유특별공제	없다고 가정(3년 미만 보유)		
= 양도소득금액	0원	2,307만 6,923원	9억 원
(-)기본공제	250만 원	250만 원	250만 원
= 과세표준	0원	2,057만 6,923원	8억 9,750만 원
세율	6%	15%	42%
누진공제	0원	126만 원	3,594만 원
양도세	0원	182만 6,538원	3억 4,101만 원
총 납부세액 (지방세 포함)	0원	200만 9,191원	3억 7,511만 1,000원

〈예시 1〉과 〈예시 2〉를 비교해보면 〈예시 1〉과 〈예시 2〉의 양도차익은 무려 2배나 된다. 하지만 〈예시 1〉은 양도가액이 12억 원 이하이므로 비과세에 해당한다면 세금은 '0'이다. 하지만 〈예시 2〉는 〈예시 1〉보다 양도차익은 절반이지만 양도가액이 12억 원을 초과하는 고가주택 비과세 해당하므로 초과분에 대해 세금을 부담해야 한다.

하지만 12억 원 초과분인 1억 원에 대한 세금이 200만 원 남짓이므로 일반적인 경우보다는 훨씬 부담이 덜하다. 일반적으로 양도차익 1억 원일 때 대략 1,500만 원에서 2,000만 원 정도 양도세가 나오기 마련이다.

[표 3-13] 일반과세 vs. 고가주택 비과세 비교(단독명의 가정)

구분	예시 1: 일반과세	예시 2: 고가주택 비과세
양도가액	30억 원	30억 원
(-)취득가액	15억 원	15억 원
필요경비	없다고 가정	
= 양도차익	15억 원	15억 원
과세 대상 양도차익	해당 없음	15억 원*{(30억 원-12억 원)/30억 원}=9억 원
장기보유특별공제	없다고 가정(3년 미만 보유)	
= 양도소득금액	15억 원	9억 원
(-)기본공제	250만 원	250만 원
= 과세표준	14억 9,750만 원	8억 9,750만 원
세율	45%	42%
누진공제	3,594만 원	3,594만 원
양도소득세	6억 793만 5,000원	3억 4,101만 원
총 납부세액(지방세 포함)	6억 6,872만 8,500원	3억 7,511만 1,000원

그렇다면 이미 취득가가 12억 원을 초과하는 경우는 어떨까? 이 경우도 고가주택 비과세가 유리할까? [표 3-12]의 〈예시 3〉을 보면 이에 대한 답을 알 수 있다. 취득가액이 15억 원으로 이미 12억 원을 훌쩍 넘은 경우지만 전체 양도차익에 대해서 다시 한번 '과세 대상 양도차익'을 구하기 때문에 다시 9억 원으로 줄어든다. 따라서 최종 세 부담은 약 3억 7,000만 원이 된다. 만약 고가주택 비과세가 아닌 일반적인 과세 경우의 양도차익이 15억 원이라면 양도세는 약 6억 7,000만 원 정도가 나온다. 이에 대해서는 [표 3-13]을 참고하길 바란다.

이제 양도가든 취득가든 12억 원을 초과하는 고가주택이라도 일단은 비과세를 받아야 세금이 확 줄어든다는 걸 이해했다. 그래도 세금을 더 줄이고 싶다면 어떻게 해야 할까? 앞에서 확인한 것처럼 필요경비와 장기보유특별공제가 없다고 가정했는데 필요경비와 장기보유특별공제 중 끌어낼 수 있는 절세 효과는 어느 쪽이 더 클까?

'장기보유특별공제' 고가주택 비과세 절세 핵심

우선 장기보유특별공제에 대한 이해가 필요하다. 우리 세법은 3년 이상 보유한 부동산에 대해 공제 혜택을 제공한다. 말 그대로 오래 보유하면 특별히 공제를 해주는 것이다. 이는 부자감세도 아니고 어떤 특혜도 아니다. 최소한의 인플레이션을 헷징(Hedging)할 수 있도록 세법 차원에서 해주는 합리적인 배려다.

장기보유특별공제에는 크게 두 가지 종류가 있는 데 이 둘을 잘 구분해야 한다. 앞의 [표 1-2]에서 정리한 내용을 더 세분화 해 [표 3-14]로 정리했다. 설명의 편의를 위해서 [표 3-14] 내용을 〈표 1〉과 〈표 2〉로 또 나누어 정리했다. 일반적인 경우에 적용되는 〈표 1〉 장기보유특별공제가 있다. 3년 이상 보유하면 1년에 2%씩, 최대 30%를 공제해 준다. 따라서 15년을 보유했다면 〈표 1〉 장기보유특별공제를 최대치로 받을 수 있다.

이는 주택은 물론 토지나 상가 등 다른 부동산에도 적용된다. 단, 법인명의로 보유한 부동산은 해당하지 않는다. 법인은 양도세가 아닌 법인세가 부과되기 때문이다. 간혹 "법인 보유한 주택도 3년 이상 보유하면 장기보유특별공제가 되겠지?" 하고 생각하는 경우가 있는데 이는 양도세와 법인세를 구분하지 않아 생긴 오해다.

두 번째는 〈표 2〉 장기보유특별공제인데 이게 바로 고가주택 비과세에 적용되는 것이다. 최대 80%까지 가능하기에 절세효과가 상당하다. 즉 12억 원 초과분 과세 대상 양도차익에서 요건만 갖추면 최대 80% 장기보유특별공제가 가능해

[표 3-14] 두 가지 장기보유특별공제

보유기간	표 1		표 2(1세대 1주택 고가주택)			
	2018년까지	2019년 이후	2019년 이전	2020년 (2년 거주)	2021년 이후(2년 거주)	
					보유 기간	거주 기간
2년 이상 3년 미만	–	–	–	–	–	8%
3년 이상 4년 미만	10%	6%	24%	24%	12%	12%
4년 이상 5년 미만	12%	8%	32%	32%	16%	16%
5년 이상 6년 미만	15%	10%	40%	40%	20%	20%
6년 이상 7년 미만	18%	12%	48%	48%	24%	24%
7년 이상 8년 미만	21%	14%	56%	56%	28%	28%
8년 이상 9년 미만	24%	16%	64%	64%	32%	32%
9년 이상 10년 미만	27%	18%	72%	72%	36%	36%
10년 이상 11년 미만	30%	20%	80%	80%	40%	40%
11년 이상 12년 미만		22%				
12년 이상 13년 미만		24%				
13년 이상 14년 미만		26%				
14년 이상 15년 미만		28%				
15년 이상		30%				

아주 유용하다.

문제는 이 〈표 2〉 장기보유특별공제에 '2년 거주' 요건이 붙었다는 점이다. 즉 기존에는 보유 10년만 하면 80% 장기보유특별공제가 가능했지만(1년에 8%씩) 개정에 개정을 거듭해 현재는 보유 40%+거주 40%로 변경되었다. 그리고 이는 2021년 1월 1일 이후 양도분부터 적용된다.

즉 관련 법이 개정되기 전에 취득했더라도 단순히 보유만 했다고 해서 장기보유특별공제 80%를 받을 수 있는 게 아니라는 거다. 즉 최소 2년 거주를 해야 〈표 2〉의 장기보유특별공제 적용이 가능하고 만약 그렇지 않을 경우에는 〈표 2〉가 아닌 〈표 1〉 장기보유특별공제만 적용되므로 반드시 이 점을 기억해야 한다. 이러

[표 3-15] 거주 기간에 따른 표 2 장기보유특별공제 효과

구분	보유 10년, 거주 0년	보유 10년, 거주 2년	보유 10년, 거주 5년	보유 10년, 거주 10년
양도가액	30억 원			
(−)취득가액	15억 원			
(−)필요경비	없다고 가정			
= 양도차익	15억 원			
과세 대상 양도차익	15억 원×{(30억 원−12억 원)/30억 원} = 9억 원			
장기보유특별공제	20%	48%	60%	80%
= 양도소득금액	7억 2,000만 원	4억 6,800만 원	3억 6,000만 원	1억 8,000만 원
(−)기본공제	250만 원			
= 과세표준	7억 1,750만 원	4억 6,550만 원	3억 5,750만 원	1억 7,750만 원
세율	42%	40%	40%	38%
누진공제	3,594만 원	2,594만 원	2,594만 원	1,994만 원
양도세	2억 6,541만 원	1억 6,026만 원	1억 1,706만 원	4,751만 원
총 납부세액 (지방세 포함)	2억 9,195만 1,000원	1억 7,628만 6,000원	1억 2,876만 6,000원	5,226만 1,000원

한 이유로 고가주택 비과세인 경우라면 반드시 최소 2년 이상은 꼭 거주하고 매각하는 게 중요하다. 이건 취득 당시 조정과 비조정을 불문한다.

[표 3-15]의 내용처럼 양도가 30억 원, 취득가 15억 원 그리고 비과세라고 가정하면 과세 대상 양도차익 9억 원에 대해 세금이 붙는다. 그런데 여기서 거주를 전혀 하지 않고 보유만 10년을 한 경우라면 일단 〈표 2〉 장기보유특별공제 자체를 받을 수가 없다. 2년 거주 요건을 충족하지 못했기 때문이다. 따라서 〈표 2〉가 아닌 〈표 1〉 장기보유특별공제를 받아야 하는데 이마저도 2019년도에 개정이 되어 10년 30%가 아닌 10년 20% 장기보유특별공제만 가능하다(기존에는 1년에 3%씩 적용했다).

간혹 이 경우에 "10년 보유했으니 40% 아닌가요?"라고 질문하는 경우가 있는데 이는 2년 거주를 하지 않았으므로 〈표 2〉 장기보유특별공제 자체가 적용되지 않는다. 한편 보유만 10년 한 경우라면 비록 비과세에 해당하더라도 총 납부세액은 2억 9,000만 원으로 약 3억 원에 달한다.

이제 10년 보유 및 2년 거주했는데 비과세에 해당할 경우(1세대 1주택 비과세 등) 고가주택 비과세이고 2년 거주를 했으니 12억 원 초과분에 대해 〈표 2〉 장기보유특별공제 적용이 가능하다. 따라서 보유 10년 40%+거주 2년 8%=48%의 장기보유특별공제가 가능해 세 부담은 1억 7,000만 원으로 기존 대비 1억 3,000만 원 정도를 절세할 수 있다.

만약 10년 거주+10년 보유해서 80% 〈표 2〉 장기보유특별공제를 받으면 어떻게 될까? 이때는 최종 납부세액이 5,200만 원이 되어 보유만 했을 때와 비교하면 대략 2억 5,000만 원 정도가 절세된다. 이러한 이유로 반드시 절세를 통해 세후 수익률을 올리는 전략을 세워야 한다.

'양도세 중과' 실거주자와 다주택자가
절세법을 알아야 하는 이유

양도세 중과는 참으로 복잡하기에 꼭 이해하고 넘어가야 한다. 우선 양도세 중과는 양도차익이 크면 클수록 높은 세율을 적용받는 구조다. 따라서 세 부담이 너무 크기에 피하고 보는 게 상책이다. 양도세 중과는 다음 세 가지 요건을 '모두' 충족했을 때 해당된다.

1) 양도 당시 세대 기준 다주택일 것
2) 양도 당시 소재지역이 조정대상지역일 것
3) 해당 주택이 양도세 중과 배제에 해당하지 않을 것

그리고 양도세 중과에 해당하면 다음과 같은 이유로 세 부담이 커진다.

1) 장기보유특별공제 미적용 → 그 결과 양도세 과세표준이 올라감
2) 기본세율에 가산세율 적용 → 2주택 20% 포인트, 3주택 이상 30% 포인트

필자가 부동산 절세에 있어 계산 체계를 이해하는 것이 중요하다고 강조한 이유가 바로 이것이다. 양도세 중과에 해당되어 장기보유특별공제를 받지 못하면 즉시 과세표준이 올라간다는 사실을 떠올려야 한다. 최악의 경우 15년을 보유하더라도 앞에서 설명한 〈표 1〉 장기보유특별공제 30%를 받지 못할 수 있고 10년 거주 및 보유를 하더라도 고가주택 비과세 〈표 2〉 장기보유특별공제 80%를 받지 못할 수 있다.

그런데 여기서 끝이 아니다. 다시 가산세율이 적용되어 최고세율 75%(=45%+30%)에 지방소득세까지 붙으면 무려 82.5%가 된다. 이해를 돕기 위해 예시를 정리한

[표 3-16] 3주택 중과 예시(단독명의 가정)

구분	예시 1: 일반과세	예시 2: 고가주택 비과세	예시 3: 3주택 중과
양도가액	30억 원		
(-)취득가액	15억 원		
(-)필요경비	없다고 가정		
= 양도차익	15억 원		
과세 대상 양도차익	-	15억 원×{30억 원-12억 원}/30억 원}=9억 원	-
장기보유특별공제	30%(15년 보유)	80%(10년 거주, 보유)	미적용(중과)
= 양도소득금액	10억 5,000만 원	1억 8,000만 원	15억 원
(-)기본공제	250만 원		
= 과세표준	10억 4,750만 원	1억 7,750만 원	14억 9,750만 원
세율	45%	38%	75%
누진공제	6,594만 원	1,994만 원	6,594만 원
양도세	4억 543만 5,000원	4,751만 원	10억 5,718만 5,000원
총 납부세액 (지방세 포함)	4억 4,597만 8,500원	5,226만 1,000원	11억 6,290만 3,500원

표([표 3-16] 참조)를 만들어 보았다. 먼저 표에서 〈예시 1〉은 취득가액 15억 원, 양도가액 30억 원인데 비과세가 아닌 일반과세인 경우다. 비록 15년을 보유해서 장기보유특별공제 30%를 받았으나 세 부담은 약 4억 4,000만 원이 나온다. 만약 이걸 〈예시 2〉처럼 고가주택 비과세를 받고 10년 거주 및 보유를 통해 12억 원 초과분에 대해 최대 80% 장기보유특별공제를 받는다면 세 부담은 약 5,200만 원으로 떨어진다. 이 둘의 세액 차이만 하더라도 무려 3억 9,000여만 원에 달한다.

그런데 〈예시 3〉처럼 3주택 중과에 해당하면 어떻게 될까? 비록 10년 거주 및 보유했더라도 장기보유특별공제를 아예 받을 수 없다. 여기에 기본세율 45%에 가산세율 30%가 붙어서 최고세율 75%가 적용된다. 그 결과 최종 세 부담은 무려 11억 6,000만 원으로 치솟게 된다. 양도차익 15억 원 중에서 세 부담만 11억 6,000만 원이니 대략 77%를 세금으로 헌납해야 한다. 즉 양도세 비과세인지 혹은 중과인지에 따라 완전히 극과 극을 달리한다.

그렇다면 무엇을 주의해야 할까? 가장 실수가 많이 발생하는 경우는 같이 살고 있는 가족이 다른 주택을 보유할 때다. 특히 주민등록표상으로는 분리되어 있지만 실제 생계를 같이하는 가족이 있을 경우를 유의해야 한다.

그렇다면 어떻게 해야 양도세 중과를 피할 수 있을까? 앞서 살펴본 세 가지 요건(①양도 당시 세대 기준 다주택일 것 ②양도 당시 소재지역이 조정대상지역일 것 ③해당 주택이 양도세 중과 배제에 해당하지 않을 것)에 답이 있다. 이 세 가지 요건에서 하나라도 해당하지 않으면 양도세 중과를 피할 수 있다. 양도세 중과는 세 가지를 모두 충족해야 하는 '동시 요건'이기에 그렇다.

예를 들어 양도 당시 다주택이 아닌 1주택이라면 비록 조정대상지역 위치한 주택이라도 중과에 해당하지 않는다. 물론 요건까지 갖추면 비과세도 가능하다. 다주택이더라도 양도 당시 비조정대상지역이라면 역시 중과 해당하지 않는다. 따라서 아무리 다주택이라도 비조정대상지역에 위치한 물건을 매각한다면 중과가 되지 않는다(단, 2년 이상 보유는 필수다).

마지막으로 양도세 중과 배제에 해당하는 주택이라면 역시 중과가 되지 않는다. 대표적으로 세법상 '장기임대주택'이 있는데 임대개시 당시 기준시가 6억 원 이하(수도권 밖 3억 원 이하), 5% 임대료 증액 제한 등 각종 요건을 갖추어야 한다. 설령 이 요건에 모두 해당되더라도 2025년 5월 9일까지는 중과에 해당하지 않는다. 앞서 설명했듯 정부가 양도세 중과 한시 배제를 두었기 때문이다. 물론 최소 2년 이상은 보유해야 하지만 다음 [자료 3-7]의 내용에 주목해야 할 필요가 있다.

예를 들어 자산포트폴리오 변화를 나타낸 [자료 3-7]의 왼쪽 그림처럼 강남

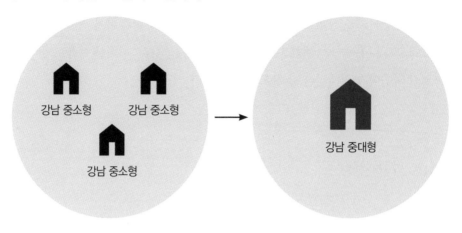

강남 중소형   강남 중소형

강남 중소형   →   강남 중대형

• 강남 중소형 3채 보유 → 강남 중대형 1채로 집중
• 취득세 중과, 종부세 중과 등으로 '똑똑한 1채' 선호 현상 심화
• 특히 강남권은 중대형 선호 현상을 보임
• 양도세 중과 배제 가능한 시점 종료 이전에 매물이 나올 수 있음

중소형(20평대) 3채를 보유하고 있다고 가정하겠다. 이 경우는 다주택이기 때문에 추가 주택 투자가 힘들며(취득세 중과 때문) 3주택 이상이기에 종부세 과세표준 12억 원 초과 시 종부세 부담도 크다. 이러한 상황이라면 '다 정리하고 똑똑한 1채로 바꾸자'라는 생각을 할 수 있다.

그런데 다 정리를 했다간 양도세 중과에 해당되기 때문에 꽤 큰 세 부담을 해야 한다(3주택이고 조정대상지역인 강남에 위치하고 있기 때문이다). 이러한 이유로 양도세 중과 한시 배제가 가능한 2025년 5월 9일까지는 해당 매물 일부가 나올 수 있다.

또한 강남권에 돌고 있는 상대적으로 중대형을 선호하는 분위기도 주목해야 한다. 즉 중심지에 위치한 주택이라도 중소형 여러 채 보유보다 괜찮은 중대형 하나가 낫고 남은 자금을 상업용 부동산 등 다른 곳에 투자하는 게 좋다는 심리가 훨씬 클 것이다.

따라서 내 집 마련 혹은 갈아타기를 하려는 사람들은 이런 물건 중에서 조건이 괜찮은 건 없는지를 살펴보아야 한다. 매도자는 주택 수를 줄이기 위해 처분하더라도 매수자 입장에서는 괜찮은 물건일 수 있기 때문이다. 이러한 이유로 실거주자 역시 다주택자 절세법을 잘 알고 있어야 한다.

4장

양도세 심화편,
주택 수에 따른 절세 전략

제네시스박의 부동산 세금 트렌드 2025

1주택 양도세 비과세를 위한 핵심 사항 5가지

최근 서울을 중심으로 주택 거래량이 늘어나면서 양도세에 대한 관심이 높아졌다. 양도세가 부동산 세금 중 가장 높은 비중을 차지해 세 부담 역시 크다는 점도 주요하다. 예를 들어 양도차익이 1억 원이라면 양도세는 약 2,000만 원 정도가 나오고 양도차익이 3억 원이라면 양도세는 1억 원, 양도차익이 5억 원이면 무려 2억 원에 달하는 양도세가 나온다(모두 단독명의 가정).

따라서 절세 전략을 세운다면 '양도세 비과세'를 꼭 고려해야 한다. 우리 세법은 불필요한 세수 손실과 조세 회피를 방지하기 위해 이러한 비과세를 특정 경우에만 제공한다.

양도세 비과세를 활용한 절세 전략을 세우는 데 있어 오해가 생기는 지점이 바로 '1주택 비과세'인데 1주택 비과세를 당연히 생각하는 사람이 많기 때문이다. 이번 장에서는 1주택 비과세를 받기 위한 필수 사항 5가지를 알아보겠다.

주택 수는 세대 기준이니 '세대분리'를 활용하자

1세대 1주택 비과세에서 가장 중요한 건 바로 주택 수다. 그리고 이때 주택 수란 '세대 기준' 주택 수다. 여기서 짚고 넘어가야 할 점이 바로 세대의 정의다. 우리 세법에서 세대는 '거주자 및 그 배우자가 동일한 주소 또는 거소에서 생계를 같이

하는 가족과 함께 구성하는 하나의 세대'라고 정의한다. 이때 거주자란 조정대상지역에서 말하는 거주 요건이 아닌 대한민국에서 생활하는 일반적인 거주자를 의미한다. 즉 비과세는 외국에서 주로 생활하는 '비거주자' 등에게는 적용되지 않는다.

다음으로 '가족'이란 개념도 눈여겨봐야 한다. 가족은 본인과 배우자의 직계존비속(그 배우자 포함) 및 형제자매를 의미한다. 예를 들어 부모, 조부모, 자녀, 손자녀는 물론 장인 장모나 시부모, 사위와 며느리는 당연히 가족에 해당한다.

여기서 형제자매는 본인뿐 아니라 배우자의 형제자매도 포함되는데 형제자매의 배우자는 포함되지 않는다. 남자라면 처남 및 처제와 처형, 여자라면 시아주버니, 시동생, 시누이는 가족에 포함되나 형수, 제수, 매형, 매제나 형부, 제부, 올케, 동서는 가족에 포함되지 않는다.

정리하자면 이러한 '가족'에 해당되는 사람과 함께 생계를 유지하면 이를 같은 세대로 보며 그 세대 구성원이 보유한 주택은 '모두' 주택 수로 포함해 1주택 비과세 여부를 판단하겠다는 것이다.

따라서 주택을 보유하고 있는 가족이 있는데 특정 주택을 매각해 비과세를 받으려면 반드시 매각 전 세대분리를 해야 한다. 여기서 세대분리란 ① 주민 등록 분리 ② 실제 생계 분리를 뜻한다. 그렇다면 어느 시기에 이러한 세대분리를 해야 1세대 1주택 비과세가 가능할까? 이 시기는 따로 정해져 있진 않지만 불필요한 오해를 방지하기 위해 최소 몇 개월 전에 실질적인 세대분리가 이루어져야 한다.

그런데 주민등록표는 물론이고 실제 생계를 달리 하더라도 세대분리가 인정되지 않는 경우가 있다. 어떤 경우일까?

세대를 구성할 능력이
중요한 이유

세대분리는 말 그대로 각각 세대를 구성해 이를 분리한다는 의미다. 따라서 세대를 구성할 수 있는 능력 자체가 없다면 세대를 구성할 수 없으며 그 결과 당연히 세대분리도 불가능하다고 본다.

우리 세법은 세대를 구성할 수 있는 기본 단위의 기준을 '본인과 그 배우자'로 보기에 부부는 주민등록을 분리해 별도 세대주로 등재하더라도 언제나 1세대로 판단한다. 즉 원칙적으로 배우자가 없는 단독세대는 세대로 인정하지 않는다. 하지만 여기에는 예외 사항이 있다. 다음 세 가지 경우에는 배우자가 없어도 별도 세대로 인정한다.

첫째, 나이가 만 30세 이상일 것

둘째, 혼인을 하였으나 배우자가 사망하거나 이혼한 경우일 것

셋째, 소득 수준이 '일정 수준 이상'으로 주택 또는 토지를 관리 및 유지하며 독립된 생계를 꾸리고 있을 것

참고로 세 번째 소득 수준이 '일정 수준 이상'이라는 건 '기준중위소득의 40% 이상(2024년도 1인 가구 기준 약 90만원 이상)'을 의미하며 해당 소득은 근로, 사업소득 또는 기타소득 중 강연료, 저작권료 등이 계속적·반복적으로 발생하는 것이어야 한다.

따라서 부모가 1년치 소득에 해당하는 1,000만 원 내외의 금액을 자녀에게 증여했다고 해서 곧바로 독립된 세대로 인정받을 수 있는 게 아니라는 사실을 기억하기를 바란다.

만약 부모 1주택, 자녀 1주택인 상황에서 비과세를 받기 위해 해당 주택을 매각하기 몇 개월 전부터 주민등록을 분리하고 실제 생계를 달리하더라도 개개인이 세대구성 능력이 있는지 판단해야 한다. 부모의 경우 본인과 배우자가 있으니 당연히 세대구성이 가능하다. 문제는 자녀에서 발생한다. 가령 자녀에게 배우자가 없더라도 직장을 다니면서 별도 소득 수준이 충족된다면 문제되지 않으니 부모와 따로 살기만 하면 된다.

그런데 자녀가 비록 미성년자는 아니지만 대학생이며 별도 소득이 없다면 이때는 세대구성 능력 자체가 없는 것으로 판단하기에 세대분리가 불가하다. 따라서 자녀 명의 주택은 부모가 있는 '세대'에 포함되어 1세대 2주택이 되므로 둘 다 비과세가 불가하다(물론 1채 매각 후 남은 1채는 비과세 가능).

비조정대상지역도 2년 거주가 유리하다

비조정대상지역에 해당하더라도 주택을 매각하기 전에 '2년 거주를 했는지' 확인하는 것이 유리할 수 있다. 물론 취득 당시 조정대상지역이 아니라면 2년 거주 요건도 없으며 취득 당시 비조정이었고 양도가액이 12억 원 이하라면 거주 요건은 전혀 필요하지 않다.

하지만 취득 당시 조정대상지역이었는데 이 사실을 잊었거나 비조정대상지역이라도 매각 당시 양도가액이 12억 원을 넘는 '고가주택 비과세'라면 2년 거주를 하는 것이 세 부담을 줄이는 데 용이할 수 있다.

이를 이해하기 위해서는 '2년 거주' 요건 두 가지를 정확히 이해해야 한다. 하나는 취득 당시 조정대상지역이었을 때 양도세 비과세를 받기 위한 2년 거주 요건이다. 그리고 다른 하나는 12억 원을 초과하는 고가주택 비과세일 때 12억 원 초과 분에 대해 최대 80% 장기보유특별공제를 받을 수 있는데 이를 받기 위해서는 반드시 2년 이상 거주해야 한다(조정/비조정 불문). 즉 '2년 거주' 요건은 두 가지가 있고 이 둘은 완전히 다르기에 정리하자면 다음과 같다.

1) 취득 당시 비조정, 이후 양도가 12억 원 이하 비과세 → 2년 거주 전혀 필요 없음
2) 취득 당시 비조정, 이후 양도가 12억 원 초과 비과세 → 2년 이상 거주 유리
3) 취득 당시 조정, 이후 양도가 12억 원 이하 비과세 → 2년 거주 반드시 필요
4) 취득 당시 조정, 이후 양도가 12억 원 초과 비과세 → 2년 거주 반드시 필요 + 2년 이상 거주 유리

보기 쉽게 정리하면 [표 4-1]과 같다. 만약 취득 당시 조정대상지역이었는데 중간에 비조정대상지역으로 바뀌었다 해도 비과세를 위한 2년 거주 요건은 없어지지 않는다. 반대로 취득 당시 비조정대상지역이었는데 추후 조정대상지역으로 지정되더라도 2년만 보유하면 비과세가 된다.

다만 조정대상지역, 비조정대상지역 해당 여부와 별개로 매각 당시 양도가액이 12억 원을 초과한다면 장기보유특별공제를 위해 역시 2년 거주가 유리하다. 장기보유특별공제는 선택사항이기는 하나 세 부담 차이가 크기에 고가주택이라면 일단 2년 거주를 하는 게 유리하다고 볼 수 있다.

정확히 이해하기 위해서 취득가액 7억 원, 양도가액 15억 원, 필요경비 3,000만 원, 취득했던 당시에 비조정대상지역이었다고 가정한 예시를 들어보겠다([표 4-2] 참조). 이를 2년 보유와 10년 보유로 나누어 정리했다.

첫 번째, 10년 보유한 경우

당연히 비과세 가능하다. 그러나 거주를 하지 않았으므로 장기보유특별공제는 불가하다. 따라서 총 납부세액은 2,948만 5,500원이다.

[표 4-1] 비과세 및 장기보유특별공제(장특공) 거주 요건 구분

구분	비과세 거주 요건	장기보유특별공제 거주 요건
취득 당시 비조정, 양도가 12억 원 이하	×	×
취득 당시 비조정, 양도가 12억 원 초과	×	○ (10년 거주, 80%)
취득 당시 조정, 양도가 12억 원 이하	○	×
취득 당시 조정, 양도가 12억 원 초과	○	○ (10년 거주, 80%)

[표 4-2] 장기보유특별공제 효과에 따른 세 부담 비교

구분	10년 보유	10년 보유, 2년 거주	10년 보유, 10년 거주
양도가액	15억 원	좌동	좌동
(-)취득가액	7억 원		
(-)필요경비	3,000만 원		
= 양도차익	7억 7,000만 원		
과세대상 양도차익	1억 5,400만 원		
장기보유특별공제	20%	48%	80%
= 양도소득금액	1억 2,320만 원	8,008만 원	3,008만 원
(-)기본공제	250만 원		
= 과세표준	1억 2,070만 원	7,758만 원	2,830만 원
세율	35%	24%	15%
누진공제	1,544만 원	576만 원	126만 원
산출세액	2,680만 5,000원	1,285만 9,200원	298만 5,000원
총 납부세액(지방세 포함)	2,948만 5,500원	1,414만 5,120원	328만 3,500원

* 취득가액 7억 원, 비과세 12억 원, 필요경비 3,000만 원 가정
* 보유 및 거주 기간에 따른 고가주택 비과세 세금 차이 계산

두 번째, 10년 보유 중 2년 거주한 경우

비과세 가능하다. 그리고 거주했으니 장기보유특별공제도 적용할 수 있다. 그 결과 총 납부세액은 1,414만 5,120원이다.

세 번째, 10년 보유 중 10년 거주한 경우

비과세 가능하며 장기보유특별공제 최대치인 80%를 받는다. 총 납부세액은 328만 원까지 내려간다

'작은 집'에 속지 말자

여기서 말하는 '작은 집'이란 금액이 아주 낮거나 시골 등 아주 외진 곳에 있는 주택을 의미한다. 간혹 "정말 얼마 안 하는 집입니다." "저 멀리 시골에 있어요"라고 이야기하며 주택 수에 포함되는 것을 굉장히 억울해하는 사람들도 있지만 우리 세법은 '상시 주거용으로 사용하는 건물'에 대해서는 주택으로 본다. 주택 수에 포함되는 예시를 정리하면 다음과 같다.

1) 저 멀리 외딴 시골에 있는 집이라도 사람이 살고 있다면 → 주택 수 포함
2) 심지어 임야에 지어진 집이라도 사람이 살고 있다면 → 주택 수 포함
3) 상가에 딸린 아주 작은 방인데 별도의 출입문과 취사시설 등이 있고 사람이 살고 있다면 → 주택 수 포함

따라서 예시에 해당하는 주거용 건물이 있는지 사전에 확인해 이를 없애거나 (멸실) 매각하는 과정이 필요할 수 있다. 한편 보유하고 있는 시골 주택과 '농어촌

주택'을 혼동하는 경우도 많다. 농어촌주택은 주택 수 제외 혜택이 있기에 정확히 그 조건을 아는 것이 중요하다. 농어촌주택의 조건은 다음과 같다.

1) 수도권, 규제지역을 제외한 지역의 읍, 면 등에 위치(도시지역의 경우 대통령령으로 정한 인구감소지역 포함)

2) 취득 당시 기준시가 3억 원 이하(한옥은 4억 원 이하)

3) 농어촌주택 취득 후 3년 이상 보유

그런데 더 중요한 건 일반주택을 보유한 상태에서 농어촌주택을 취득하고 이후 일반주택을 매각해야 혜택을 받을 수 있다는 점이다. 즉 '취득 순서'가 중요하다. 예를 들어 농어촌주택을 취득했는데 이후 일반주택을 취득했다면 혜택을 받을 수 없음을 유의해야 한다.

농어촌주택과 더불어 오피스텔 역시 세금 사고가 빈번하게 발생하는 유형이다. 가장 많이 발생하는 사고는 '전입신고를 하지 않았으니 주택 수 제외'라고 착각하는 경우다. 앞서 말한대로 오피스텔은 주거용 구조를 거의 완벽하게 갖춘 시설이다.

문제는 업무용 혹은 주거용으로 전환이 자유롭다는 건데 실제 오피스텔에 사람이 살고 이를 주거용으로 사용한다면 이는 양도세 비과세 판단 시 주택 수에 포함된다. 이러한 내용을 미리 알고는 일부러 전입신고를 하지 않기도 하지만 과세당국의 정보수집력이 상당히 늘어났기에 이러한 방법은 고려하지 않는 게 좋다.

따라서 주거용 오피스텔을 보유 중이라면 이를 먼저 매각하거나 아니면 업무용으로 임차를 주고 최소 6개월 정도는 지난 후에 다른 주택을 매각하는 것을 권한다. 이때 6개월인 이유는 업무용으로 사용했다는 '증거'를 6개월마다 해야 하는 부가가치세 신고로 만들기 위함이다.

임대주택으로 등록하면
주택 수에서 제외될까?

여전히 임대주택을 등록하면 무조건 주택 수에서 제외되어 1주택 비과세가 가능하다고 생각하는 사람들이 있는데 임대주택을 등록했다고 주택 수에서 제외되지 않다는 사실을 꼭 알아두어야 한다.

주택 수에서 제외되려면 단순히 등록만 하는 것이 아니라 꼭 거주 중인 주택을 매각해야 한다는 조건을 충족해야 한다. 따라서 이러한 비과세를 받으려면 주택은 조정대상지역, 비조정대상지역을 불문하고 무조건 '2년 거주'를 해야 한다.

하지만 여기에 더 알아야 할 게 있다. 등록임대주택의 경우 거주주택 비과세 특례에 맞게 '모두' 요건을 준수해야 한다는 점이다. 따라서 등록임대주택이 많으면 많을수록 확인해야 할 사항도 많아지고 그 과정에서 비과세가 안 될 수 있는

[자료 4-1] 주택임대사업자 거주주택 비과세 특례

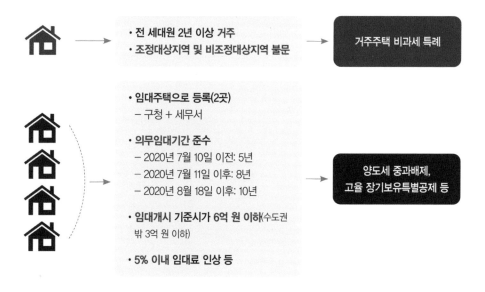

• 전 세대원 2년 이상 거주
• 조정대상지역 및 비조정대상지역 불문
→ 거주주택 비과세 특례

• 임대주택으로 등록(2곳)
 − 구청 + 세무서
• 의무임대기간 준수
 − 2020년 7월 10일 이전: 5년
 − 2020년 7월 11일 이후: 8년
 − 2020년 8월 18일 이후: 10년
• 임대개시 기준시가 6억 원 이하(수도권 밖 3억 원 이하)
• 5% 이내 임대료 인상 등
→ 양도세 중과배제, 고율 장기보유특별공제 등

리스크는 덩달아 커지게 된다. 따라서 매우 신중한 접근이 필요하다.

이에 대한 내용을 간략히 요약하면 [자료 4-1]과 같다. 잘 활용하면 매우 유용하지만 리스크도 따르니 꼭 2명 이상의 세무대리인(세무사 등)과 상담 후 진행하기를 권한다.

분양권이 있는 1주택자의
비과세 전략

최근 부동산 시장 속 가장 유리한 포지션을 꼽는다면 단연코 '1주택자'라고 할 수 있다. 2주택까지는 규제에서 자유롭기 때문에 어느 정도 여유가 있고(즉 1채를 더 구입해도 무방) 상대적으로 무주택자보다는 부동산 투자 경험도 있기 때문이다. 게 다가 더 좋은 곳으로 갈아타기를 할 때도 '일시적 2주택'을 활용하면 각종 규제를 받지 않고 좋은 결과를 만들어 낼 수도 있을 것이다.

특히 갈아타기로 높은 선호도를 보이는 주택은 당연히 신축인데, 주택분양권은 이러한 신축으로 진입하는 데 있어 대중적인 방법 중 하나다. 예를 들어 신축주택 을 취득하려면 청약을 하거나 조합원입주권 등을 취득해야 가능하다. 만약 그렇 지 않다면 지어진 지 얼마 되지 않은 거의 새것과 다름 없는 신축을 직접 매수해야 한다. 하지만 지어진 지 얼마 안 된 신축을 매각하는 경우가 과연 많을까?

당연 그렇지 않을 것이다. 준공되고 최소 2년은 보유해야 양도세 일반과세 또 는 비과세가 가능하기 때문이다. 그렇지 않을 경우 2년 미만 단기 양도세율이 적 용되어 거액의 양도세율(최대 70%)을 부담해야 한다. 정리하자면 신축을 마련하 는 데 있어서 청약, 입주권, 준신축(준공 후 2년 이상 ~ 5년 이내) 등에 접근하는 방법 이 있지만 상대적으로 현실성 있는 접근법은 청약 정도로 정리할 수 있다.

문제는 이러한 주택분양권을 취득하고 '일시적 2주택 비과세'를 받으려면 여러 가지를 조심해야 한다는 점이다. 대부분 사람이 종전주택이 있는 상태에서 향후 신축이 되는 분양권을 취득한 후 종전주택을 비과세를 받으려 하는데 이때 주의 할 사항이 몇 가지 있다. 생각보다 많은 사람이 실수하는 내용이므로 이에 대해 꼭 확인하면 좋겠다.

주택 + 주택인 경우
일시적 2주택 비과세

가장 기본적인 내용이자 가장 중요한 내용이다. 이 내용을 알아야 분양권이 주택
수에 포함됨으로써 발생하는 여러 문제를 이해할 수 있기 때문이다.

[자료 4-2]와 같이 종전주택 A가 있는 상태에서 1년이 지난 후(1후) 신규주택
B를 취득하고, 이로부터 3년 이내 종전주택 A를 처분하면 A주택은 예외적으로
1주택으로 보아 비과세라는 특혜를 받을 수 있다. 이때 A주택은 반드시 1세대
1주택 비과세 요건을 갖추어야 한다. 그 요건은 '2년 이상을 보유했어야 하고' '취
득 당시 조정대상지역이었다면 2년 거주'를 해야 한다. 또한 해당 주택에는 생계
를 함께하는 다른 유주택 가족이 있다면 엄밀히는 1주택이 아닌 다주택으로 판단
되어 비과세가 불가할 수 있다(최근에는 이에 대한 확인도 늘어나는 추세다).

이러한 비과세 혜택은 매우 큰 혜택이기 때문에 과세당국 역시 아주 꼼꼼하게

[자료 4-2] 일시적 2주택 비과세 – 주택 + 주택인 경우

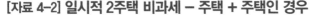

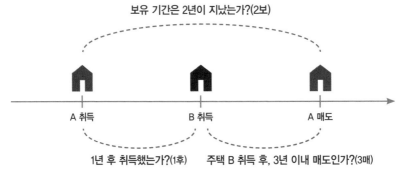

요건을 따질 수밖에 없다. 따라서 해당 요건을 만족하지 못하면 비과세를 받을 수 없다. 예를 들어 신규 주택 B를 1년 이내 취득한다거나 다른 유주택자 가족이 함께 살고 있음으로써 주택 수가 늘어나는 예 등이 비과세 혜택을 받지 못하는 경우다. 그리고 이러한 '주택 수'라는 조건 때문에 주택분양권을 취득할 때도 매우 조심해야 한다. 분양권 역시 주택 수에 포함되기 때문이다(단, 특정 날짜에 유의할 것).

주택분양권도 주택 수에 포함된다

분양권은 주택을 취득할 수 있는 권리일 뿐이지만 아쉽게도 주택 수에 포함된다. 이는 부동산 상승기에 투기 수요를 억제하기 위해 도입된 내용으로 취득세 주택 수 그리고 양도세 비과세 판단 시 주택 수 모두 해당하는 내용이다.

[자료 4-3]의 내용은 반드시 기억하는 게 좋다. 정리하자면 2020년 8월 12일 이후 취득한 주택분양권은 취득세 주택 수 계산 시 포함된다. 그리고 2021년 1월 1일 이후 취득한 분양권은 양도세 주택 수에도 포함된다. 따라서 1주택자가 2021년 1월 1일 이후 분양권을 하나 취득했다면 적어도 취득세 그리고 양도세 주택 수 판단 시에 '2주택자'가 되니 이를 꼭 기억해야 한다.

[자료 4-3] 분양권 주택 수

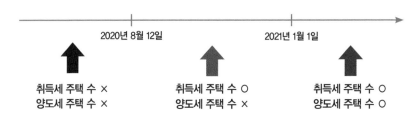

[자료 4-4] 일시적 2주택 비과세 가능 유무

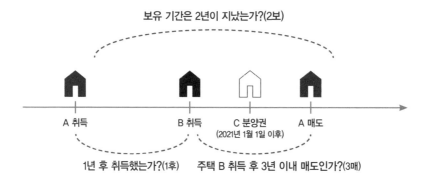

그렇다면 다시 [자료 4-2]의 상황 즉 일시적 2주택 비과세를 보자면 종전주택 A 그리고 신규주택 B가 있을 때 2021년 1월 1일 이후 취득한 분양권 C가 있다면 몇 주택자일까?

[자료 4-4]와 같은 경우는 2주택이 아닌 3주택자가 된다. 2021년 1월 1일 이후 취득한 분양권은 비과세 판단 시 주택 수 포함이라 그렇다. 따라서 일시적 2주택 비과세는 받을 수 없다.

그렇다면 이 경우 어떻게 하면 A 주택을 비과세로 만들 수 있을까? 물론 B 주택, C 분양권을 모두 처분하고 남은 A 주택을 1주택 비과세로 받으면 되겠지만 이 방법이 최선일까? 이러한 경우는 법에서 정한 '분양권이 포함된 일시적 2주택 비과세 특례'를 살펴보아야 한다.

주택 + 분양권 상태에서
3년 내 종전주택 처분

현행 세법 규정상 종전주택이 있는 상태에서 2021년 1월 1일 이후 분양권을 취득할 때 일시적 2주택 비과세가 가능한 경우는 두 가지밖에 없다.

먼저 종전주택이 있는 상태에서 신규로 분양권을 취득하고 그로부터 3년 내 종전주택을 처분하는 방법이 있다(소득세법시행령 156조의 3 ②항). 다른 하나는 분양권을 취득하고 3년 경과 후에 종전주택을 처분하는 것으로 분양권이 신축이 된 이후 해당 주택에 반드시 전입해서 1년 이상 계속 거주해야 한다(소득세법시행령 156조의 3 ③항).

먼저 3년 내 처분하는 경우를 살펴보겠다. 우리 세법은 1주택을 보유한 상태에서 분양권을 취득해 일시적으로 1주택 + 1분양권이 되는 경우 해당 분양권을 취득한 날로부터 3년 이내 종전주택을 처분하면 예외적으로 일시적 2주택 비과세를 허용한다. 다만 이 경우에도 '1년 후'라는 요건이 붙으며 해당 분양권은 '2021년 1월 1일 이후 취득한 분양권이어야 한다.

이때 조심해야 할 점은 해당 분양권을 취득한 날로부터 3년 이내 종전주택을 처분해야 한다는 사실이다. 여기서 3년 이내의 기준일은 해당 분양권에 당첨된 경우에는 당첨일, 전매로 취득한 경우에는 전매 잔금일이 된다. 해당 분양권이

[자료 4-5] 주택 + 분양권, 3년 내 처분하는 경우

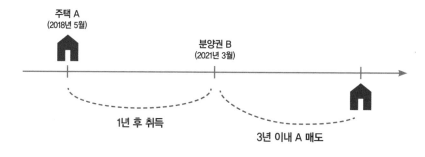

- 주택 A 취득 후 1년이 경과한 상태에서
- 분양권 B를 취득할 것(2021년 1월 1일 이후 취득하는 분양권)
- 이후 분양권 취득 후 3년 이내 주택 A를 매도할 것(단, A 주택은 비과세 요건을 갖출 것)

주택으로 준공되는 시점이 기준일이라고 오해하는 사람이 많은데 틀린 생각이니 꼭 제대로 알아야 한다.

그렇다면 무조건 분양권이 주택이 된 후 3년 내에 팔면 일시적 2주택 비과세가 가능하지는 않을까 싶지만 그렇지 않다. 그 이유는 2021년 1월 1일 이후 취득한 분양권은 주택은 아니지만 양도세 비과세 판단 시 주택 수에 포함되며 이러한 점을 감안해 과세당국은 특정한 경우에만(소득세법시행령 156조의 3 ②항) 비과세가 가능하도록 허용했기 때문이다.

만약 종전주택이 있는 상태에서 다수의 분양권을 취득했다면 분양권을 일부 처분하고 주택 하나가 남았을 때 다시 종전주택과 남은 분양권 간에 일시적 2주택 비과세를 적용하면 될 것이다. 물론 1년 후 취득, 3년 이내 종전주택 매각 요건은 변함없다.

주택 + 분양권 상태에서
3년 경과 후 종전주택 처분

이번에는 3년 경과 후 종전주택 처분의 경우를 살펴보겠다. 혹시라도 '3년을 경과하고 처분해도 비과세를 받을 수 있으니 좋군' 하고 생각했다면 좋지 못한 판단이 될 수 있다. 당연히 과세당국은 혜택에 따른 요건을 더 붙이기 때문이다.

먼저 해당 제도의 취지는 분양권 B를 취득하고 3년 내 종전주택 A를 처분할 경우 거주할 곳이 마땅치 않은 상황에 처한 사람을 배려하기 위함이다. 가령 분양권 B 공사가 늦어지는 상황인데 '3년 내 처분' 조건만 비과세를 제공하면 문제가 생긴다. 따라서 과세당국은 3년이 경과하더라도 일정 요건을 갖추면 종전주택 A의 비과세가 가능하게 했는데 해당 요건은 다음과 같다.

[자료 4-6] 주택 + 분양권, 3년 경과 후 처분하는 경우

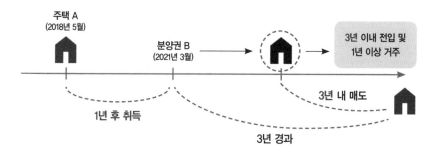

- 주택 A 취득 후 1년 이후 B 분양권 취득(2021년 1월 1일 이후)
- 주택 B 완공 이전 혹은 완공 후 3년 이내 A 매각
- 이후 주택 B에 3년 이내 전입 및 1년 이상 '계속해서 거주'할 것

1) 주택 B 완공 이전 혹은 완공 후 3년 내 주택 A 매각할 것

2) 주택 B 완공 후 3년 이내 전입할 것

3) 주택 B 전입하고 1년 이상 '계속해 거주'할 것

여기에서 꼭 알아야 할 주의점이 있다. 분양권 B가 주택으로 완공되면 3년 내 (혹은 그 이전이라도) 종전주택 A를 처분해야 하는데 문제는 'B 주택 완공 후 3년 내 꼭 전입을 해야 하는가?'다. 예를 들어 B 주택 소재지가 비조정대상지역인 경우 '비조정대상지역이니 2년 거주를 안 해도 되니까 전입하지 않아도 된다'라고 생각할 수 있는데 그렇지 않다. 이미 3년 경과 후 종전주택 처분에 대한 비과세라는 큰 혜택을 주었기에 전입신고를 하라는 것이기 때문이다.

다른 주의점은 '1년 이상 계속해 거주' 라는 조건이다. 예를 들어 완공된 B 주택에 전입했는데 10개월 정도 살다가 잠깐 나간 후 다시 들어와 나머지 2개월을 채우면 1년 거주 요건이 만족될까? 역시 그렇지 않다. 조문에 명확하게 '계속해 거주'라고 되어 있기 때문에 '연속해서' 거주해야 한다.

분양권 + 분양권 상태는
일시적 2주택 비과세일까?

지금까지의 내용을 이해했다면 다음 질문을 바로 이해할 수 있어야 한다. 2021년 1월 1일 이후 취득한 분양권을 2개 가지고 있는 경우 일시적 2주택 비과세가 가능할까? '분양권이 주택 수에 포함되긴 하지만 두 주택이 1년 후라는 요건을 갖추었으니 비과세가 가능하지 않을까?'라고 판단하면 곤란하다.

주택과 분양권이 있는 상태에서 일시적 2주택 비과세 특례가 가능한 경우는 이미 살펴본 두 가지 경우가 전부다. 비과세는 매우 큰 혜택이라 엄격하게 해석해야 하며 요건을 모두 충족하는지 반드시 확인해야 한다. 그리고 아쉽게도 분양권 + 분양권 상태에서의 일시적 2주택 비과세는 우리 세법에서 규정한 바가 없다.

따라서 이 경우는 일시적 2주택 비과세가 불가하고 만약 꼭 비과세를 받고 싶다면 하나를 먼저 처분하고(분양권 상태 혹은 준공된 상태) 이후 남은 하나를 매각해 1주택에 대해 '1세대 1주택 비과세'를 받아야 한다(남은 하나는 당연히 주택 상태에 매각해야 비과세 가능).

하나 더 주의해야 할 내용으로는 분양권은 주택이 아니기에 분양권 보유 기간과 주택 보유 기간을 합산하지 않는다. 따라서 해당 분양권이 주택으로 완공되면

[자료 4-7] 분양권 + 분양권, 일시적 2주택 비과세 가능 유무

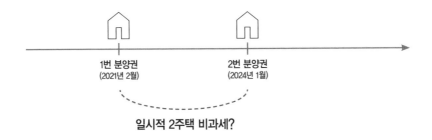

그때부터 2년 보유(또는 거주)를 계산해서 양도세 비과세가 된다는 점을 유의해야 한다.

분양권이 있는 상태에서 1년 후 주택을 취득하면?

그렇다면 분양권이 있는 상태에서 1년 후 주택을 취득하면 일시적 2주택 비과세가 가능할까? 이 역시 마찬가지로 우리 세법은 이 경우에 대해 비과세 특례를 정해놓지 않았다. 따라서 일시적 2주택 비과세는 불가하고 만약 비과세를 받고 싶다면 하나를 처분하고 남은 주택에 대해서 1세대 1주택 비과세를 받아야 한다.

그래도 두 주택 모두 비과세를 받고 싶다면 이 방법을 고려할 수 있다. 아래 [자료 4-8]의 1번 분양권을 2021년 2월에 취득하고 해당 분양권이 2023년 12월 주택으로 준공된다고 가정하겠다.

그리고 2024년 1월에 2번 분양권을 취득한다면 이때는 일시적 2주택 비과세가 가능할까? 얼핏 보면 [자료 4-5]의 내용인 주택 + 분양권 상황과 비슷해 보이지만 1번 주택과 2번 분양권 사이 '1년 후' 요건이 성립하지 않았기에 일시적 2주

[자료 4-8] 분양권 + 주택, 일시적 2주택 비과세

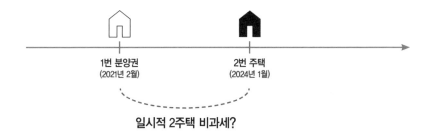

1번 분양권
(2021년 2월)

2번 주택
(2024년 1월)

일시적 2주택 비과세?

택 비과세는 불가하다. 따라서 양도차익이 적고 투자 가치가 낮은 물건을 먼저 매각한 후 남은 하나에 대해 비과세 전략을 적용해야 한다.

이러한 방법도 고려할 수 있다. [자료 4-9]와 [자료 4-10]은 같은 듯하지만 다르다. 먼저 1번 분양권이 주택으로 2022년 9월에 준공된다. 이후 1년이 지난 상태에서 2번 분양권을 취득하면 우리가 [자료 4-5]에서 본 비과세 요건을 잘 충족하게 된다. 따라서 이 경우는 1번 주택을 비과세 받고(단, 2024년 9월 이후 매각) 이후 2번 분양권이 주택으로 준공되고 또 한 번 비과세를 받을 수 있다.

1번 주택의 투자 가치가 낮다면 가급적 2번 분양권을 취득하고 3년이 되기 전인 2027년 1월 이내 매각하면 되며 1번 주택을 더 오래 보유하고 싶고 2번 분양권이 주택으로 준공된 후 실거주가 가능하다면(계속해서 1년 거주) 2번 분양권을 취

[자료 4-9] 분양권 주택 준공 후 일시적 2주택 비과세 – 요건 불충족

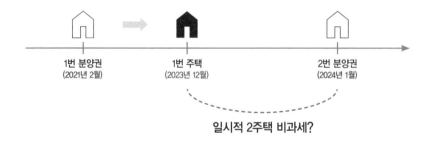

[자료 4-10] 분양권 주택 준공 후 일시적 2주택 비과세 – 요건 충족

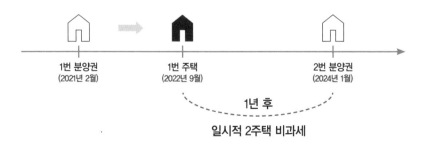

득한 후 3년이 경과되더라도 1번 주택을 오래 들고감으로써 처분할 수도 있다.

정리하자면 주택 + 분양권 일시적 2주택 비과세 전략은 단순히 3년 내 주택을 팔 것인지 아닌지를 결정하는 게 아니다. 내가 이미 보유한 종전주택의 가치 그리고 취득한 분양권의 자산 가치 등을 '종합적으로' 고려해 더 나은 방향으로 전략을 세우는 것이다.

2주택자가 되면 준비해야 할
절세 전략

부동산 투자는 많은 돈이 들어가기도 하고 특히 잘못 구입했을 때 타격이 크기에 무턱대고 주택을 매수하는 건 바람직하지 못하다. 그렇기에 2주택이 되면 취득세, 보유세, 양도세는 어떻게 계산되는지 살펴보았으며 어떻게 하면 합법적으로 세금을 피할 수 있는지도 알아보았다.

2주택자가 되면
바로 세금폭탄이 떨어질까?

하지만 몇 가지를 더 살펴보아야 한다. 2주택이 되면 생각하지 못한 부분에서 세금이 발생하기 때문인데 바로 '주택임대소득세'다. 그리고 2주택 상태에서 남은 주택 2채를 모두 비과세를 받는 전략으로 갈지 아니면 1채만 비과세를 받을지도 결정해야 한다.

해당 내용을 설명하기 위해 상황을 가정해보겠다. 현재 상황은 2주택(2번째 취득한 주택은 구축 가정) 보유고 기존 1주택에서 추가로 두 번째 주택을 취득했다고 가정하겠다. 편의상 두 번째 주택은 분양권이나 조합원입주권이 아닌 일반주택(구축)이라고 하겠다. 그럼 [자료 4-11]과 같은 모습일 것이다.

2주택자가 세금 폭탄을 맞게 되는 이유에서 중요한 것은 해당 주택의 위치다. [자료 4-11]에서 1번 주택은 취득 당시 조정대상지역이고 2번 주택은 비조정

[자료 4-11] 현재 상황 정리

 +   2채 보유

- 1번 주택
- 2019년 9월 취득
- 취득 당시 조정대상지역
- 거주 중

- 2번 주택
- 2023년 10월 취득
- 취득 당시 비조정대상지역
- 임대 중

대상지역이라고 가정했을 때 취득 - 보유 - 양도 단계에서의 세금은 다음과 같이 정리할 수 있다.

1) 취득세 : 2번째 주택이 비조정대상지역에 위치하므로 기본세율(1~3% 적용)

2) 재산세 : 조정/비조정 무관, 추가되는 주택의 공시가격만큼 재산세 증가

3) 종합부동산세 : 2주택 모두 조정이라도 중과 미적용, 여기에 2번째 주택이 비조정대상지역에 위치하므로 공시가격의 합에 따라 종부세 부과 여부 달라짐

4) 양도세 : 1번 주택과 2번 주택 취득일 사이 '1년 후' 요건 만족하였으므로 일시적 2주택 비과세 가능.

주택임대소득
왜 중요할까?

2주택자는 또 하나 고려해야 할 세금이 있다. 바로 '주택임대소득세'다. 2주택 이상이 되면 반드시 1채 이상은 임대주택을 낼 수밖에 없다. 집을 돌아가면서 거주할 수는 없기 때문이다.

주택임대소득에 대한 과세 요건을 [표 4-3]과 함께 잠시 살펴보겠다. 과세 기준은 '부부합산 주택 수'이며(추후 중요한 절세 포인트가 된다) 이에 따라 월세 또는 간주

[표 4-3] 주택임대소득 과세 요건

부부합산 주택 수	월세	간주임대료
1주택	비과세(단, 기준시가 12억 원 초과 고가주택 과세)	비과세
2주택	과세	비과세
3주택 이상	과세	과세(단, 보증금 합계액 3억 원 초과분)

임대료(보증금 합계액이 3억 원을 초과하는 보증금으로 전세 및 월세 보증금 모두 포함)에 대해 과세가 된다.

문제는 이러한 임대소득이 발생하면 이는 소득세 중 '사업소득'으로 과세가 되는데 그 결과 다른 소득이 있다면 합산되어 세 부담이 늘어날 수 있다(종합과세). 어떤 경우에는 피부양자 자격 박탈로 이어질 수도 있다. 따라서 어떤 경우에 과세가 되어 나에게 영향을 주는지 확인하고 이러한 과세를 최소한 피하는 방법이 무엇인지 사전에 확인하는 게 중요하다.

2주택일 때
임대소득 비과세되는 법

이번에는 [자료 4-12]에서 정리한 사례 세 가지를 살펴보겠다. 모두 부부명의 주택이라 가정했다(부부합산 주택 수를 파악하기 위함). 〈사례 1〉은 2주택인데 하나는 거주, 다른 하나는 전세로 임대를 주는 경우다. 주택임대소득 과세 요건 기준에 따랐을 때 주택임대소득은 비과세다. 따라서 이 경우는 별도의 사업장 현황신고를 하거나 세무서 사업자 등록을 할 필요가 없다(물론 과세당국에서는 '그래도' 등록도 하고 신고도 하라고 할 것이다).

[자료 4-12] 주택임대소득 사례

〈사례 2〉역시 마찬가지다. 본인은 다른 곳에서 임차를 하고 보유 중인 2채 모두 임대를 주더라도 월세가 아닌 전세 형태로 임대했다면 임대소득은 과세되지 않는다. 역시 별도 사업자 등록 및 현황 신고를 할 필요가 없다. 〈사례 1〉과 〈사례 2〉두 가지 사례를 보면 2주택을 보유하면서 하나는 주거, 다른 하나는 투자용으로 보유할 때 어떻게 하면 주택임대소득세를 줄일 수 있는지 파악이 가능하다.

〈사례 3〉은 하나는 거주, 다른 하나는 월세를 준 경우다. 이때는 부부합산 주택 수가 2주택이고 월세가 있으므로 월세에 대해 과세된다. 따라서 세무서 사업자 등록 및 매년 2월에 사업장 현황신고를 해야 한다(지자체 등록은 선택사항으로 주택임대사업자가 되는 것이니 신중하게 진행할 것).

만약 〈사례 3〉에서 둘 다 월세거나 아니면 하나는 전세 그리고 다른 하나는 월세라면 어떻게 될까? 당연히 두 경우 모두 임대소득 과세대상이 된다. 따라서 2채 보유 시 상황에 맞게 임차를 계획할 필요가 있다.

이상의 내용을 정리하자면 다음과 같다.

1) 부부합산 2주택부터는 임대소득 과세임을 주의할 것

2) 과세가 된다면 세 부담이 늘어나고 심지어 피부양자 자격이 박탈될 수 있음

3) 이러한 손해를 피하고 싶다면 전세로 임대를 줄 것(시세차익 기대)

부부합산 주택 수
역이용하기

주택임대소득은 그 판정 기준이 '부부합산 주택 수'라서 다른 세금과 달리 조금 특이하다고 할 수 있다. 보통은 세대 기준 주택 수 혹은 개인별 주택 수를 기준으로 한다. 하지만 이렇게 다른 점이 있다면 이를 적극적으로 활용할 필요가 있다.

[자료 4-13]을 살펴보겠다. 두 경우 모두 세대 기준 주택 수는 2주택이다. 하지만 왼쪽은 임대소득 '과세'고 오른쪽은 임대소득 '비과세'다. 그 이유는 주택임대소득 과세여부 판단 기준이 세대 기준 주택 수가 아닌 '부부합산 주택 수'이기 때문이다. 즉 왼쪽은 부부합산 주택 수가 2주택이고 이중 하나는 거주(남편 명의), 다

[자료 4-13] 부부합산 주택 수 활용법

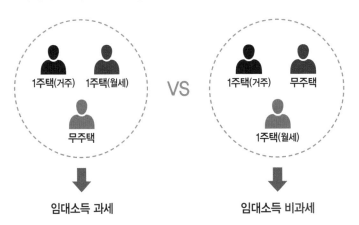

른 하나는 월세(아내 명의)이기 때문에 월세에 대해 과세가 된다.

반면 오른쪽은 부부합산 주택 수가 1주택이기에 임대소득은 비과세고 자녀명의 주택 역시 부부합산 주택 수가 1주택이므로(미혼이기에 본인 것만), 고가주택(기준시가 12억 원 초과)이 아니라면 월세를 받고 있어도 임대소득은 비과세가 된다.

따라서 향후 자녀에게 증여할 물건을 미리 준비하든지 혹은 임대소득 과세에 대한 부담이 있는 경우라면 [자료 4-13]의 오른쪽처럼 하는 것이 유리하다.

오른쪽처럼 하는 것이 좋은 이유 세 가지에 대해 더 이야기해 보겠다.

첫째, 증여할 물건을 미리 마련해주기 용이하다

[자료 4-13]의 왼쪽처럼 주택을 보유해도 좋지만 오른쪽과 같이 보유하면 처음부터 자녀명의로 주택을 보유하는 것이기에 증여 문제를 사전에 해결할 수 있다.

둘째, 건강보험료 문제를 해결할 수 있다

만약 [자료 4-13]의 왼쪽처럼 계획하고 월세가 나오는 주택을 보유한 아내가 별도 소득이 없는 피부양자라면(전업 주부 등) 이 경우는 곧바로 지역가입자로 전환될 가능성이 매우 높다.

건강보험 시행규칙은 ①직장가입자 ②피부양자 ③지역가입자 세 가지로 나뉘는데 직장가입자는 근로소득이 있는 근로자나 혹은 급여를 지급하는 사용자여야 한다. 그리고 피부양자는 별도 소득이 없거나 '직장가입자'에 의해 생계를 유지하는 사람이어야 한다. 그리고 이 둘에 해당하지 않는 나머지는 모두 지역가입자로 판단된다. 따라서 [자료 4-13]에서 아내는 이 세 가지 중 지역가입자로 분류된다.

'사업자등록을 하지 않으면 소득금액 500만 원 이하는 괜찮지 않을까?'라고 생각하는 사람이 있을 수도 있다. 일부는 맞지만 적어도 주택임대소득이 있다면 사업자등록을 하지 않아도 비용 차감한 소득금액이 1원이라도 발생했을 때 지역가

[자료 4-14] 국민건강보험법 시행규칙

국민건강보험법 시행규칙

[시행 2023. 9. 11.] [보건복지부령 제963호, 2023. 9. 11., 일부개정]

■ 국민건강보험법 시행규칙 [별표 1의2] <개정 2023. 9. 11.>

피부양자 자격의 인정기준 중 소득 및 재산요건(제2조제1항제2호 관련)

1. 직장가입자의 피부양자가 되려는 사람은 다음 각 목에서 정하는 소득요건을 모두 충족하여야 한다.

   가. 영 제41조제1항 각 호에 따른 소득의 합계액이 연간 2천만원 이하일 것
   나. 영 제41조제1항제3호의 사업소득(이하 이 표에서 "사업소득"이라 한다)이 없을 것. 다만, 피부양자가 되려는 사람이 다음의 어느 하나에 해당하고, 사업소득의 합계액이 연간 500만원 이하인 경우에는 사업소득이 없는 것으로 본다.

      1) 사업자등록이 되어 있지 않은 경우(「소득세법」 제19조제1항제12호에 따른 부동산업에서 발생하는 소득 중 주택임대소득이 있는 경우는 제외한다)

입자로 분류된다.

국민건강보험법 시행규칙을 확인해보자([자료 4-14] 참조). 피부양자 자격 조건에 대해 나와 있는데 사업자등록이 되어 있지 않은 경우 사업소득 합계액이 연간 500만 원 이하는 사업소득이 없는 것으로 보아 피부양자 자격을 유지할 수 있다고 한다.

다만 예외 사항으로 부동산업에서 발생하는 소득 중 주택임대소득이 있는 경우는 제외라 설령 사업자등록이 되어 있지 않고(세무서 미등록) 비용을 차감한 소득금액이 연간 500만 원 이하더라도 피부양자 자격을 유지할 수 없는 것이다. 하지만 [자료 4-13]의 오른쪽처럼 한다면 건강보험료 이슈를 해결할 수 있다.

셋째, 추후 세대분리를 통해 2주택 모두 양도세 비과세가 가능하다

추후 자녀와 세대분리(주민등록분리 + 실제 생계 달리함)를 통해 2주택 모두 양도세

[자료 4-15] 세대분리를 통한 비과세 활용법

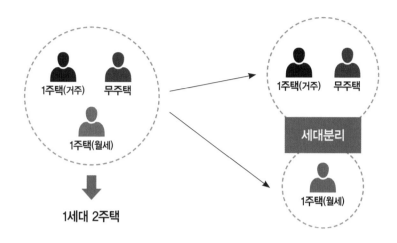

비과세를 받을 수 있다는 장점도 있다.

[자료 4-15]를 살펴보자. 앞서 본 [자료 4-13]의 오른쪽처럼 부부합산 주택 수를 활용해 임대소득을 모두 비과세로 만든 것까지는 좋다([자료 4-15]의 왼쪽). 그런데 이후 주택을 양도하려면 '세대기준 주택 수'가 적용되어 1세대 2주택에 해당해 2채 모두 비과세가 불가하다(일시적 2주택 등 특수 상황은 아니라고 가정).

그런데 이후 부모 세대와 자녀 세대가 분리되면 어떻게 될까? [자료 4-15]의 오른쪽처럼 세대 분리가 된다면 부모 세대는 1세대 1주택 비과세가 가능하고 자녀 세대 역시 1세대 1주택 비과세가 가능하다.

물론 전제조건이 있다. 자녀가 세대를 구성할 수 있는 능력이 되어야 한다. 우리 세법에서 정한 ①혼인 ②만 30세 이상 ③일정소득(월 83만원 이상) 요건 중 최소 하나 이상은 갖추어야 세대분리가 된다. 즉 세대 기준 2주택을 보유하더라도 월세에 대해 비과세를 만들 수 있고 추후 세대분리를 통해 2채 모두 양도세 비과세까지 가능하게 할 수 있다.

지금까지의 내용을 정리하면 다음과 같다.

1) 2주택 + 월세라도 부부가 아닌 자녀 등 명의를 활용하면 임대소득 비과세 가능

2) 이걸 응용하면 부부합산 2주택이고 모두 전세 그리고 자녀 명의 1주택 월세를 통해 1세대 3주택까지 보유하더라도 임대소득은 비과세로 할 수 있음

3) 추후 세대분리를 통해 2채 모두 양도세 비과세도 가능

상황별 2주택 비과세 전략

대출 규제가 계속 시행되는데도 꾸준히 계속해서 집값이 상승한다면 정부는 '세금 규제'라는 카드를 꺼낼 것이다. 물론 규제의 정도 차이가 있으니 여러 상황이 펼쳐질 듯하다. 따라서 부동산 투자자나 실거주자 등은 상황에 따른 전략을 준비해야 한다.

이번 내용은 이미 2주택자인데 일시적 2주택 비과세 등 비과세 전략이 가능한지 궁금한 사람들과 적극적으로 2주택자가 되길 원하는 사람들에게 도움이 될 내용들로 구성했다. 크게 세 그룹으로 경우를 나누어 내용을 설명해 보겠다.

이사/혼인/봉양/상속일 때
일시적 2주택 비과세되는 법

첫째 그룹으로 이사, 혼인, 봉양, 상속일 때 2주택 비과세다. 이 경우의 비과세 요건은 '1후, 2보, 3매'로 요약할 수 있다([자료 4-16] 참조).

1) 종전주택(A) 취득 후 1년 지나서 신규주택(B) 취득할 것 → 1후

2) 종전주택(A)은 최소 2년 이상 보유할 것 → 2보(단, 취득 당시 조정이었다면 2년 거주 → 2거)

3) 신규주택(B) 취득 후 3년 이내 종전주택(A) 매각할 것 → 3매

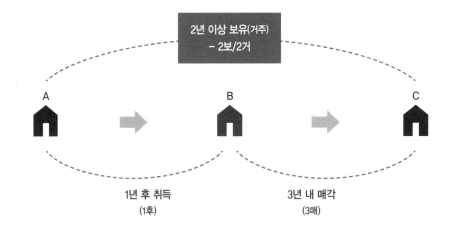

많은 사람이 실수하는 부분은 [자료 4-16]에서 종전주택 A와 신규주택 B를 1년 이내 연달아서 취득하는 경우다. 이때는 일시적 2주택 비과세가 불가하다. 단, 2채 중 1채를 먼저 매각(이때 과세)하면 남은 한 채에 대해서는 1주택 비과세를 얼마든지 받을 수 있다.

또 취득 당시 조정대상지역이었다면 반드시 2년 거주를 해야 하는데 만약 2년 거주를 하지 않았다면 이때는 뒤에서 자세히 설명할 '상생임대주택 비과세 특례'를 중첩적용해 활용할 수 있다.

마지막으로 만약 집값 상승이 계속되어 정부가 세금 규제를 강화한다면 종전주택 A의 처분 기간을 3년이 아닌 2년이나 1년으로 줄일 수도 있다. 심지어 규제지역에서 규제지역으로 이사하는 경우에는 곧바로 신규주택 B로 전입해야 할 수도 있다.

다음은 혼인을 통한 일시적 2주택 비과세의 경우를 살펴보자([자료 4-17] 참조). 남녀 각각 1주택을 보유하고 있는데 혼인으로 인해 2주택자 되어 비과세가 안 된다면 큰 낭패다. 우리 세법은 이 경우 혼인신고일로부터 5년 이내 처분하는 주택은 1주택으로 보아 비과세 혜택을 줬다. 당연히 처분하는 주택은 2년 보유(취득 당

[자료 4-17] 1그룹, 혼인 합가, 일시적 2주택 비과세

- 결혼하는 경우
- 결혼 후 5년 이내 처분하는 주택 비과세 가능(단, 비과세 요건 갖추어야 함)
- 혼인신고일을 기준으로 함
- 5년 → 10년 연장 예정(2024년 세법 개정안)

- 1주택
- 비과세 가능

- 1주택
- 비과세 가능

- 1세대 2주택
- 비과세 박탈?

시 조정대상지역이었다면 거주) 등 1세대 1주택 요건을 갖추어야 한다.

그런데 이번 세법 개정안에서 처분 기간을 5년에서 10년으로 연장하기로 했고 시행령 개정사항이니 큰 이슈 없이 연장될 것으로 보인다.

부모 봉양 역시 비슷하다. 부모 세대 1주택, 자녀 세대 1주택인 상황에서 부득이한 사정으로 부모님을 모시고 살아야 한다면 세대합가로 인해 주택 수가 2주택이 된다. 이럴 경우 비과세 혜택을 박탈한다면 불합리하다. 그래서 이 역시 합가 후 10년 이내 처분하는 주택은 1주택으로 본다. 다만 부모 중 최소 1명 이상은 60세 이상이어야 하고 만약 암과 같은 중대 질병인 경우라면 60세 이하여도 괜찮으니 알아두면 좋다.

다음은 [자료 4-18]과 같이 상속주택이 있을 때 일시적 2주택 비과세 특례다. 여기서는 '순서'가 중요하다. 일반주택(1번)을 먼저 보유한 상태에서 이후 상속이 개시되고 상속주택(2번)을 추가 취득한 경우에 혜택이 있다. 이때 상속주택은 주택 수에서 제외되어 종전 일반주택(1번)을 언제 팔아도 비과세가 가능하다. 만약 상속주택이 있는데 이후 일반주택을 취득하면 상속주택이 주택 수에 포함되므로

[자료 4-18] 1그룹, 상속, 일시적 2주택 비과세

상속으로 인한 일시적 2주택 비과세

자녀 세대
1주택 보유 중(1번)

+

상속으로 인한
1주택 추가(2번)

이러한 경우 1번 주택 양도 시 비과세 적용(기간 제한 없음)

유의하기 바란다.

만약 일반주택(1번)이 강남 고가주택이고 상속주택(2번)이 시골주택이라면 군이 투자가치가 높은 강남 주택을 팔아야 할까? 당연히 상속 주택을 먼저 처분하는 것이 좋다. 그렇다면 어떻게 처분해야 상속주택 양도세를 줄일 수 있을까?

이때는 '상속개시일로부터 6개월'만 기억하면 된다. 즉 상속이 개시되고 6개월 안에 상속주택(2번)을 처분하면 양도가와 취득가가 동일하게 되고 그 결과 양도차익이 없어지므로 양도세를 내지 않아도 된다. 그렇지 않고 투자가치가 어느 정도 있어서 장기보유를 하고 싶다면 역시 상속 개시 후 6개월 내 별도 감정평가를 받아서 상속주택의 취득가를 조금 올려놓는 것이 추후 매각 시 양도차익을 줄여 상속주택 양도세를 절감할 수 있다.

1주택 + 1분양권 or 1주택 + 1입주권
비과세되는 법

이번에는 두 번째 경우로, 1주택자가 주택분양권 혹은 조합원입주권을 취득할 때

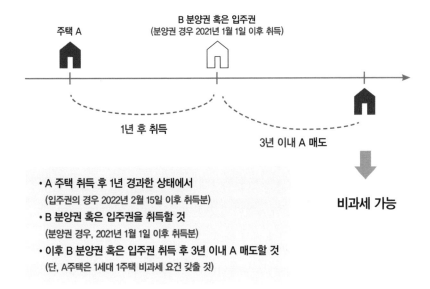

[자료 4-19] 2그룹, 1주택 + 1분양권/입주권, 3년 이내

주택 A

B 분양권 혹은 입주권
(분양권 경우 2021년 1월 1일 이후 취득)

1년 후 취득

3년 이내 A 매도

비과세 가능

• A 주택 취득 후 1년 경과한 상태에서
  (입주권의 경우 2022년 2월 15일 이후 취득분)
• B 분양권 혹은 입주권을 취득할 것
  (분양권 경우, 2021년 1월 1일 이후 취득분)
• 이후 B 분양권 혹은 입주권 취득 후 3년 이내 A 매도할 것
  (단, A주택은 1세대 1주택 비과세 요건 갖출 것)

받을 수 있는 일시적 2주택 비과세 전략이다([자료 4-19] 참조). 이 방법의 장점은 향후 신축이 되는 분양권과 입주권을 취득함으로써 자산가치를 크게 상승할 수 있으면서 종전주택 비과세가 가능하다는 점이다.

크게 두 가지로 나누어 살펴보자. 먼저 1주택자가 주택 A을 보유 중인데 추가로 주택분양권 B 혹은 조합원입주권 B를 취득하는 경우 일시적 2주택 비과세가 된다. 앞서 살펴본 이사, 봉양 등 경우의 일시적 2주택 비과세와 동일하다. 정리하자면 다음과 같다.

1) 종전주택(A) 취득 후 1년 지나서 신규 분양권/입주권(B) 취득
2) 종전주택(A) 최소 2년 이상 보유할 것(취득당시 조정이었다면 2년 거주)
3) 신규 분양권/입주권(B) 취득 후 3년 이내 종전주택(A) 처분할 것

큰 틀에서 보면 동일하지만 여기에서 몇 가지 주의사항 몇 가지를 보도록 하겠다. 첫째, 조합원입주권의 경우 2022년 5월 14일 이전에 취득했다면 '1년 이후' 요건이 없다(이는 책이 출간된 시기인 2024년 하반기에 맞춘 기준으로 이야기했음을 유의하기 바란다).

둘째, 주택분양권을 2021년 1월 1일 이후 취득한 것으로 가정했는데 만약 그 이전에 취득했다면 해당 분양권이 주택으로 완공되고 나서 '3년 처분'을 생각해야 한다.

셋째, 처분하는 종전주택 A는 당연히 '1세대 1주택' 비과세 요건을 갖추어야 한다. 즉 취득 당시 조정대상지역이었다면 2년 거주를 해야 하고 그게 안 된다면 상생임대주택 비과세 요건을 갖추어야 한다.

그렇다면 종전주택 처분 기간 3년을 넘겨서 처분한다면 어떻게 될까? 다음 [자료 4-20]은 종전주택 A가 있는 상태에서 추가로 분양권/입주권 B를 취득하는 상

[자료 4-20] 2그룹, 1주택 + 1분양권/입주권, 3년 경과

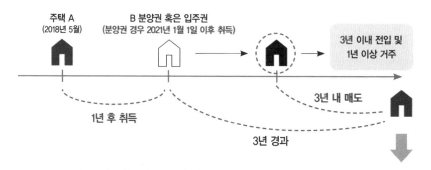

- A 주택 취득 후 1년 경과한 상태에서
  (입주권의 경우 2022년 2월 15일 이후 취득분)
- B 분양권 혹은 입주권을 취득할 것
  (분양권 경우 2021년 1월 1일 이후 취득분)
- 이후 주택 B 완공 이전 혹은 완공 후 3년 이내 A 매각
- 주택 B에 3년 이내 전입 및 1년 이상 계속 거주할 것

황이다. 다만 [자료 4-19]와는 다르게 이 상태에서 B 분양권/입주권을 취득하고 처분 기간이 3년을 넘어가는 경우다.

이는 B 분양권/입주권이 신규주택으로 완공될 때까지 기다리는 상황이다. 이렇게 될 경우 신규주택이 완공되기 전 혹은 완공된 후 3년 이내 종전주택 A를 매각해야 한다.

그리고 중요한 점은 신규주택에 3년 이내 전입해 1년 이상 '계속 거주'해야 한다. 이때 1년 거주 요건은 조정대상지역, 비조정대상지역과 무관하게 반드시 해야 하고 연속해서 이루어져야 한다. 즉 10개월 정도 살다가 전출해서 추후 다시 2개월을 살아서 1년을 채운다고 해도 비과세가 불가하다.

이는 1주택(A)인 상태에서 하나를 더 추가했는데도(B) 종전주택(A) 처분 기한을 3년보다 더 길게 제공했기 때문에 그에 대한 '약속' 정도라고 생각하면 되겠다. 따라서 전입 및 1년 이상 계속 거주가 어렵다면 차라리 [자료 4-19]처럼 3년 내 종전주택을 처분하는 것이 더 편할 수 있다.

1주택 + 1등록임대주택 비과세되는 법

마지막으로 주택임대사업자 거주주택 비과세 특례다. 7장에서 더 자세히 다루겠지만 필자는 이 방법을 그리 추천하지 않는다. 리스크가 많고 무엇보다 등록임대주택의 경우 장기간 의무임대기간을 준수해야 하기 때문이다. 특히 2주택이라면 1채는 세금을 내고 매각했다면 남은 1채는 비과세가 더 편하다. 거주주택 비과세 특례의 경우 2채 모두 완전 비과세를 받기가 어렵다. 그래도 필요한 사람이 있을 수 있으니 알아보도록 하자.

[자료 4-21]처럼 1번 주택은 2022년 5월 취득했고 2번 주택은 2023년 2월 취득

[자료 4-21] 거주주택 비과세 특례

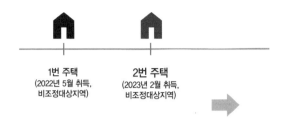

1번 주택
(2022년 5월 취득,
비조정대상지역)

2번 주택
(2023년 2월 취득,
비조정대상지역)

으로 1년 이내 취득했으므로 일시적 2주택 비과세는 불가하다. 그런데 2번을 보유한 상태에서 1번 주택 비과세가 가능할까? 여기에서 핵심은 '2번 주택을 보유한 상태'라는 점이다. 그게 아니라면 2번 주택을 먼저 매각하고(과세) 이후 1번 주택을 1세대 1주택 비과세를 받으면 된다.

이때 활용할 수 있는 전략이 바로 '주택임대사업자 거주주택 비과세 특례'다. 주택임대사업자 거주주택 비과세 특례란 ①주택임대사업자가 거주하고 있는 주택을 양도할 때 ②요건을 갖추어 등록한 세법상 장기임대주택을 주택 수에서 제외해 ③거주주택이 비과세가 되는 특례다.

[자료 4-21]의 상황에서 2번 주택을 요건을 갖추어 등록하면 1번 주택이 비과세가 가능할까? 앞서 설명했듯 '주택임대사업자가 거주하고 있는 주택을 양도할 때'라는 조건이 있기에 1번 주택은 반드시 2년 거주를 해야 한다. 만약 그렇지 않았다면 아무리 2번 주택 요건을 잘 갖추어 등록했더라도 1번 주택은 비과세를 받을 수 없다. 참고로 주택임대사업자의 거주주택 비과세 특례 개요는 [자료 4-22]와 같다.

이번에는 3주택 상황으로 설명하겠다. 2번 주택 비과세를 받되 나머지 1번, 3번 주택은 '모두 보유'하는 것을 목적으로 할 때 2번 주택 비과세가 가능할까? 3주택이므로 2번 비과세는 불가할 듯하다. 한 번 더 강조하지만 임대주택으로 등록했다고 해서 1번 주택이 무조건 주택 수 제외가 되는 건 아니다. 만약 이 상황

[자료 4-22] 주택임대사업자 거주주택 비과세 특례

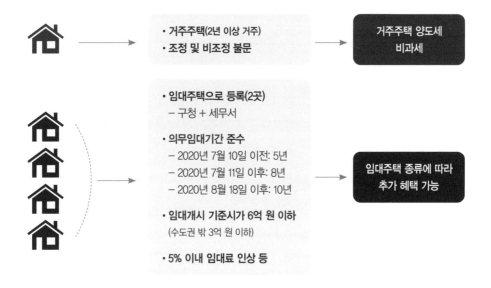

- 거주주택(2년 이상 거주)
- 조정 및 비조정 불문

→ 거주주택 양도세 비과세

- 임대주택으로 등록(2곳)
  - 구청 + 세무서
- 의무임대기간 준수
  - 2020년 7월 10일 이전: 5년
  - 2020년 7월 11일 이후: 8년
  - 2020년 8월 18일 이후: 10년
- 임대개시 기준시가 6억 원 이하
  (수도권 밖 3억 원 이하)
- 5% 이내 임대료 인상 등

→ 임대주택 종류에 따라 추가 혜택 가능

[자료 4-23] 거주주택 비과세 + 일시적 2주택 비과세 결합

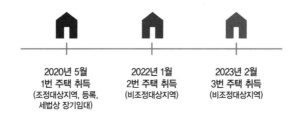

2020년 5월
1번 주택 취득
(조정대상지역, 등록,
세법상 장기임대)

2022년 1월
2번 주택 취득
(비조정대상지역)

2023년 2월
3번 주택 취득
(비조정대상지역)

에서 1번 주택이 없다면 어떻게 될까? 남은 2번과 3번이 일시적 2주택 비과세가 되므로(1후 요건 충족) 3번 취득일로부터 3년 이내인 2026년 2월까지 2번을 매각하면 비과세가 가능하다. 즉 정리하자면 ①주택임대사업자 거주주택 비과세를 활용해 1번 주택을 주택 수에서 제외하고 ②남은 2번 주택과 3번 주택을 일시적 2주택 비과세 요건을 갖추어 매각하면 비과세가 가능하다.

그렇다면 2번을 매각할 때 1번 주택을 주택 수에서 제외하면 왠지 2번 비과세가 가능할 것 같지 않은가? 그렇다. 이 경우에는 2번 주택을 매각하면서 1번 등록 임대주택을 제외해야 하니 ①일단 주택임대사업자 거주주택 비과세를 활용해서 1번을 주택 수에서 제외해야 하고 ②다음으로 남은 2번과 3번을 일시적 2주택 비과 세 요건을 갖추어 매각해야 한다.

[자료 4-24]를 통해 함께 자세히 설명해 보겠다. 먼저 2번 주택은 무조건 2년 거주를 해야 한다. 그래야 주택임대사업자 거주주택 비과세 특례가 가능하다. 다 음으로 임대주택으로 등록한 1번 주택은 세법상 장기임대주택 요건을 갖추어야 1번 주택이 주택 수에서 제외된다.

이제 남은 건 2번과 3번 주택인데 두 주택으로 일시적 2주택 비과세 요건을 갖추면 된다. 2번 주택 취득 후 1년이 지나서 3번 주택을 취득하고(1후) 2번 주택 은 비록 취득 당시 비조정대상지역이지만 2년 거주를 하며(2거) 마지막 3번 주 택 취득 후 3년이 되는 2026년 2월 이전에 2번 주택을 매각하면 2번 주택 비과세

[자료 4-24] 거주주택 비과세 + 일시적 2주택 비과세 결합

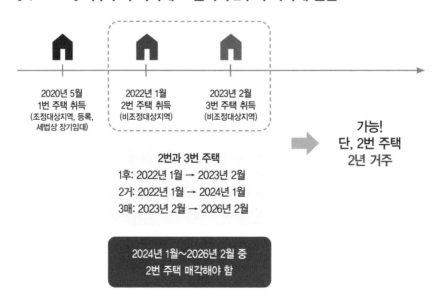

가 가능해진다. 따라서 2년 거주와 3년 이내 처분 요건을 만족하는 2024년 1월 ~ 2026년 2월 사이에 2번 주택을 매각해야 한다.

2주택 상태에서
최선의 절세 전략

우선 보유 중인 2주택이 ①일시적 2주택 비과세가 되는지 아니면 ②일시적 2주택 비과세가 불가능한 상황인지를 구분해야 한다. 일시적 2주택 비과세가 가능하다면 2채 모두 양도세 비과세가 가능하고 그렇지 않은 경우더라도 최소 1채는 비과세가 가능하니 이를 꼭 기억해야 한다.

먼저 일시적 2주택 비과세가 되는 경우다. 예를 들어 보유 중인 주택 2채가 [자료 4-25]와 같다고 할 때 종전주택 취득 후 1년이 지난 다음 신규주택 B를 취득하고 이로부터 3년 내 종전주택 A를 처분하면 일시적 2주택 비과세가 가능하다.

즉 A를 취득하고 최소 2년이 지난 2023년 7월 이후 그리고 B 취득 후 3년이 지나기 전인 2025년 9월 이전에 A를 매각해 비과세를 받는다. 그리고 B를 취득했던 2022년 9월을 기준으로 2년이 지난 2024년 9월 이후 B를 매각하면 2채 모두

[자료 4-25] 일시적 2주택 비과세인 경우

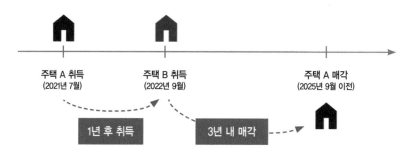

비과세가 가능하다.

단 주의할 점이 있다. 2년 보유가 아닌 2년 거주를 해야 한다. 취득 당시 조정대상지역 물건이라면 반드시 '2년 거주'를 해야 한다. 해당 지역이 조정대상지역에서 해제되었다 해도 마찬가지다. 가령 [자료 4-25]의 A 주택이 서울 강동구에 위치한다고 가정하면 취득 당시 2021년 7월의 서울 강동구는 조정대상지역이었으므로 A 주택은 반드시 2년 거주를 해야 한다. 2023년 1월 5일에 조정대상지역에서 해제되었더라도 그렇다. B주택 역시 마찬가지니 거주 요건 여부를 꼭 확인해야 한다.

지금까지 보유 중인 2채가 일시적 2주택 비과세가 가능한 경우를 보았다. 이번에는 일시적 2주택 비과세 특례가 불가한 경우를 살펴보겠다. [자료 4-26]에서 보는 것처럼 종전주택 A를 취득한 후 1년이 지나지 않은 상황에서 B를 취득한다면 일시적 2주택 비과세 특례가 불가하다. 이러한 상황에서 주택 B를 취득하고 A 주택의 3년 매각 기한을 넘기면 일시적 2주택 비과세가 안 될 수 있다. 이 상황에서 어떻게 해야 양도세를 최대한 줄이면서 2채 모두 매각할 수 있을까?

이때 중요하게 고려해야 할 것은 ①양도차익 크기 ②해당 물건의 투자 가치다. 다만 해당 물건의 투자 가치는 입지, 연식, 평형, 흐름의 정도 등을 종합적으로 고려해야 하기 때문에 [자료 4-26] 사례에서는 일단 양도차익 크기만 보도록 하겠다.

[자료 4-26] 속 A 주택은 양도차익 5억 원, B 주택은 양도차익 1억 원이다. 정확한 양도세는 공동명의 여부, 필요경비, 보유 기간에 따라 다르지만 장기보유특별공제나 필요경비가 없다고 단순 가정하면 다음과 같다.

1) 양도차익 1억 원일 때 → 양도세 약 2,000만 원

2) 양도차익 3억 원일 때 → 양도세 약 1억 원

3) 양도차익 5억 원일 때 → 양도세 약 1억 9,000만 원

[자료 4-26] 일시적 2주택 비과세 불가인 경우

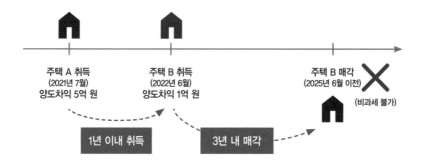

4) 양도차익 10억 원일 때 → 양도세 약 4억 2,000만 원

물론 일반과세일 때 이러하고 양도세 중과에 해당하면 세 부담은 급격하게 올라간다. 다만 현재는 대부분 비조정대상지역이고, 설령 조정대상지역이라도 2025년 5월 9일까지는 양도세 중과 한시 배제이니 양도세 중과 걱정은 크게 하지 않아도 좋다.

관련 내용을 [자료 4-27]로 정리했다. A 주택 양도차익은 5억 원이므로 양도세는 대략 1억 원 내외 정도 나올 것이고 B 주택 양도차익은 1억 원이므로 이에 따른 양도세는 약 2,000만원 정도가 나올 것이다. 그렇다면 당연히 A 주택을 비과세 받아야 한다. 따라서 먼저 취득한 A 주택이 아닌 나중에 취득한 B를 먼저 팔고 이후 A를 비과세 받아 절세 효과를 최대한으로 올려야 한다.

[자료 4-27]에서 보듯이 B 주택은 2024년 7월에 매각해서 양도세를 약 2,000만 원 정도를 납부한다. 여기에서 중요한 건 B 주택은 최소 2년 이상 보유해야 한다는 점이다. 그리고 한 달이 지난 2024년 8월 A 주택을 매각해 양도세 비과세를 받는 것이 가장 좋다. 물론 A 주택 취득 당시 조정대상지역이었다면 반드시 2년 거주를 해야 하고 혹시 안 했다면 이는 나중에라도 2년 거주를 하거나 상생임대주택 비과세 특례를 활용해야 한다.

[자료 4-27] 일시적 2주택 비과세 불가인 경우

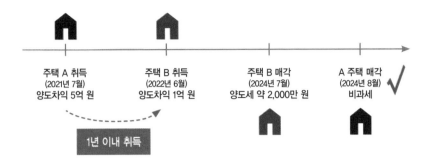

즉 핵심은 양도차익이 작은 것을 먼저 매각하고 양도차익이 큰 주택은 나중에 매각해 1주택 비과세를 만드는 것이다. 당연히 둘의 양도차익이 서로 반대라면 매각 순서도 다르게 해야 한다.

이 사례에서 많은 사람이 헷갈려하는 사항은 다음과 같다. 첫째, 매각 당시 2주택인 다주택이니까 양도세 중과일까? 반드시 그런 건 아니다. 다주택자 양도세 중과는 매각 당시 세대 기준 다주택이고 해당 지역이 조정대상지역에 있어야 하며 별도의 중과배제 사유에 해당하지 않아야 한다. 이 세 가지 요건을 '모두' 충족해야 양도세 중과가 된다. 그리고 2025년 5월 9일까지는 2년 이상 보유한 주택에 대해 중과 한시 배제를 적용하기에 중과되지 않는다고 생각하면 된다.

둘째, 중과를 피하려면 2년 거주를 해야 할까? 그렇지 않다. 2년 거주는 취득 당시(양도 당시가 아님) 조정대상지역 주택을 '비과세' 받기 위한 것으로 [자료 4-27] 에서 B 주택처럼 비과세를 받지 않아도 괜찮다면 굳이 거주할 필요가 없다.

셋째, B 주택을 팔고 남은 A 주택은 다시 2년 더 보유해야 할까? 역시 그렇지 않다. 이는 보유 기간 재산정, 즉 최종 1주택 제도 때문에 그러하나 해당 제도는 2022년 5월 10일 이후 '양도분'부터 사라졌다. 그렇기에 전혀 신경쓰지 않아도 된다.

보유 중인 2주택을
가지고 갈 때의 전략

지금까지 2채 모두를 매각할 때 어떻게 하면 양도세를 가장 아낄 수 있을지 살펴봤다. 당연히 해당 물건을 모두 처분할 계획이 있을 때 활용하는 방법이지 무조건 매각하라는 뜻은 아니다.

이번에는 2주택을 계속해서 가지고 가는 경우를 살펴보고자 한다. 매각하기 아까운 좋은 물건이거나 혹은 잠시 시장 상황을 더 관망하는 경우가 이에 해당할 것이다. 이때 발생할 수 있는 세금 이슈로는 무엇이 있을까?

다행히 종부세 이슈는 없다. 물론 고가주택인 경우 종부세가 부담되는 수준까지 나올 수는 있겠으나 적어도 '종부세 중과세율'은 피할 수 있기에 최악으로 치닫지는 않는다. 현행 종부세는 3주택 이상인 경우 중과세율이 적용되는데 이 경우도 종부세 과세표준이 12억 원을 초과해야 한다.

예를 들어 보유 중인 주택의 시가가 약 40억 원이라고 할 때 공시가격 현실화율 70%를 적용해서 해당 주택의 공시가격이 28억이라고 가정한다면 여기에서 종부세 기본공제 9억 원을 차감하고(19억), 마지막으로 공정시장가액비율 60%를 적용하면 종부세 과세표준은 11억 4,000만 원이 나온다.

즉 보유 중인 주택이 3주택 이상인데 해당 주택의 시가를 모두 더한 값이 40억 원을 넘지 않는다면 일단 종부세 중과는 신경쓰지 않아도 된다.

또한 [표 4-4]와 같이 2주택을 남편 1채, 아내 1채 이렇게 각각 단독명의로 보유하는 것보다 A 주택도 남편과 아내 공동명의(5:5 가정, 이하 동일), B 주택 역시 남남편과 아내 공동명의로 보유하면 오히려 종부세를 포함해 전체 보유세 부담도 줄어든다는 것을 확인할 수 있다.

간혹 이러한 결과를 보고 '지금이라도 공동명의를 해야 할까?' 싶은 생각이 들수 있는데 명의 변경에 따른 취득세와 증여세 발생 이슈 그리고 증여 후 10년은

[표 4-4] 2주택인 경우 보유세 부담액

1채당 공시가격	2채 공시가격 합	단독명의	공동명의(부부 5:5 가정)
5억 원	10억 원	245만 원(24만 원)	220만 원
7억 원	14억 원	483만 원(113만 원)	368만 원
10억 원	20억 원	935만 원(342만 원)	630만 원(36만 원)
15억 원	30억 원	1,882만 원(917만 원)	1,218만 원(252만 원)
20억 원	40억 원	3,020만 원(1,683만 원)	1,964만 원(626만 원)

* 괄호는 종부세

보유해야 한다는 것을 고려하면 명의 변경은 보류하는 게 좋다. 이러한 이유로 '사전 절세전략'이 중요한 것이다.

한편 월세 임대는 일부 세금 발생을 고려해야 한다. 2주택을 보유한다는 것은 하나는 실거주 다른 하나는 임대 혹은 2채 모두 임대를 주고 있음을 의미한다(두 채 모두 실거주는 불가능하니 말이다). 따라서 최소 1채 이상은 임대가 발생하는데 이때 임대 유형이 전세가 아닌 '월세'라면 이에 대해서는 과세 대상이 될 수 있음을 알아두어야 한다.

아래 [표 4-5]에서 정리한 내용처럼 주택임대 과세 요건은 '부부합산 주택 수'를 기준으로 한다. 따라서 일단 2채를 보유한 사람은 발생하는 모든 월세에 대해서

[표 4-5] 주택임대 과세 요건

부부합산 주택 수	월세	간주임대료
1주택	비과세(단. 고가주택 과세 기준시가 12억 원 초과)	비과세
2주택	과세	비과세(고가주택 과세 예정)
3주택 이상	과세	과세(단. 보증금 합계액 3억 원 초과분)

는 과세 대상이라고 이해해야 하고 추후에 2채 모두 고가주택인 경우에는 간주임대료 역시 과세될 수 있다는 사실을 유의해야 한다.

물론 이 경우 급격히 세 부담이 늘어나는 것은 아니며 특히 월세의 경우 현금흐름이 발생하기에 필자는 1채는 거주, 1채는 전세를 하는 것보다 월세가 더 좋을 수도 있다고 생각한다. 따라서 보유 중인 2주택이 그럭저럭 괜찮거나 이중 1채 이상이 이미 중심지에 있는 주요 물건이라면 일단은 시장 상황을 관망하되 조급하게 움직일 필요는 없다고 생각한다.

2주택 상태에서 추가 부동산 취득 시 전략

간혹 2주택 상황인데도 시장 분위기가 좋아지는 것 같고 주변에서도 사람들이 갑자기 부동산 이야기를 하면 '하나 더 살까?' 싶은 생각이 들 수 있다. 그런 사람들을 위한 내용을 정리했다.

1. 취득세는 최소 8% 부담해야 한다

현재 2주택인데 1채를 더 매수하는 경우는 다음 세금을 유의해야 한다. 먼저 취득세는 최소 8%(비조정대상지역인 경우)를 부담해야 한다. 만약 추가 매수한 3번 주택이 조정대상지역이라면 무려 취득세 12%를 부담해야 한다.

'취득세는 다 공제된다던데?'라고 아는 사람들이 간혹 있는데 전체 공제가 아닌 일부만 공제된다. 예를 들어, 5억 원의 주택을 취득할 때 기본세율 1%(6억 원 이하, 농특세 등 제외)와 중과세율 12%의 차이를 비교할 경우 먼저 취득세 5,500만 원을 추가 부담해야 한다(취득가 5억 원, 세율 11% 차이). 이때 똑같이 필요경비 1,000만 원에 양도가 7억 원을 가정했을 때 취득세 1%를 부담한 경우 ①양도세

[표 4-6] 취득세 절세 효과

구분	취득세 일반과세	취득세 중과 가정
양도가액	7억 원	7억 원
(−)취득가액	5억 500만 원	5억 6,000만 원
(−)필요경비	1,000만 원	1,000만 원
= 양도차익	1억 8,950만 원	1억 3,000만 원
장기보유특별공제	–	–
= 양도소득금액	1억 8,950만 원	1억 3,000만 원
(−)기본공제	250만 원	250만 원
= 과세표준	1억 8,700만 원	1억 2,750만 원
세율	38%	35%
누진공제	1,994만 원	1,544만 원
산출세액	5,112만 원	2,918만 5,000원
총 납부세액(지방세 포함)	5,623만 2,000원	3,210만 3,500원

는 5,623만 2,000원, 취득세 12%를 부담한 경우 ②양도세는 3,210만 3,500원이 나온다.

즉 첫 번째 경우와 두 번째 경우의 비교 시 2,412만 8,500원의 절세효과가 있는 것처럼 보이지만 실제 취득세 부담 5,500만 원을 더한 점을 고려해야 한다. 따라서 2주택 상태에서 1주택을 더 매수할 때는 꼭 취득세 중과를 고려해야 한다.

2. 종부세는 중과 피하기

2주택에서 1주택을 추가 취득하면 취득세 중과도 문제지만 종부세 역시 중과세율이 적용될 수 있다. 다만 과세표준이 12억 원을 초과하는 수준은 주택 시가가 대략 40억 원에 달하는 수준이므로 곧바로 중과가 되지는 않을 것이다. 또한 종부세는 '인별 과세'이기 때문에 명의를 잘 정리하면 종부세 중과를 피하면서 추가 주택을 구매할 수도 있다.

예를 들어 남편 1주택 + 아내 1주택 → 추가 주택 공동명의라고 한다면 종부세 기준 남편 2주택(기존 주택 + 추가 주택 지분), 아내 역시 2주택(기존 주택 + 추가 주택 지분)이므로 종부세 중과를 피할 수 있다. 혹은 현재 2주택이며 모두 공동명의라면 종부세 기준 주택 수가 이미 2주택이므로 추가 주택 매수 시 남편 혹은 아내 단독 명의로 가는 것도 방법이다.

물론 보유 중인 주택 그리고 추가 취득하려는 주택의 공시가격 등을 잘 계산해서 이에 맞게 지분을 정해야 한다. 꼭 5:5 지분만 고집할 필요는 없다.

3. 양도세는 3주택이라도 2채 비과세 가능할 수 있다

양도세는 항상 '투자 가치'를 고려해야 한다. 그래야 주택을 더 보유할 지 아니면 매각할 지를 결정할 수 있다.

만약 2주택에서 1채를 더 매수했다고 가정하겠다. 그리고 발생하는 취득세, 종부세를 부담하는 것으로 한다면 3채 모두 보유할 지 아니면 3채가 되더라도 다 정리할지는 의사결정에 따라 결과가 나뉜다. 그렇다면 주택 가격이 계속 오를 것 같으니 추가로 매수한 3번 주택 외 나머지를 처분하는 경우에는 어떻게 할까?

[자료 4-28]과 함께 설명하겠다. 그림이 복잡하니 천천히 따라오기 바란다. 현재 주택 A, 주택 B 이렇게 2주택을 보유한 상황이다. 여기에서 향후 투자 가치가 있다고 판단되는 주택 C를 2024년 7월에 취득한다. 물론 취득세 8%는 부담해야 한다.

이후 2024년 8월에 주택 B를 매각한다. 3주택이지만 해당 지역이 비조정대상지역이라면 양도세 중과는 해당하지 않고 설령 조정대상지역이라도 매각 시기가 2025년 5월 9일 이전이며 2년 이상 보유했으니 양도세 중과는 해당하지 않는다. 그래서 양도세는 약 2,000만 원 정도(양도차익 1억 원)만 부담하면 된다.

[자료 4-28] 3주택 상태에서 비과세 만들기

주택 A 취득	주택 B 취득	주택 C 취득	주택 B 매각	주택 A 매각	주택 C 매각
2021년 7월	2022년 6월	2024년 7월	2024년 7월	2024년 8월	2026년 7월 이후
양도차익 5억 원	양도차익 1억 원	취득세 8%	양도세 약 2,000만 원	비과세 (1억 9,000만 원 절세)	비과세 가능

　여기서 중요한 내용이 있다. 이제 2024년 9월에 주택 A를 매각하는 상황이다. 전제 조건으로는 취득한 지 2년 이상 보유했고(충족) 만약 취득 당시 조정대상지역이었다면 반드시 2년 거주 혹은 상생임대주택 요건을 충족했다고 가정한다. 이렇게 한다면 주택 A는 양도세 비과세가 가능하다. 양도차익이 5억 원이라고 했으니 대략 2억 원에 가까운 양도세를 아끼는 것이다.

　이 방법이 가능한 이유는 이미 주택 B를 매각했고(주택 수 줄이기) 주택 A를 매각하는 당시 주택 A와 주택 C 두 채만 남아 있는 상황이며 해당 주택 A와 주택 C인 2주택이 일시적 2주택 비과세 요건을 충족했기 때문이다. 정리하자면 다음과 같다.

1) 1후 → 주택 A 취득일로부터 1년 이상 지난 후 주택 C 취득
2) 2보 → 주택 A는 최소 2년 이상 보유
   (단 취득당시 조정이라면 2년 거주 혹은 상생임대주택으로 요건 충족)
3) 3매 → 주택 C 취득 후 3년 내 매각

　세 가지 요건을 모두 충족했으므로 주택 A는 비과세가 가능하다. 여기에서 중요한 포인트는 두 가지다. 첫째, 더 오를 것으로 판단되는 주택 C를 빨리 매수할

수 있다는 점이다. 물론 취득세 8%(조정대상지역이면 12%)는 다소 부담이 된다. 그렇다면 차라리 주택 B를 먼저 매각하고 주택 C를 매수하면 더 좋다(만약 주택 A를 먼저 매각하면 비과세 혜택을 못 받는다).

둘째, 주택 A 역시 조금 더 보유할 수 있다. 방금 사례에서는 주택 C를 취득하고 곧바로 주택 B → 주택 A를 매각했는데 주택 A가 더 오를 것으로 판단된다면 주택 B는 먼저 매각하더라도 주택 A는 주택 C 취득 후 3년이 되는 시점인 2027년 7월 전까지 보유했다가 매각해도 된다. 즉 주택 A도 좋은데 이보다 더 좋은 주택 C까지 보유하고 싶을 때 이 방법을 활용하면 가장 좋다.

마지막으로 이렇게 주택 B 매각(과세) → 주택 A 매각(비과세) → 그리고 주택 C 역시 1주택 비과세를 받으면 3채 중 2채를 비과세를 받는 결과를 만들 수 있다.

다주택자는 부를 지킬 수 있어야 부자가 된다

이제 3주택 이상 절세법을 살펴보겠다. 이에 대해서는 너무나도 유형이 많아서 일괄적으로 '이렇게 해야 한다'라는 방법을 제시하기가 쉽지 않다. 다만 필자는 큰 틀에서 "보유세부터 먼저 확인해야 한다"라고 늘 이야기한다. 이를 달리 말하면 3주택 이상 정도 된다면 특정 시점의 자산 크기보다 일정 기간 들어오는 현금흐름에 집중해야 한다는 것을 의미한다.

3주택 이상이라면 비슷한 방법으로 현금흐름을 늘릴 수도 있겠지만 역으로 보유세를 줄임으로써 양호한 현금흐름을 만들 수도 있다. 그리고 이 과정에서 보유한 주택의 '적절한 처분'도 필요하다. 이때 '처분'이란 제3자에게 매각하는 것도 있지만 주변 가족에게 무상으로 이전하는 증여나 상속도 해당한다. 그리고 어떤 물건을 어떻게 처분할 것인지, 누구에게 할 것인지, 해당 자산의 투자 가치는 얼마정도 되는지를 '종합적으로' 살펴보아야 한다.

주택 양도 시
지켜야 할 대원칙

첫째, 양도차익이 작은 것부터 먼저 매각하기

양도차익이 있을 경우 해당 금액에 따라 양도세가 발생하는데 당연히 차익이 클수록 세금도 크다. 반대로 양도차익이 작다면 양도세도 적다. 그렇기에 양도차익이 적은 물건을 먼저 처분하는 것이 좋다. 그렇게 해야 마지막에 남은 양도차익이 가장 큰 주택에 대해 비과세를 받을 수 있다.

특히 2022년 5월 10일 이후 양도분에 대해서는 보유 기간 재산정 제도가 폐지되었기 때문에 마지막에 남은 1주택은 비과세 받기가 상대적으로 용이해졌다. 다만 양도차익이 작더라도 투자 가치가 높은 물건이라면 조금 더 보유했다가 매각하는 편이 좋을 수 있다.

둘째, 동일연도 2채 이상 매각 시 합산과세 유념하기

1년에 주택을 2채 이상 매각하는 경우 이는 합산과세가 되어 세 부담이 커질 수 있다. 이때 유의해야 하는 점은 '1년'이라는 의미가 만 1년이 아니고 달력에 의한 1년, 즉 매년 1월 1일부터 12월 31일까지로 정해진다는 것이다. 즉 2023년 10월에 1채 그리고 동일한 2023년 11월에 또 다른 1채를 매각했다면 이는 합산해 세 부담을 해야 한다. 반면 2023년 10월에 1채, 2024년 1월에 다른 1채를 매각하면 비록 기간은 3개월밖에 차이 나지 않지만 연도가 다르기 때문에 합산되지 않는다.

이걸 응용하면 만약 2채를 매각해야 하는데 둘 다 양도차익이 발생했다면 가급적 연도를 달리해 매각하는 것이 좋다. 반대로 2채 중 1채가 양도차손이라면 동일 연도에 매각하는 편이 좋은데 그 이유는 합산했을 때 합계가 줄어들기 때문이다.

셋째, 양도가 12억 원 이하 비과세는 합산과세 되지 않음을 기억하기

합산과세 예외사항이 있는데 바로 양도가 12억 원 이하 비과세다. 비과세는 세금 자체가 발생하지 않은 것이니 신고의무도 없고 다른 주택과 합산되지도 않는다(물론 비과세가 아닐 경우 무신고 가산세 20%를 피하기 위해 가급적 신고하는 게 좋다). 따라서 1년에 2채 이상 매각하더라도 이중 하나가 양도가 12억 원 이하 비과세라면 합산되지 않고 남은 1채에 대해서만 세금 신고 및 납부하면 끝이다.

만약 비과세라도 양도가 12억 원을 초과하는 '고가주택 비과세'라면 어떻게 될까? 이 경우에는 12억 원 초과분에 대해 과세가 되고 동일 연도 다른 주택(부동산) 양 도분이 있다면 합산이 된다. 즉 고가주택 비과세는 엄밀히 말해 비과세가 아닌 셈이다.

넷째, 투자가치가 높은 물건이라면 증여도 고려하기

매각을 고려 중인데 거래가 잘 되지 않거나 혹은 해당 물건의 투자 가치가 높다면 증여를 고려하는 것이 좋다. 또한 추가적으로 부담부증여를 비교해봐도 좋고 특히 수증자인 자녀가 무주택 상태에서 증여를 받고 1세대 1주택 비과세가 가능하다면 굳이 10년 동안 보유해야 할 필요는 없다. 이는 이월과세 예외사항인데 이어서 추가 설명을 해보겠다.

어떤 순서로 주택을 처분해야 할까?

[자료 4-29]는 실제로 최근 필자가 상담했던 사례로 개인정보를 제외하고 책의 내용에 맞게 일부 각색했다. 어디까지나 참고용이며 개인 사정(투자성향, 보유자금, 향후 투자계획 등)에 따라 얼마든지 다른 방식이 있음을 미리 알린다.

사례자는 총 5채를 보유 중으로 해당 주택을 계속해서 더 보유할 지 아니면 적당히 매각하거나 자녀에게 증여할 지를 고민 중인 상황이다. 이런 상황이라면 어떻게 해야 할까?

단순히 매각만 한다면 생각보다 쉽다. 그냥 양도차익이 작은 것부터 순서대로 매각하면 된다. 따라서 매각만을 고려한다면 5번 → 2번 또는 4번 → 3번 → 1번

[자료 4-29] 보유 현황

1번 주택 ★★★★★ – 양도차익 가장 큼 – 매도 계획 없음	➡	가장 마지막 매각 (또는 증여, 상속)
2번 주택 ★★★ – 양도차익 4억 원 – 월세 임대 중	➡	4번과 비교 (단, 현금 흐름 고려)
3번 주택 ★★★ – 양도차익 5억 원 – 전세 임대 중	➡	가급적 나중에 매각 (또는 증여)
4번 주택 ★★ – 양도차익 4억 원 – 전세 임대 중	➡	2번과 비교해 매각 (양도차익 유사)
5번 주택 ★ – 양도차익 2억 원 – 전세 임대 중	➡	가장 먼저 매각 고려 (양도차익, 투자가치 모두 낮음)

* 별의 개수가 많을수록 투자 가치가 높음

(비과세) 순서로 진행하면 될 것이다. 여기에서 조금만 응용한다면 연도를 달리해서 합산과세를 피하는 전략이 있겠다. 그리고 마지막 1번 주택의 경우 양도가액이 12억 원 이하 비과세라면 3번과 동일연도에 매각해도 되지만(합산이 되지 않으므로) 그렇지 않다면 3번을 매각한 연도와 다르게 해서 추가적으로 절세를 도모할 수 있을 것이다.

하지만 이는 너무나 단순한 전략이다. 그리고 모두 매각해 현금만 보유하는 것이 무조건 좋다고도 할 수 없다. 이때 고려해야 할 사항은 다음과 같다.

1. 보유자가 가장 원하는 것은 무엇인지?

(단순처분인지 아니면 이를 통해 현금흐름을 만들고 싶은지 등)

2. 보유자의 투자 성향은 어떻게 되는지? (공격적인지, 보수적인지 등)

3. 보유자의 소득, 보유현금 등은 어떻게 되는지?

   (이에 따라 대출 활용 여부, 보유자산 활용법, 추후 매수하고자 하는 물건 등을 유추할 수 있음)

4. 증여 계획 등은 있는지? (매각하지 않고 증여로 처분 가능)

5. 가족들의 지원, 관심 등은 어느 정도인지? (진행 과정에서 추가 이슈는 없는지 등)

주택을 매각할 때 고려해야 할 사항이 참으로 많다. 이런 내용들을 '종합적으로' 고려해야 진정한 자산 관리라고 할 수 있다.

필자는 이러한 상황에 처하면 이렇게 처분할 것이다. 만약 부동산 경기가 좋지 않다고 했을 때 가장 먼저 5번 주택을 매각한다. 양도차익도 작지만 투자가치 역시 좋지 않기 때문이다. 물론 '더 가시고 있어도 되지 않을까' 하고 생각할 수도 있겠지만 만약 부동산 경기가 좋지 않고 '현금 확보'가 중요한 상황이라면 5번을 먼저 매각할 것이다. 게다가 부동산이든 주식이든 고점에서 매각하는 건 거의 불가능하다고 생각한다. 적당히 어깨 정도에서 매각해도 충분하다. 그래서 5번 주택은 현 상태에서 매각이 적당하다고 생각한다.

다음으로 2번 또는 4번 중에서 무엇을 매각할 지 결정한다. 그런데 2번이 조금 더 투자 가치가 높으며 월세를 통해 현금흐름을 발생시키고 있다. 필자는 현금흐름이 중요하고 미미하지만 조금이라도 투자 가치가 더 높다는 이유로 4번을 먼저 매각할 것이다. 당연히 급하지 않다면 2번과 연도를 달리해서 매각한다.

세 번째는 3번 주택 처분에 대한 의사결정이다. 3번 주택은 투자 가치가 나쁘지 않아 아깝다는 생각이 든다. 이럴 때는 어떻게 해야 할까? 마침 소득이 있는 자녀가 있다면 이 자녀에게 증여하는 것을 고려할 수 있다. 이후 자녀와 세대분리를 하면 주택 수도 분리할 수 있고 더 좋은 건 자녀가 해당 주택(3번 주택) 외에 다른 주택이 없다면 세대분리를 통해 1세대 1주택 비과세가 가능하기에 이월과세를 피할 수 있다. 즉 증여 후 10년을 보유하지 않더라도 비과세로 매각이 가능하다. 물론 이 과정에서 증여 취득세와 증여세는 당연히 자녀가 납부해야 한다.

추가로 3번 주택은 현재 전세 임대 중이다. 따라서 일반 증여와 함께 '부담부증여'까지 비교해서 어느 방법이 세금이 더 적게 나오는지 따져보면 좋을 것이다. 필자는 적당히 보유하고 있다가 매각하는 것이 목적이라면 부담부증여 그렇지 않고 꼭 들어가서 거주까지 할 계획이라면 세금이 더 나오더라도 일반 증여를 통해 자녀에게 채무 부담을 주지 않을 것이다.

이제 2번 주택과 1번 주택만 남았다. 5채 중에서 3채를 처분하고 2채가 남은 상황이다. 3채를 처분하는 과정에서 양도세 합산과세를 응용해 세금을 꽤 많이 줄일 수 있으며 투자 가치가 높은 물건(팔기 아까운 물건)은 증여를 통해 다른 가족 구성원에게 좋은 울타리를 만들어 줄 수도 있다.

1번 주택은 양도차익이 크고 투자 가치가 가장 높은 물건이다. 이런 물건은 사실 매각할 이유가 없다. 왜냐하면 이를 매각하면 최소한 이보다 더 좋은 물건을 구입해야 하는데 그럴 만한 물건이 없을 확률이 더 높기 때문이다. 또한 거래하는 과정에서 발생하는 거래비용(취득세, 양도세 등)을 생각하면 실익이 그리 크지 않을 수 있다.

[자료 4-30] 처분 계획

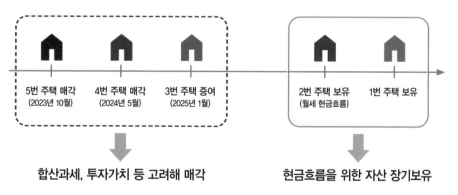

이때 효자 역할을 하는 건 2번 주택이다. 2번 주택은 월세 현금흐름이 발생하도록 해두었기 때문에 상대적으로 느긋하게 대응할 수 있다. 즉 급하게 매각할 필요가 없다는 뜻이다. 설령 매각하더라도 2번 매각 → 1번 매각 순으로 진행하면 된다. 1번은 매각보다는 증여나 상속 쪽으로 처리하는 것이 더 좋을 것으로 생각된다. 만약 1번 주택을 매각한다면 그때는 매각 후 남은 자금으로 더 많은 월세를 만들 수 있는 수익형 부동산에 집중할 것이다. 이제 결론을 정리해보자([자료 4-30] 참조).

보유 자산을 크게 두 그룹으로 나누어 구분할 수 있다. 하나는 처분하는 자산 그리고 다른 하나는 가급적 끝까지 지켜야 하는 자산이다. 처분하는 자산은 매각 및 증여(부담부증여 포함)로 가닥을 잡았고 보유하는 자산 중 일부는 월세라는 현금흐름이 발생한다. 이 현금흐름이 보유자인 당사자에게는 굉장히 든든한 수익이 될 것이다. 물론 이 결과는 어디까지나 필자의 생각이다. 보유자산 그리고 보유자의 계획, 성향 등에 따라 얼마든지 달라질 수 있다.

보유 기간 재산정 폐지에 따른 절세 접근법

3주택 이상 비과세 방법에 대해 알아두려면 보유 기간 재산정 폐지에 대해서도 알아야 할 필요가 있다. '최종 1주택 제도가 폐지된 것'이라고 이해하면 된다. [자료 4-31]을 보며 설명해보겠다.

2021년 1월 1일부터 2022년 5월 9일까지만 하더라도 보유 기간 재산정, 즉 최종 1주택 개념이 남아있기에 2주택 이상 다주택인 경우에는 비과세 받기가 상당히 까다로웠다. [자료 4-31]에서 확인되는 것처럼 2021년 1월 1일 기준 2주택 이상 다주택자인 경우라면 다른 주택을 모두 처분하고 남은 1주택(최종 1주택)을 비

[자료 4-31] 보유 기간 재산정(최종 1주택) 폐지

2021년 1월 1일

다주택 → 1주택
– 최종 1주택 해당 없음
– 즉, 취득일로부터 비과세 판단

다주택 → 1주택
– 최종 1주택
– 추가 2년 보유(거주)

• 2021년 1월 1일 이후 다주택인 경우, 다른 주택을 모두 매도하고 남은 1주택을 비과세 받기 위해서 직전 주택 양도일로부터 추가 2년 보유가 필요했으나, 시행령 개정으로 '당초 취득일' 기준으로 해 비과세 판단

과세 받기 위해서는 추가 2년 보유(취득 당시 조정이었다면 2년 거주)를 해야 비과세
가 가능했다(일시적 2주택 등은 예외).

그런데 2022년 시행령 개정으로 2022년 5월 10일 이후 양도분부터는 이러한
보유 기간 재산정을 폐지해 주택 수가 아무리 많더라도 나머지를 모두 처분하고
남은 1주택에 대해서는 당초 취득을 기준으로 해 1세대 1주택 비과세 등 요건을

[자료 4-32] 보유 기간 재산정(최종 1주택) 폐지 – 사례 1

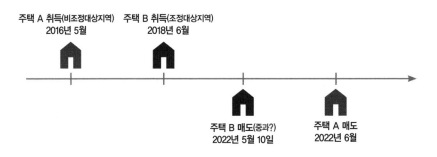

주택 A 취득(비조정대상지역)
2016년 5월

주택 B 취득(조정대상지역)
2018년 6월

주택 B 매도(중과?)
2022년 5월 10일

주택 A 매도
2022년 6월

• B 주택 처분 시 비록 2주택 + 조정지역이지만 중과 배제 가능
• 이후 6월에 A 주택 매도해도 취득 당시 비조정이므로 2년 이상 보유하고 요건 충족했다면 비과세 가능(별도 추가 2년 보유 등이 필요 없음)

갖추면 곧바로 비과세가 가능해졌다. 그만큼 비과세 받기가 상당히 수월해진 것이다.

[자료 4-32]를 보면 주택 A는 2016년 5월 취득했고 취득 당시 비조정대상지역이었다. 주택 B는 2018년 6월 취득했고 취득 당시 조정대상지역이었다. 순차적으로 주택 A부터 매각했다면 일시적 2주택 비과세가 가능했겠지만 신규주택인 주택 B를 2022년 5월 10일에 먼저 매각했다고 가정해보겠다.

이 경우 2주택 이상 다주택자이고 주택 B가 조정대상지역에 위치했으므로 2주택 중과에 해당하지만 2022년 5월 10일 이후(이 날을 포함) 양도한 것이므로 2년 이상 보유했다면 양도세 중과 배제다.

이제 남은 주택은 A 주택 하나인데 2022년 6월에 매각한다고 가정했을 때 세대 기준 보유한 주택은 1채로 1세대 1주택이라면 2년 이상 보유(취득 당시 비조정이대상지역이므로)했기에 곧바로 비과세가 가능하다. 즉 '양도 당시' 1세대 1주택이므로 비과세가 가능한 것이다. 양도가액이 12억 원 이하라면 양도세가 없으며 이미 매각한 주택 B와 합산이 되지 않는다. 물론 양도가액이 12억 원을 초과한다면 초과분에 대해서는 세금 신고납부가 필요하며 합산과세도 진행된다.

만약 보유 기간 재산정(최종 1주택) 제도가 폐지되지 않았다면 어떻게 되었을까? 2021년 1월 1일 당시 2주택 다주택이므로 제재를 받을 것이고 1주택이 된 시점 즉 2022년 5월 10일부터 추가 2년 보유(취득당시 비조정이므로)를 해서 2024년 5월 10일 이후에 매각을 해야 주택 A가 비과세가 되었을 것이다.

이어서 볼 [자료 4-33]은 앞의 [자료 4-32]와 비슷한 사례다. 종전주택 C가 아닌 신규주택 D를 먼저 매각한 경우인데 이 역시 양도세 중과 한시 배제 기간에 매각했고 2년 이상 보유했으므로 중과를 피하고 일반과세를 받는다.

문제는 그 다음인데 남은 1주택 상태에서 종전주택 C를 매각해 비과세를 받으려고 하는데 과연 비과세가 될까? 종전주택 C의 경우 취득 당시 조정대상지역이었으므로 비과세를 받으려면 2년 거주가 필수다. 다행히 2년 거주 후 다른 곳으

[자료 4-33] 보유기간 재산정(최종 1주택) 폐지 – 사례 2

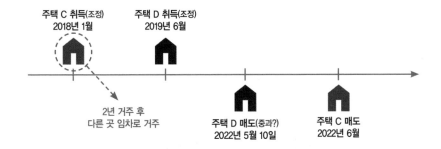

- D 주택 처분 시 비록 2주택 + 조정지역이지만 중과 배제 가능
- 이후 6월에 C 주택 매도해도 취득일로부터 2년 이상 보유했고, 2년 거주한 후 다른 곳으로 전출했으므로 비과세 요건 만족함
- 따라서 양도당시 다른 주택이 없다면 비과세 가능(별도 추가 2년 거주 등 필요 없음)

로 임차를 간 경우인데 그래도 2년 거주를 했고 양도 당시 해당 주택 1채만 보유하고 있다면 1세대 1주택 비과세가 가능할 것이다.

그런데 보유 기간 재산정 제도가 남았다면 어떻게 되었을까? 신규주택 D는 다행히 양도세 중과 배제가 가능하지만 1주택이 된 2022년 5월 10일에서 추가 2년이 더 필요한 것은 [자료 4-32]에서 확인했다. 문제는 남은 1주택인 종전주택 C가 취득 당시 조정대상지역이었으므로 단순히 추가 2년 보유가 아닌 추가 2년 '거주'를 해야 한다는 것이다. '2년 거주 후 다른 곳 임차했으니 괜찮지 않나?'라고 생각할 수 있지만 보유 기간 재산정이 되면 거주 기간도 함께 재산정이 되어야 하기 때문에 다시 거주를 해야 한다. 따라서 추가 2년 거주를 하지 않고 매각했다면 비과세가 불가했을 것이다.

[자료 4-32]와 [자료 4-33]의 사례는 보유 기간 재산정 폐지로 인해 2주택 이상 다주택이라도 비과세를 받을 1채를 남겨두고 나머지를 모두 매각하면 남은 1채는 곧바로 비과세가 가능하다는 것을 보여주고 있다. 물론 그 1주택을 취득했을

당시 비조정대상지역이었다면 취득일로부터 2년 이상 보유해야 하고 만약 조정대상지역이었다면 취득일로부터 양도일까지 2년 이상 거주는 필수다. 그렇다면 3주택 이상인 경우에는 어떻게 될까?

3주택 이상 역시
비과세 판단 기준은 동일하게 적용

3주택 이상이라도 역시 동일하다. 즉 주택 수가 아무리 많더라도 다른 주택을 모두 매각하고 남은 1주택에 대해서는 추가 2년 없이 2년 보유 및 거주 요건을 갖추었다면 곧바로 비과세가 가능하다.

예를 들어 [자료 4-34]처럼 5채 이상 다주택이라고 가정해보자. 1번 주택의 양도차익이 가장 큰 경우 해당 주택을 반드시 비과세를 받아야 하는 상황이라면

[자료 4-34] 3주택 이상인 경우

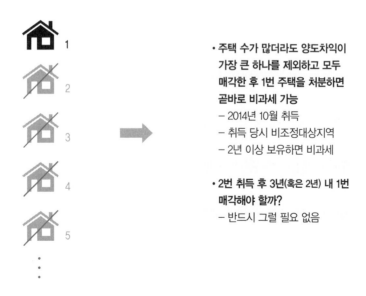

- 주택 수가 많더라도 양도차익이 가장 큰 하나를 제외하고 모두 매각한 후 1번 주택을 처분하면 곧바로 비과세 가능
  - 2014년 10월 취득
  - 취득 당시 비조정대상지역
  - 2년 이상 보유하면 비과세

- 2번 취득 후 3년(혹은 2년) 내 1번 매각해야 할까?
  - 반드시 그럴 필요 없음

1번을 제외한 남은 주택을 모두 처분하고 마지막에 1번을 처분하면 된다. 앞서 살펴본 사례와 똑같다.

이제 [자료 4-32] [자료 4-33] [자료 4-34] 모두에 해당하는 몇 가지 주의사항을 이야기하고자 하니 꼭 기억하기를 바란다.

첫째, 남아 있는 주택 1채는 세대 기준 1주택이며 이때 세대 기준은 주민등록상(외형) 및 실제 생계 여부(실질) 모두 만족해야 한다. 즉 주민등록상 세대분리가 되었더라도 실제 생계를 함께 하는 유주택 가족이 있다면 주택 수가 인정되어 비과세가 불가할 수 있다.

둘째, 남아 있는 주택 1채가 취득 당시 비조정대상지역이었다면 취득일로부터 양도일까지 2년 이상 보유해야 하고 만약 취득 당시 조정대상지역이었다면 보유 기간 중 2년 거주는 필수다. 조정대상지역에서 해제되었다고 비과세 거주 요건이 사라지는 건 아니기 때문이다.

셋째, 양도가액 12억 원 이하는 전체 비과세가 가능하고 이는 다른 주택 양도세와 합산되지 않는다. 만약 양도가액 12억 원 초과라면 초과분에 대해서는 양도세 신고 납부를 해야 하며 해당 금액은 동일 연도에 매각한 다른 주택 양도세와 합산된다.

넷째, 양도가액 12억 원 초과분에 대한 양도세의 경우 거주 기간이 길수록 세금이 줄어들며, 이때 거주 요건은 비과세 거주 요건과 다른 장기보유특별공제 적용을 위한 거주 요건이니 둘은 구분해야 한다.

다시 [자료 4-34]로 돌아와서, 만약 1번 주택을 꼭 비과세를 받아야 하는데 취득 당시 조정대상지역이라서 2년 거주가 필수이지만 거주를 하지 못했다면 어떻게 해야 할까? 이때는 해당 거주 요건을 면제받을 수 있는 유일한 방법은 '상생임대주택 비과세 특례'이므로 다른 주택(2번~4번 등)을 매각하는 동안 이에 대해 준비해둬야 할 것이다.

그런데 아무리 1번 주택 양도차익이 크다고 하더라도 남은 주택을 처분할 때

무작정 처분해도 되는 것일까? 필자는 최소 두 가지는 고려하기를 권한다. 첫째, 남은 주택 처분 시 '합산과세'를 고려하길 바란다. 우리 세법은 동일연도(1월 1일 ~12월 31일)에 매각한 부동산에 대해서는 합산해 과세한다. 따라서 양도차익 물건은 가급적 연도를 달리해서 매각하는 것이 좋고 양도차손 물건은 동일 연도에 차익난 물건과 함께 묶어서 매각하는 게 좋다.

둘째, 일부 처분하고 남은 2주택이 '일시적 2주택'에 해당하는지 꼭 확인하기를 바란다. 잘만 하면 2채 모두 비과세를 받을 수도 있기 때문이다.

처분 후 남은 2주택이 '일시적 2주택'인지 확인해야 하는 이유

이번에 설명하는 내용은 3주택이든 아니면 더 많은 주택 수를 보유하든 모두 동일하게 적용되는 내용이다. 설명의 편의상 3주택으로 가정하고 설명하겠다(가령 5채라고 하더라도 2채를 매각하고 남은 3주택이 다음 내용과 같다고 보아도 무방하다).

[자료 4-35]에서 확인되는 것처럼 1번 주택은 2017년 5월 취득(비조정대상지역)이고 2번 주택은 2019년 4월 취득(조정대상지역), 3번 주택은 2020년 5월 취득(비조정대상지역)이다. 당사자는 양도차익이 가장 큰 1번 주택 비과세를 받고 싶은 상황

[자료 4-35] 3주택 비과세 만들기

| 1번 주택
2017년 5월 취득
(비조정대상지역) | 2번 주택
2019년 4월 취득
(조정대상지역) | 3번 주택
2020년 6월 취득
(비조정대상지역) |

이다. 어떻게 하면 될까?

반복해 설명하지만 가장 쉬운 방법은 2번 주택과 3번 주택을 그냥 매각하는 것이다. 1번 주택을 매각하면 2년 이상 보유한 경우 비과세가 가능하다.

두 번째 방법은 2번 주택과 3번 주택을 매각할 때 '합산과세'를 고려하는 것이다. 즉 둘 다 양도차익이라면 연도를 달리해서, 둘 중 일부가 양도차손이라면 같은 연도에 매각하는 것이다.

세 번째 방법은 하나를 매각하고 남은 2주택이 '일시적 2주택 비과세' 요건에 해당하는지 살펴보는 것이다. 필자는 이 방법을 강력하게 추천한다. 2번 주택을 먼저 매각하고 남은 1번과 3번 주택이 '일시적 2주택 비과세' 요건을 갖추는지 확인한다. 구체적으로 2번 주택을 2023년 3월, 1번 주택을 2023년 4월, 3번 주택을 2023년 5월에 매각한다고 가정하겠다.

먼저 2번 주택은 조정대상지역에 위치하고 있으므로 원래라면 3주택 중과에 해당하지만 다행히 2024년 5월 9일 이전에 매각하는 것이고 2년 이상 보유했으므로 양도세 중과 배제에 해당한다. 3년 이상 ~ 4년 미만 보유이므로 6%(=2%×3년)의 장기보유특별공제까지 가능하다.

이제 남은 건 1번과 3번 주택이다. 일시적 2주택 비과세 요건에 해당하는지 살펴보고 1번을 종전주택, 3번을 신규주택이라고 칭해보자.

1) 종전주택 취득(2017년 5월) 후 1년 후 신규주택 취득('20.6) → OK

2) 종전주택은 2년 이상 보유 후 매각 → OK

3) 신규주택 취득(2020년 6월) 후 3년 이내(2023년 5월) 종전주택 매각 → OK

이러한 내용에 따라서 다음과 같은 결과가 나온다.

1) 2번 주택 2023년 3월 매각 → 중과 아닌 일반과세

2) 1번 주택 2023년 4월 매각 → 비과세

3) 3번 주택 2023년 5월 매각 → 비과세

　이처럼 3주택에서 무려 2주택을 비과세를 받게 된다. 당연히 양도가액 12억 원 이하 비과세라면 2번 주택과 합산되지 않는다. 만약 이렇게 매각한다면 당사자는 꽤 큰 금액을 절세할 수 있게 된다. 양도세 중과를 일반과세로 피해서 수천만 원을 벌어들였고(양도차익 1억 원 가정 시 일반과세는 2,000만 원, 3주택 중과는 약 5,000만 원 정도가 나온다), 남은 2채 모두 비과세를 받아 추가로 큰 금액을 절세했을 것이다.

　물론 부동산 거래가 잘 되지 않는 시장이라면 쉽지 않을 수 있다. 그러나 냉정한 판단을 통해 '매각'이라는 결정을 내렸다면 기한 내 처분을 위해 과감하게 가격을 낮출 필요도 있고, 너무 헐값에 매각한다는 판단이 든다면 2주택 비과세를 포기하고 남은 1채만 비과세를 받는 전략으로 가기를 권한다. 주변 환경을 면밀히 관찰하고 대응하되 반드시 본인만의 기준을 토대로 절세 전략에 접근하면 좋겠다.

상생임대주택
2년 연장과 활용법

부동산 절세에서 가장 좋은 큰 효과를 가져오는 것은 '양도세 비과세'라고 볼 수 있다. 예를 들어 5억 원에 취득한 주택을 추후 10억 원에 매각한다면 양도차익이 5억 원인데, 이때 발생하는 양도세만 대략 1억 6,000만 원에서 1억 7,000만 원이다. 그런데 이를 비과세를 받으면 세금을 한 푼도 내지 않아도 되니 정말 큰 혜택이 아닐 수 없다.

이렇게 비과세는 다른 부동산은 불가하며 '주택'에 대해서만 가능하다. 그리고 모든 주택이라고 다 비과세가 되는 것은 아니고 1세대 1주택 혹은 일시적 2주택 등 법에서 정한 경우에만 비과세 특례 혜택을 제공한다.

필자는 '취득 당시 조정대상지역이라서 반드시 2년 거주를 해야 비과세가 가능한 주택'을 강조하고자 한다. 왜냐하면 취득 당시 조정대상지역이었던 곳이 비록 양도 당시에는 비조정대상지역으로 해제가 되었다 하더라도 비과세를 위한 2년 거주 요건은 그대로 남기 때문이다.

여기서 꼭 알아야 할 중요한 점은 일정 요건을 갖추면 이러한 2년 거주 요건이 없더라도 비과세가 가능하다. 이것이 가능한 제도는 현재 '상생임대주택 비과세 특례'가 유일하다. 따라서 부동산 투자자라면 당연히 이에 대한 내용을 자세히 알고 있어야 한다.

상생임대주택 비과세 특례란
무엇일까?

상생임대주택 비과세 특례는 문재인 정부 때 처음 나왔다. 당시에도 비과세를 위한 2년 거주 요건 중 일부를 면제해주긴 했지만 2년 거주 전체가 아닌 1년 거주만 면제를 해주었기에 한계점이 있었다. 1주택자라면 대부분은 그 집에서 실거주를 할 가능성이 높은데 2년 거주 요건 중 1년을 혜택 받기 위해 그 집을 다른 사람에게 임대를 주는 게 과연 쉬울까?

그러던 제도가 윤석열 정부에 들어 개편되었다. 즉 상생임대주택 요건을 갖추면 비과세를 위한 2년 거주 요건을 모두 면제해주고, 만약 양도가액 12억 원 초과인 '고가주택 비과세'라도 앞서 다루었던 〈표2〉 장기보유특별공제를 받기 위한 2년 거주 요건 역시 면제해 준다. 또한 임대개시 당시 다주택이라 하더라도 추후 상생임대주택 비과세를 받을 당시에 1세대 1주택 등 비과세 요건에 해당하면 혜택을 받을 수 있게끔 했다. 마지막으로 상생임대주택 충족 요건을 2024년 12월 31일에서 2026년 12월 31일로 2년 연장할 예정이므로 수혜자는 더욱 늘어날 것으로 보인다.

따라서 취득 당시 조정대상지역이라서 반드시 2년 거주를 해야 양도세 비과세가 가능한 물건인데 거주 요건을 채우지 못했다면 반드시 상생임대주택 내용을 알아야 한다.

취득 당시 조정대상지역이라면
꼭 2년 거주를 해야 비과세가 될까?

그렇다. 만약 어떤 주택을 취득했는데 취득 당시 해당 지역이 조정대상지역이라면 추후 그 주택을 비과세 받기 위해서는 반드시 '2년 거주'를 해야 한다. 설령 해당 지역이 양도 당시에는 비조정대상지역으로 해제가 되었다 하더라도 그렇다.

이러한 '2년 거주' 요건은 2017년 8월 2일 대책 때 생겼다. 게다가 지역마다 조정대상지역 지정했으며, 해제 날짜가 모두 다르기에 주의가 필요하다. 2024년 7월 기준 서초구, 강남구, 송파구 그리고 용산구만 조정대상지역이다. 즉 현재 4개 구에 위치한 주택을 취득하면 추후 해당 지역이 조정대상지역에서 해제가 되더라도 반드시 2년 거주를 해야 양도세 비과세가 가능하다는 것이다. 그리고 이러한 2년 거주를 없앨 수 있는 유일한 제도는 현재 상생임대주택 비과세 특례뿐이다.

이해를 돕기 위해 예시를 들어보겠다. 서울 강동구는 지난 2017년 8월 2일 대책으로 인해 서울 전역이 조정대상지역으로 지정된 이후, 2023년 1월 5일 조정대상지역에서 해제되었다. 그렇다면 그 중간에 취득한 서울 강동구 소재 주택은 추후 비과세를 받으려면 반드시 2년 거주를 해야 한다.

물론 해당 주택([자료 4-36] 주택 A)을 비과세 받지 않을 경우라면 굳이 거주를 하거나 상생임대주택 요건을 갖출 필요는 없다. 해당 지역은 현재 비조정대상지역이며 양도세 중과는 양도 당시(취득 당시가 아님) 비조정대상지역이라면 몇 채를 보유하든 해당하지 않기 때문이다. 하지만 비과세를 받으려면 반드시 2년 거주를

[자료 4-36] 서울 강동구 주택 사례

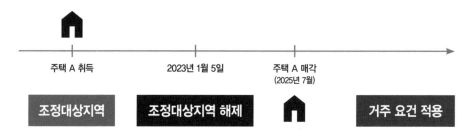

* 단, 상생임대주택 경우 거주 요건 면제 가능

하거나 아니면 상생임대주택 요건을 꼭 갖춘 후에 매각해야 한다.

5% 이내로만 임대료 증액을 제한하면 될까?

그렇지 않다. 많은 사람이 상생임대주택을 하려면 단순히 5% 이내로만 임대료 증액을 제한하면 된다고 생각하지만 그렇지 않다. 상생임대주택 비과세 특례를 받으시려면 반드시 1)직전 임대차계약, 그리고 2)상생임대차계약을 맺어야 한다. 여기에서 중요한 건 바로 '직전 임대차계약'이다.

세법에서는 직전 임대차계약을 '1세대가 주택을 취득한 후 해당 주택에 대하여 임차인과 체결한 직전 임대차계약'이라고 표현하고 있다(소득세법시행령 제155조의3). 이 내용을 더 살펴보면 '1세대가 주택을 취득한 후 해당 주택에 대하여 임차인과 체결한 직전 임대차계약 대비 임대보증금 또는 임대료의 증가율이 100분의 5를 초과하지 않는 임대차계약(이하 이조에서 "상생임대차계약"이라고 한다)'라는 것에서 알 수 있는 것처럼 직전 임대차계약이 있어야 하고 다시 여기에서 5% 임대료 증액제한을 준수하는 상생임대차계약이 있어야 한다는 것을 알 수 있다.

그런데 이 조문에서 정말 중요한 내용이 있는데, 바로 '주택을 취득한 후'라는 표현이다. 즉 상생임대차계약을 위해서는 그 전에 직전 임대차계약이 있어야 하고, 이때 직전 임대차계약이란 해당 주택을 '취득한 후' 체결한 임대차계약이어야 한다는 뜻이다.

세를 끼고 매수하는 경우에는 임대차계약이 가능할까?

그렇지 않다. [자료 4-37]를 보면 해당 주택을 취득하기 전부터 있었던 계약으로, '취득 후' 요건에 맞지 않고 조문에도 불가하다고 되어 있다. 비슷한 경우로 다음의 사례들도 역시 직전 임대차계약으로 인정받을 수 없다.

1) 전 소유자(매도자)와 임차인간 임대차계약을 체결하고 이후 같은 내용으로 신 소유자(매수자)와 임차인이 다시 임대차계약을 체결하더라도 이를 직전 임대차계약으로 보지 않음 (양도, 기획재정부 재산세제과-1446, 2022.11.18)

2) 주택 매매계약을 체결하고 해당 주택 매수인이 임차인과 주택 매수 전 임대차계약을 체결한 경우로, 설령 주택 취득일 이후 임대기간을 개시한다고 기간을 정한다 하더라도 주택 매수 전 체결한 임대차계약이므로 이를 직전 임대차계약으로 볼 수 없음 (양도, 서면-2022-법규재산-2799, 2022.11.22)

3) 분양권이 있는 상태에서 해당 분양권을 주택 준공시 잔금 전에 임차인과 체결한 임대차계약은 직전 임대차계약으로 볼 수 없음 (양도, 서면-2022-법규재산-3529, 2022.12.07)

[자료 4-37] 소득세법시행령 제155조의3

제155조의3(상생임대주택에 대한 1세대1주택의 특례) ① 국내에 1주택(제155조, 제155조의2, 제156조의2, 제156조의3 및 그 밖의 법령에 따라 1세대1주택으로 보는 경우를 포함한다)을 소유한 1세대가 다음 각 호의 요건을 모두 갖춘 주택(이하 "상생임대주택"이라 한다)을 양도하는 경우에는 제154조제1항, 제155조제20항제1호 및 제159조의4를 적용할 때 해당 규정에 따른 거주기간의 제한을 받지 않는다. <개정 2022. 8. 2., 2023. 2. 28.>

　1. 1세대가 주택을 취득한 후 해당 주택에 대하여 임차인과 체결한 직전 임대차계약(해당 주택의 취득으로 임대인의 지위가 승계된 경우의 임대차계약은 제외하며, 이하 이 조에서 "직전임대차계약"이라 한다) 대비 임대보증금 또는 임대료의 증가율이 100분의 5를 초과하지 않는 임대차계약(이하 이 조에서 "상생임대차계약"이라 한다)을 2021년 12월 20일부터 2024년 12월 31일까지의 기간 중에 체결(계약금을 지급받은 사실이 증빙서류에 의해 확인되는 경우로 한정한다)하고 임대를 개시할 것

[자료 4-38] 매도인이 임차인이 되는 경우

2020년 X월 X일
주택 A 취득계약
(매도인이 임차인으로
주택 A에 거주하는 조건)

2021년 X월 X일
주택 A 취득하면서
임차인(매도자)과
임대차계약 체결, 임대개시

2022년 X월 X일
1년 6개월 이상
임대한 후에
주택 A 임차인(매도) 사망

사례들의 내용처럼 주택의 취득이라 함은 통상 '잔금일'을 의미하는데 세 가지 사례 모두 취득일 전에 임대차계약을 체결한 것들이다. 따라서 이 경우에는 직전 임대차계약으로 인정되지 않는데, 한 가지 특이한 점은 '주인전세'는 직전 임대차계약으로 인정이 가능하다는 것이다.

[자료 4-38]를 설명하자면 먼저 매도자와 매수자가 주택 A에 대해 매매계약을 체결한다. 다만 조건 중 하나가 주택 A를 취득하면서 매수자가 매수 잔금을 치름과 동시에 매도인이 해당 주택에서 거주하는 임대차계약을 동시에 체결하는 것이다. 이런 물건을 흔히들 '주인전세'라고 표현을 하는데, 이 경우에는 해당 주택을 취득하고 임대차계약이 개시된 것으로 보아 직전 임대차계약으로 인정을 해준 사례다.

하지만 이보다는 앞에서 보았던 사례들이 훨씬 흔한 경우인데, 이 경우 직전 임대차계약으로 인정받지 못했으니 상생임대주택 특례는 불가능한 것일까?

다시 직전 임대차계약을
할 수 있다?

이에 대해서는 너무 염려할 필요가 없다. 이후 임대차계약을 체결하면 해당 임대

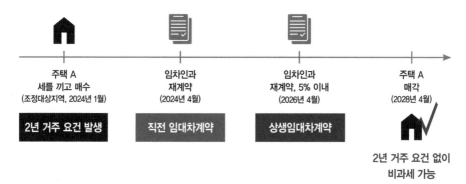

[자료 4-39] 상생임대주택 활용 사례 (1)

주택 A	임차인과	임차인과	주택 A
세를 끼고 매수	재계약	재계약, 5% 이내	매각
(조정대상지역, 2024년 1월)	(2024년 4월)	(2026년 4월)	(2028년 4월)
2년 거주 요건 발생	**직전 임대차계약**	**상생임대차계약**	**2년 거주 요건 없이 비과세 가능**

차계약이 직전 임대차계약이 되고 다시 여기에서 상생임대차계약을 체결하면 혜택을 받을 수 있기 때문이다. 사례를 보면 아주 쉽게 이해할 수 있다. 최근 날짜로 취득한다고 가정해 보겠다.

예를 들어 어떤 사람이 A주택을 세를 끼고 매수했다고 가정하겠다. 날짜는 2024년 1월이고 해당 지역은 조정대상지역이다. 구체적으로 서초/강남/송파/용산구 중 하나이며 세를 끼고 매수했으니 토지거래허가구역은 아니다.

이 경우 취득 당시 조정대상지역이었으므로 추후 해당 주택 비과세를 받으려면 반드시 2년 거주를 해야 한다. 하지만 보증금이 많이 들어 있는 경우라면 보증금만큼 자금을 내주어야 실거주를 할 수 있으니 얼핏 보면 비과세는 불가능해 보인다. 하지만 상생임대주택 비과세 특례를 활용하면 가능하다.

먼저 2024년 1월은 세를 끼고 매수했으므로 직전 그리고 상생임대차계약 어느 것에도 해당하지 않는다. 이후 2024년 4월 해당 임대차계약이 만료되고 임차인과 재계약을 했다면(참고로 이때 임차인은 꼭 기존 임차인이 아닌 신규 임차인도 무방하다) 어쨌든 이 경우 해당 주택을 '취득한 후' 맺은 임대차계약이므로 이게 비로소 '직전 임대차계약'이 된다.

이후 2년이 지나(직전 임대차계약은 최소 1년 6개월 이상이면 되지만 편의상 2년으로 하겠다) 2026년 4월 다시 임대차계약을 맺되, 직전 임대차계약 대비 임대료 증액이 5%를 초과하지 않는다면 해당 계약은 '상생임대차계약'이 된다. 그리고 상생임대차계약이 종료되는 2028년 4월 이후 해당 주택을 매각하면 2년 거주 없이 양도세 비과세가 가능하다.

반드시 알아야 할
상생임대주택 활용 기한 2년 연장

그런데 이렇게 오랜 시간이 걸려도 될까? 당연히 주의해야 할 부분이 있다. 원래 상생임대차계약은 2024년 12월 31일까지 체결해야 하고, 임대까지 개시가 되어야 한다.

그러나 정부의 '2024 하반기 경제정책방향'에서 나온 내용처럼 상생임대주택 활용 기한은 2년 더 연장될 것으로 보인다. 즉 2026년 12월 31일까지 상생임대차계약을 체결하고 다른 요건을 준수한다면 비과세 혜택이 가능할 것이다.

[자료 4-40]에서 볼 수 있는 것처럼 상생임대주택 비과세 특례는 기존 2024년 12월에서 2026년 12월로 연장될 것으로 보인다.

연장이 되지 않을 가능성을 고려할 수도 있지만 그렇지는 않을 것이다. 해당 내용은 소득세법 시행령에 있는 내용으로 정부의 의지만 있다면 충분히 연장이 될 것으로 보인다. 무엇보다 2024년 임대차시장이 불안정함에 따라 정부는 물론 야당에서도 이에 대한 대비를 할 것으로 보인다. 일단 현재 정부는 상생임대주택 시기를 2년 더 연장하는 것으로 방향을 잡은 듯하다.

[자료 4-40] 상생임대주택 연장 관련 정부자료(2024 하반기 경제정책방향)

◇ **서민 핵심 생계비 경감, 중소기업 근로자·실업자 등 생활안정 지원**

【 핵심 생계비 경감 】

□ **(의료)** 비급여·본인부담금 등에 대한 재난적 의료비 지원 확대*(복권기금 +100억원)
- * (기존) '동일한 질환에 대해 발생한 의료비만 합산하여 지원 여부 판단 → (변경) 1년 이내 발생한 '모든 질환에 대한 의료비 합산'('24.1월~)

□ **(식품)** 시범사업 중인 농식품 바우처를 전국으로 **확대**(24개→229개 지자체)하여 저소득 취약계층의 식료품비 부담 경감('25년)

□ **(교육)** **'24년 2학기 학자금대출 금리를 동결**(1.7%)하고, **취업후상환 학자금대출 지원대상* 및 이자면제 대상·기간**을 확대**하여 학자금 부담 완화
- * (기존) 학자금지원 8구간까지 → (개선) 9구간까지 확대, 단 생활비 대출은 긴급한 생계 곤란(부모 사망 등)에 한정
- ** 대상: (기존) 수급자·차상위·다자녀가구 → (개선) 학자금지원 5구간, 상환유예자(실·폐업, 퇴직, 육아휴직, 재난) 추가
  기간: (기존) 재학기간 → (개선) 기존 대상은 상환 시작 전, 학자금지원 5구간 이하 가구는 졸업 후 2년 내까지 확대

□ **(통신)** 하반기 중 단통법 폐지를 재추진하는 한편, 알뜰폰사에 대한 이동통신 서비스 도매대가 인하를 업계와 협의하여 알뜰폰 경쟁력 제고 지원

○ 거래사실 확인 시스템 구축('24.下) 등을 통해 중고폰 시장 활성화 유도
- * (거래사실 확인시스템) 중고 단말 거래사실 확인을 통해 단말기 분실·도난 해제 권한을 중고 단말 구매자로 확대
  (안심거래 사업자 인증제) 중고 단말 성능확인서 발급 등 이용자 보호 조건을 충족한 사업자를 인증·공시

□ **(임대료)** 임대료 안정에 기여하는 **상생임대인* 제도 기한을 2년 연장**('24.12→'26.12)
- * 직전계약 대비 임대료를 5%이내 인상한 임대인에게 양도세 1세대 1주택 특례(비과세 등) 적용에 필요한 거주요건 면제

그러면 이를 어떻게
활용하면 좋을까?

이와 관련해 필자는 세 가지를 당부하겠다. 본인에게 해당되는 내용이 있는지 확인해 보기 바란다.

첫째, 최근 조정대상지역 주택을 세를 끼고 매수한 사람들은 반드시 상생임대주택 요건을 갖추는 게 좋다. 2023년 하반기부터 조정대상지역 중 일부 지역에 세를 끼고 매수한 경우가 많았다. 당연히 토지거래허가구역은 아닌 곳을 중심으

로 거래량이 늘었다.

이렇게 된 이유는 1)똘똘한 한 채 선호도가 높아진 점, 2)부동산 세금 정책 역시 중심지 1채 매수하는 것이 유리한 상황, 여기에 3)대출(생애최초 등)을 활용해 전세 보증금과 더해 좋은 주택을 매수하고자 하는 심리가 강했던 것으로 생각된다.

문제는 이렇게 세를 끼고 매수한 조정대상지역 주택의 경우, 앞에서 본 것처럼 추후 매각 시 비과세를 받으려면 반드시 2년 거주를 해야 하는데 해당 주택에 들어간 보증금 등을 내어주고 실거주를 하기에는 상당히 많은 자금부담이 들 수 있다.

하지만 이번 상생임대주택 기간 2년 연장으로 이제 실거주를 하지 않아도 비과세를 받을 수 있다.

앞에서 [자료 4-39]를 다시 보자면 해당 주택 취득일을 2024년 1월로 했지만 실제로는 이보다 더 빠른 혹은 늦은 경우도 있을 것이다. 대부분 세를 끼고 매수했을 것이므로 이후 체결하는 임대차계약이 직전 임대차계약이 되고, 이제 그 다음 체결하는 임대차계약을 반드시 5% 이내로만 증액해서 상생임대차계약을 만들어 두기 바란다.

여기서 중요한 점은 상생임대차계약을 체결하고 이를 개시하는 날짜가 반드시 2026년 12월 31일 이내여야 한다는 것이다. 물론 상생임대주택 비과세 특례가 2년 연장되었다는 것이 확정되었을 때의 시나리오다. 이렇게 해서 상생임대주택 비과세 특례 요건을 갖추었다면 추후 이에 대한 비과세 특례 '신청'을 해서 비과세 혜택을 받을 수 있다.

둘째, 신규로 조정대상지역 주택을 취득하려는 사람들은 직전 임대차계약을 1년 6개월로 하는 것도 좋은 방법이다. 지금까지의 내용을 보고 '조정대상지역 주택을 취득하고 상생임대주택 요건을 갖추어 비과세를 받자'라고 생각하는 사람이 분명 있을 것이다.

다만 주택이라는 것이 쉽게 취득할 수 있는 것도 아니고 무엇보다 상생임대차계약 및 개시를 2026년 12월 31일 이내에 해야 하기에 활용할 수 있는 방법이 직

[자료 4-41] 상생임대주택 활용 사례 (2)

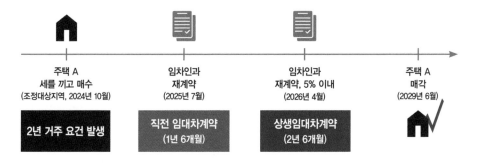

주택 A 세를 끼고 매수 (조정대상지역, 2024년 10월)	임차인과 재계약 (2025년 7월)	임차인과 재계약, 5% 이내 (2026년 4월)	주택 A 매각 (2029년 6월)
2년 거주 요건 발생	**직전 임대차계약** (1년 6개월)	**상생임대차계약** (2년 6개월)	

전 임대차계약을 1년 6개월로 하고, 상생임대차계약을 2년 6개월로 하는 것이다.

앞에서 보았던 [자료 4-39]에서 날짜만 바꾸었다. 예를 들어 조정대상지역에 위치한 A주택을 2024년 10월에 취득했는데 해당 임대차계약이 2025년 7월에 종료되면 어떨까? 통상적인 2년 계약을 한다면 설령 상생임대주택 비과세 특례가 2026년 12월 31일까지 연장된다고 하더라도 2027년 7월이 되어서야 상생임대차계약을 개시할 수 있으니 늦어진다. 단순히 계약서만 작성해선 안 되고 상생임대차계약에 맞추어 임대를 개시해야 하기 때문이다.

이럴 때 활용할 수 있는 방법이 직전 임대차계약을 법에서 정한 최소 기간, 즉 1년 6개월만 하는 것이다. 대신 임차인 입장에서는 손해라고 생각할 수 있기에 이후 상생임대차계약은 2년이 아닌 2년 6개월을 제시하는 것이다(물론 합의하에 2년만 할 수도 있다). 이렇게 하면 이후 상생임대차계약이 종료되는 2029년 6월 해당 주택을 2년 거주 없이 비과세를 받을 수 있다.

셋째, 보유 중인 조정대상지역 주택을 자녀 등에게 증여하는 건 어떨까? 이 방법은 잘만 활용한다면 매우 좋은 자산관리 방법이 될 것이라고 필자는 확신한다. 단순히 절세에서 그치는 것이 아니라는 의미다.

예를 들어 부모가 다주택자인데 보유세 부담을 줄이고 동시에 주택 수를 줄여서 추후 다른 주택을 비과세 받고자 한다고 가정하겠다. 그런데 주택을 팔기에

[자료 4-42] 증여 후 상생임대주택 만들기

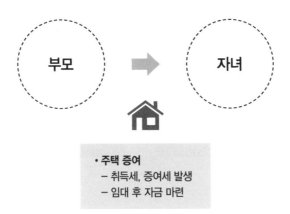

부모 ➡ 자녀

- 주택 증여
  - 취득세, 증여세 발생
  - 임대 후 자금 마련

는 아깝고, 가지고 있으면 더욱 오를 것 같은 그런 주택이 있다면 이번 기회에 자녀에게 증여를 해보면 어떨까? 그렇게 하면 부모 주택 수는 줄어들어서 보유세도 줄어들고 보유 중인 다른 주택 비과세 받기에도 좋다.

물론 이를 받는 자녀는 증여세와 취득세를 부담해야 하는데, 이에 대해 먼저 자금(대출 등)을 마련해서 취득을 하고 이후 곧바로 임대를 주면 될 것이다. 들어온 보증금으로 대출을 곧바로 상환하고 이후 해당 주택을 앞에서 본 것처럼 상생임대주택 요건을 갖추어 둔다면, 이후 매각 시 양도세 비과세가 가능하다. 다만 거래 과정에서 세금이 발생하고 불필요한 자금 흐름(증여세 대납, 자녀 등에게 자금 대여 등)도 발생할 수 있기에 사전에 반드시 세무사 등 세무대리인과 협의 후 진행하길 권한다.

양도세 절세의 원칙
최종 정리

취득세 중과, 종부세 중과가 부담이 된다고 하지만 그래도 역시 부동산 세금 중 가장 큰 비중을 차지하는 건 바로 양도세다. 그런데 이러한 양도세는 보유 주택 수, 비과세 여부, 중과 여부, 보유 기간 등에 따라 다양한 결괏값이 나올 수 있다. 따라서 양도세 공부는 정말 많이 해야 한다.

그리고 양도세 관련해 문제가 발생하는 지점은 이렇게 복잡하고 어려운 양도세를 '응용'할 때다. "양도세 수업을 들을 때는 알겠는데, 막상 사례에 적용하려니 무엇부터 고려해야 할지 모르겠다." 이는 필자가 정말 많이 듣는 말이다. 필자 역시 이런 경우를 많이 겪었다. 그런데 물건을 실제 매도해 보고, 여기에 다양한 사람들의 질문과 수많은 상담사례를 접하니 몇 가지 양도세 원칙이 도출되었다.

필자는 이를 '돈이 되는 매도의 기술'이라 부르고자 한다. 말 그대로 매도 전략을 어떻게 구성하는지에 따라 부담해야 하는 세금의 차이가 수천만 원, 많게는 수억 원 정도가 나기 때문이다. 특히 2025년 5월 9일이 되면 양도세 중과 한시 배제가 계속해서 연장이 될 수도 있지만 그렇지 않고 중과가 적용될 수도 있다. 만약 그렇게 된다면 양도세의 중요성은 더더욱 커질 것이다.

양도세는 비단 매도자에게만 중요한 게 아니다. 매수자 역시 다주택자의 양도세 절세 전략을 알아야 한다. 이는 원하는 물건을 어디에서, 언제 구할 수 있을지 파악할 수도 있기 때문이다. 지금부터 앞에서 배운 모든 양도세 절세 이야기를 종합해 정리한 양도세 절세 체크포인트를 살펴보고자 한다. 이를 활용해 성공적인 출구전략 및 다주택자의 매도 기술을 배워보기 바란다.

원칙 1:
일단 폭탄은 피한다

양도세에서 '폭탄'이란 1)양도세 중과, 그리고 2)2년 미만 단기 양도세율이다. 먼저 양도세 중과는 2주택 이상 다주택상태에서 '조정대상지역' 주택을 매각할 때 해당한다. 따라서 1주택 상태에서 매각하거나 혹은 집이 아무리 많더라도 비조정대상지역 주택은 중과에 해당하지 않는다.

설령, 다주택 + 조정대상지역 주택이라 하더라도 25년 5월 9일까지는 양도세 중과 한시 배제이므로 혹시 조정대상지역 주택을 매각한다면 해당 시기 이전에 매각을 하거나, 해당 제도가 다시 연장될지를 확인한 후에 결정하는 것이 좋다.

다음으로 2년 미만 단기 양도세율을 피해야 한다. 앞에서 본 [표 3-3] 내용처럼 주택을 2년 미만 보유 후 양도할 때는 최소 60% 양도세율이 적용된다. 따라서 최소한 2년은 보유한 후에 매각하는 것이 좋다. 참고로 분양권은 준공까지 최소 60% 양도세율이 계속해서 적용되므로 유의해야 한다.

이렇게 정리한 폭탄을 피하면 이제 일반과세(6~45% 기본세율 적용되는 경우)와 비과세 경우가 남는다. 그런데 의외로 비과세가 세금 폭탄으로 변할 수 있다. 왜 그런지 하나씩 살펴보겠다.

원칙 2:
매수할 때부터 챙긴다

일반과세를 한 번 보도록 하겠다. 일반과세란 2년 이상 보유한 주택을 매각할 때 비과세도 아니고 양도세 중과도 아닌 경우로, 쉽게 말하면 '평범한' 양도세라 할 수 있다. 양도차익에 따라 6~45% 세율이 적용된다.

일반과세의 경우에는 매수할 때부터 양도세 절세 전략을 잘 짜야 하며, 매도할 때 챙긴다면 이미 늦은 경우가 많다. 그렇다면 어떤 걸 챙겨야 할까?

첫째, 공동명의를 할 것

주택 수가 아주 많거나 매우 비싼 고가주택을 보유하지 않은 이상, 공동명의로 양도세 절세 전략이 효과적이다. 그런데 이 공동명의는 계약서상 매수할 때의 매수자 칸에 공동명의자 이름을 작성하는 것으로 시작하기에 처음부터 챙겨야 한다. 즉 중간에 명의를 바꾸거나 해당 주택을 매각할 때 '잠깐만요! 공동명의로 진행하겠습니다!'는 통하지 않는다는 의미다.

앞에서 보았던 [표 3-7]처럼 취득가 5억 원, 양도가 10억 원, 양도차익이 5억 원 정도가 될 때 공동명의로 인해 절세되는 금액은 무려 2,600만 원 정도가 나왔다. 꼭 챙기는 게 좋다.

둘째, 필요경비를 챙길 것

필요경비란 양도세 계산과정에서 경비로 인정받을 수 있는 항목으로, 이게 많아야 양도차익이 줄어들고 그 결과 양도세 과세표준 작아져 양도세 부담이 줄어들게 된다.

원칙 3:
양도차익이 작은 물건부터 매각한다

만약 3주택이 있는 상태에서 1채를 처분하고 싶다면 어떤 것부터 처분해야 할까? 투자 그리고 양도세 절세 관점에서는 '양도차익이 작은 물건'부터 정리하는 것이 좋다. 양도차익이 작으면 그에 따른 양도세 부담도 작을 것이기에 이에 대해서는 그냥 세금을 내고, 상대적으로 더 양도차익이 큰(즉 세부담이 큰) 물건에 대해 1주택 비과세를 받는 것이 좋기 때문이다.

원칙 4:
양도차익이 같거나 비슷하다면, 투자 가치가 낮은 물건부터 매각

그런데 양도차익이 비슷한 2채가 있다면 어떤 것을 먼저 매각해야 할까? 가장 어려운 고민 중 하나인데, 이때는 앞으로 더 많이 오를 것을 남겨두고 상대적으로 덜 오를 물건을 먼저 매각하는 것이 좋다.

그런데 사실 이게 말이 쉽지, 앞 일은 아무도 모르기에 고민이 될 수밖에 없다. 그래서 절세도 좋지만 투자 공부를 열심히 해야 하는 것이다. [자료 4-43]과 같은 상황을 한 번 가정해 보겠다.

이러한 경우에는 철저하게 주택 B와 주택 C를 비교해야 한다. 이런 식으로 비교하면 되겠다.

[자료 4-43] 투자가치 낮은 것을 먼저 매각

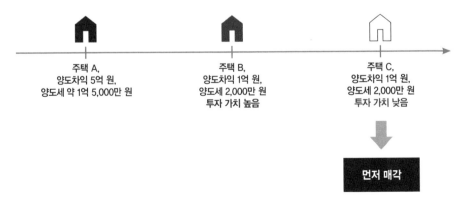

1) 주택 B가 일자리 호재가 더 많다면? → C 매각

2) 주택 B가 상대적으로 더 신축이라면? → C 매각

3) 주택 B가 일자리와 연계된 교통편이 인근에 있거나 새로 생길 계획이 있다면? → C 매각

4) 주택 B가 학군이 더 좋다면? → C 매각

물론 이는 아주 단순한 몇 가지만 예만 든 것이고, 그 외 고려해야 할 사항이 매우 많을 수 있으니 동일한 기간을 보유할 때 (가령 앞으로 3년 보유한다고 가정) 주택 B가 주택 보다 더 오를 것으로 예상이 된다면 주택 B보다는 주택 C를 먼저 매각하는 것이 좋다.

원칙 5:
1년에 1채 혹은 2채 정도만 매각한다

다음 원칙은 '합산과세' 내용이다. 우리 세법은 동일 연도에 2채 이상 부동산을 매각하면 이에 대해 합산해 과세한다. 따라서 모두 양도차익(+)인 경우에는 그 값이 더 커지게 되므로 결과적으로 세 부담이 커진다. 반대로 2채를 매각하는데 이중하나가 양도차손(-)이라고 할 경우 반드시 둘을 동일한 연도에 매각함으로써 전체 양도소득금액을 줄여서 세부담을 줄여야 합니다.

예를 들어 두 주택이 있는데 양도차익(+)인 경우 한 채는 2024년 11월, 다른 한채는 2025년 1월에 매각해 연도를 다르게 하는 것이다. 이렇게 하면 합산되지 않는다. 단, 취득하고 나서 1년을 기다리는 것이 아닌 연도를 기준으로 한다는 것을 꼭 기억하기 바란다.

원칙 6:
매도 후 2주택이 된다면 집중한다

이상의 방법으로 하나씩 처분한다면 마지막에는 1채가 남게 된다. 그리고 남은 1주택은 취득일로부터 2년 이상 보유(혹은 취득당시 조정대상지역이었다면 2년 거주)했는지를 따져서 곧바로 비과세를 받을 수 있다(2년을 더 있어야 하는 최종 1주택은 2022년 5월 10일 이후 양도분부터 사라짐). 그런데 이보다 조더 신경을 쓴다면 비과세를 받는 주택을 1채가 아닌 2채로 늘릴 수도 있다.

[자료 4-44] 내용이 복잡하니 잘 따라오기를 바란다. A, B, C 3채가 있는 경우 앞서 살펴본 것처럼 양도차익이 작고, 이중 투자가치가 낮은 C주택을 먼저 매각한다. 이때는 당연히 양도차익 1억 원에 대해 약 2,000만 원 정도의 양도세가 나온다(공동명의 여부, 필요경비에 따라 다를 수 있음).

다음으로 원래대로라면 양도차익이 비슷한 주택 B를 매각해서 양도세를 내고 이후 남은 주택 A는 1주택 비과세를 받는 것이 일반적인이다. 하지만 주택 C를 매각한 후 남은 주택이 A, B 이렇게 2채라면 둘 간에 '일시적 2주택 비과세'가 되

[자료 4-44] 2채 비과세 받기

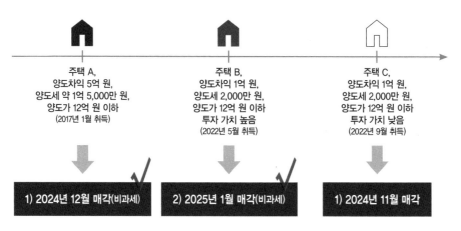

는지 꼭 확인하기 바란다.

즉 'A주택을 취득하고 1년이 지나서 B주택을 취득했는가 (1후) → 만족' 'A주택은 2년 이상 보유했는가(2보) → 만족 (17.1 취득으로 거주 요건 없음)' 'B주택을 취득하고 3년 이내 A를 매각했는가(3매) → 만족 (아직 2025년 5월 이전임)'을 확인하는 것이다.

[자료 4-44]는 세 가지 요건을 모두 만족하므로 이때는 주택 B가 아니라 주택 A를 먼저 매각해야 한다. 단 주택 B를 취득하고 3년이 되는 2025년 5월 전까지는 매각해야 한다. 이렇게 하면 결과는 다음과 같다.

1) 주택C, 2024년 11월 매각 → 과세 (약 2,000만 원)

2) 주택 A, 2024년 12월 매각 → 비과세(양도가 12억 원 이하 비고가주택 비과세)

3) 주택 B, 2025년 1월 매각 → 비과세(양도가 12억 원 이하 비고가주택 비과세)

여기에서 한 가지 의문이 생길 수 있다. 주택 C와 주택 A를 동일한 연도에 매각했으니 합산과세 되지 않냐는 의문이다. 하지만 그렇지 않다. 주택 A는 비록 양도차익이 5억 원이지만 양도가액 12억 원 이하 비고가주택 비과세이므로 세금 자체가 발생하지 않고, 그에 따라 합산될 여지가 없다. 연도가 다른 주택 B는 당연히 합산되지 않으며 같은 논리로 주택 B에 대해서도 2024년도에 매각하더라도 비과세가 되고 합산되지 않는다.

원칙 7:
함께 살고 있는 다른 유주택 가족은 없는지 확인할 것

양도세 비과세 판단은 '세대 기준 주택 수'이고 이때 세대 기준은 '생계를 함께 하고 있는 가족'이다. 즉 아무리 주민등록표를 분리했다 하더라도 실제 함께 생활을 하고 있는 가족이 주택을 보유하고 있다면 해당 주택은 주택 수에 합산이 된다(가족이 아닌 경우 해당 없음).

방금의 [자료 4-42]와 동일한 상황에서 '1후/2보/3매' 요건을 갖추어 주택 A를 매각한다고 가정하겠다. 그런데 이때 A주택에는 주민등록상에는 없지만 실제로는 함께 생활하고 있는 자녀가 있고, 해당 자녀는 이미 주택이 있다면 어떨까?

이 경우 '실질과세원칙'에 따라 해당 자녀의 주택 수가 '추가'되기 때문에, 주택 수가 달라지게 되고 이 경우에는 비과세를 받을 수 없다. 따라서 이때는 A주택을 매각하기 전에 해당 주택을 보유한 자녀와 실질적인 세대분리(전출 등)를 한 후에 매각을 추진해야 한다.

원칙 8:
팔고 나서 다시 구입할 물건이 보이지 않는다면 보류한다

당연히 투자자는 스스로 매도 기준이 있어야 한다. 필자의 매도 기준은 급전이 필요하거나 급한 사정이 있을 때 매각하거나 더 좋은 물건으로 갈아타기 위한 경우 매각한다.

첫째 경우는 일단 급한 불은 꺼야 하는 것이니 너무나 당연한 것이고, 둘째 경우는 늘 더 좋은 자산으로 갈아타고자 하는 목적이다. 지금까지 필자가 매도한 물건을 보니 1건만 제외하고는 모두 더 좋은 자산으로 갈아타기 위해 매도한 것이라 나름 기준을 잘 준수했던 것 같다.

여러분도 본인만의 매도 기준을 정하는 것이 좋다. 필자가 이를 강조하는 이유는 상담(멘토링)을 진행하면 막연히 혹은 구체적인 기준 없이 자산을 매각하는 경우를 많이 보아서 안타까운 마음이 들었기 때문이다.

그래서 필자는 꼭 "이 물건을 팔고 어떤 것을 사고 싶으세요?"라고 물어본다. 그러면 어떤 분은 "모르겠다"라고 답하는 분도 있지만 "○○아파트를 사려구요!"라고 명확하고 구체적으로 원하는 물건을 이야기하는 분도 있다. 후자의 경우에는 조금 더 공격적으로 매도 계획을 세우라고 제안하지만, 전자의 경우에는 조금 더 신중한 판단을 권하고 싶다.

5장

증여와 상속이
부의 이전을 실현한다

제네시스박의 부동산 세금 트렌드 2025

나의 유산을 자녀에게
현명하게 이전하는 방법은?

아마 부모님 대부분이 어떻게 하면 자녀에게 증여를 잘할 수 있을지 고민할 듯하다. 문제는 그 과정에서 '비용'이 발생한다는 것인데 대표적으로 '증여세'가 그것이다.

우리 세법은 증여의 형식과 방법 등을 불문한다. 즉 상대방에게 대가성 없이 무언가 유무형의 재산 또는 이익이 전가되었거나 타인의 재산 가치를 증가시켰다면 이를 '증여'로 본다. 이 과정을 사후에 진행하면 '상속'으로 본다.

그렇다면 어떻게 해야 이러한 증여를 '똑똑하게' 할 수 있을까? 개인마다 생각하는 바가 모두 이번 장에서는 필자가 생각하는 좋은 증여 방법을 다루어 보았다. 물론 세법적인 이야기가 대부분이지만 그렇지 않은 필자만의 이야기도 있으니 참고가 되면 좋겠다.

증여의 개념부터
알아보자

세법이 어려운 이유는 그 내용 자체도 어렵지만 이에 대한 개념이나 원리를 차분하게 들어보지 못해서기도 하다. 먼저 증여의 개념부터 살펴보겠다.

[자료 5-1]을 보면 왼쪽에 있는 사람이 오른쪽에 있는 사람에게 부동산(주택)을 주었다. 이를 '소유권 이전' 또는 '명의를 이전한다'라고 표현한다. 그렇다면 이에

대해 오른쪽 사람은 왼쪽 사람에게 무언가 대가를 지급해야 한다. 그런데 자료에서 보듯 대가를 지급하지 않았다면 이러한 거래 방식을 '증여'라고 한다. 참고로 증여의 과정은 다음과 같다.

1) 그 행위 또는 거래의 명칭, 형식, 목적 등과는 관계없이
2) 직접 또는 간접적인 방식으로
3) 타인에게 무상으로 유무형 재산 또는 이익을 이전하거나
4) 타인의 재산 가치를 증가시키는 것

따라서 이 과정에서 이득을 본 오른쪽 사람이 증여세를 부담하는 것이며 이러한 사람을 '수증자'라고 한다. 반대로 해당 자산을 이전한 왼쪽 사람은 '증여자'라고 하며 증여자에게는 별다른 세금 이슈가 없다.

그러면 오른쪽에 있는 수증자는 증여세만 내면 끝날까? 그렇지 않다. 사례에서 해당 자산(주택)을 본인 것으로 명의를 이전함에 따른 '취득세' 역시 부담해야 한다. 이때 발생하는 취득세를 '증여 취득세'라고 하며 우리가 아는 '다주택자 취득세 중과'와는 다르다.

일반적인 증여는 3.5% 취득세율이 적용되지만 만약 해당 자산이 조정대상지

역에 위치하면서 공시가격이 3억 원 이상이라면 증여 취득세율이 12%로 '중과'된다. 따라서 [자료 5-1]처럼 부동산을 증여한다면 증여자와 수증자 각자에게 발생하는 세 부담은 다음과 같다.

- 증여자 : 별다른 세금 이슈 없음
- 수증자 : 증여세 및 증여 취득세 발생(3.5% 또는 12%)

이번에는 이를 응용한 '양도' 개념에 대해 살펴보겠다. 증여와 양도 둘을 함께 비교하며 개념을 익히면 좋다.

[자료 5-2]는 '양도 개념'을 설명한 것이다. [자료 5-1]과 거의 같아 보이지만 한 가지 다른 점이라면 양도에서는 '대가성'이 있다. 즉 왼쪽에 있는 매도자가 부동산(주택)을 오른쪽에 있는 매수자에게 넘겼고 이에 대해 매수자는 매도자에게 대가를 지급한 후 이를 본인 것으로 만든다.

이 경우 매도자는 양도차익에 대해 '양도소득세(양도세)'를 부담하고 매수자는 '취득세'를 부담한다. 그리고 이때 발생하는 취득세는 일반 매매에 따른 취득세로 매수자가 다주택자라면(세대 기준) 우리가 알고 있던 취득세 중과세율(8%, 12% 등)이 적용된다. 따라서 겉으로는 취득세라고 하지만 실상 둘은 다른 개념이다. 이

[자료 5-2] 양도 개념

√ 매도자
√ 부동산 등 양도

√ 매수자
√ 대가 지급

[표 5-1] 증여 vs. 양도

구분	증여	양도
자산을 넘기는 사람	증여자	양도자 또는 매도자
	별도 세금 이슈 없음	양도세 발생(**비과세** 또는 **중과 가능**)
자산을 받는 사람	수증자	취득자 또는 매수자
	증여세 + 증여 취득세 (증여 취득세 중과 가능)	취득세 (다주택 취득세 중과 가능, 자금출처 이슈 가능)

상의 내용을 정리하면 [표 5-1]과 같다.

- 매도자 : 양도세 발생(비과세 또는 양도세 중과 가능)
- 매수자 : 일반 매매 취득세 발생(중과 가능) 혹은 자금출처 이슈 발생(증여세 등 부과)

자산을 넘길 때 증여 방식으로 넘긴다면 증여자에게는 별다른 세금 이슈가 없다. 단, 이를 받는 수증자는 증여세와 증여 취득세를 부담해야 하기에 이걸 잘 확인해야 한다.

만약 매매 형식이라면 매도자는 양도세를 내야 하겠지만, 이보다 더 중요한 비과세라는 아주 좋은 혜택을 받을 수 있다. 하지만 반대로 다주택자 양도세 중과도 있으니 유의해야 한다(물론 2025년 5월 9일까지는 2년 이상 보유 주택의 경우 양도세 중과 한시 유예).

상대방인 매수자는 다주택 취득세 중과를 조심해야 한다. 최고 12% 취득세율을 부담해야 할 수 있기 때문이다(증여 취득세 중과 12%와 다름). 추가로 국세청의 '소득-지출 분석 시스템'에 의거해 불필요한 자금출처조사를 받을 수도 있다.

절세 포인트
증여세 계산 구조를 이해해야 나온다

이제 증여할 때 증여세가 얼마나 나오는지 알아보겠다. 우선 이를 이해하려면 증여세 계산 구조에 대해 알아야 한다.

다음 [표 5-2]에 있는 계산 구조를 모두 외울 필요는 없다. 어떤 흐름으로 계산되는지 그리고 절세 포인트가 어디에 있는지 정도만 살펴보아도 충분하다. 우선 전반적인 계산 흐름부터 살펴보자면 가장 먼저 '증여재산가액'은 말 그대로 증여 대상이 되는 재산의 가액이 얼마인지 보는 것이다. 예를 들어 1억 원을 자녀에게 증여한다고 할 때 현금 1억 원, 부동산 1억 원, 주식 1억 원이 있다면 어떤 걸 증여

[표 5-2] 증여세 계산 구조

구분	비고
증여재산가액	증여재산 평가액
(−) 채무인수액	부담부증여 시 채무인수액
(+) 증여재산가액	**10년 내 증여재산합산(동일인인 경우)**
(=) 증여세과세가액	−
(−) 증여재산공제	**수증자별 증여재산공제**
(−) 감정평가수수료 공제	500만 원 한도
(=) 증여세 과세표준	세율표 참조
(×) 세율	10~50%
(=) 증여세 산출세액	−
(−) 납부세액공제	사전증여재산가액분
(−) 신고세액공제	납부세액의 3%
(=) 차가감납부세액	**연부연납 혹은 분할납부 가능**

하는 게 가장 좋을까?

우선 절세 측면에서 일단 현금은 불리할 수 있다. 현금 1억 원은 그 자체 평가액이 1억 원이라 금액을 줄일 방법이 없기 때문이다. 그에 반해 부동산이나 주식은 실제 가치보다 다소 낮게 증여할 수 있으며 추후 해당 자산의 가치가 오르면 이는 모두 수증자(자녀 등)에게 귀속되기 때문에 두 가지 측면에서 더 유리할 수 있다. 물론 해당 현금을 자유롭게 사용하려는 목적이 더 크다면 현금증여를 추천한다.

다음으로 증여재산가액에서 '채무인수액'을 차감한다. 수증자가 떠안은 채무에 대해서는 증여세를 과세하지 않는 것이다. 예를 들어 시가 5억 원 상당의 주택이 있고 여기에 채무가 3억 원이 있다고 가정 시(전세보증금 등) 해당 주택을 증여받는 자녀는 추후 임차인의 보증금을 상환해야 할 의무가 있으므로 이를 차감한 2억 원(=5억 원-3억 원)에 대해서만 증여세를 부담하면 된다. 물론 증여자인 부모가 전세보증금을 모두 내주고 임차인이 없는 상태에서 이를 자녀에게 증여한다면 증여세 과세 대상은 2억 원이 아닌 5억 원이 된다. 정리하자면 증여는 수증자의 '재산 이익'에 대해 과세됨을 꼭 기억하길 바란다.

다음으로 '증여재산가액'을 더하는데 과거 10년 내 증여재산을 합산한 것이다. 여기서 중요한 사실은 '동일인'인 경우 합산해서 과세가 된다는 점이다. 이때 동일인에서 '직계존속의 배우자'는 같은 사람으로 본다. 즉 아빠가 1억 원 그리고 10년 내 엄마가 1억 원을 자녀에게 증여하면 이는 동일인으로 보아 2억 원에 대해 증여세가 과세된다. 마찬가지로 할아버지가 5,000만 원, 10년 내 할머니가 5,000만 원을 증여하면 역시 동일인으로 보아 1억 원에 대해 과세된다. 예를 들어 아빠가 1억 원을 2024년에 증여하면 증여세 1,000만 원(=1억 원×10%)을 납부(증여재산공제가 없다고 가정)하게 된다. 이어서 엄마가 1억 원을 2025년에 증여하면 이는 동일인에 해당하므로 2025년에 2억 원(=1억 원+1억 원)에 대해 3,000만 원(=2억 원×2%-공제 1,000만 원) 증여세가 나오는데 이미 2024년에 1,000만 원을 납부했기에 최종으론 2,000만 원을 부담하면 된다.

절세 관점에서 접근하면 아빠(또는 할아버지)가 증여하고 10년이 지난 후 다시 아빠(또는 할아버지) 혹은 엄마(또는 할머니)가 증여해야 한다. 만약 10년이 지나 증여가 어렵다면 증여자를 아예 다른 사람으로 해야 한다. 이를 테면 아빠가 1억 원 할아버지가 5,000만 원 이런 식으로 말이다. 참고로 부와 조부는 직계존속이라도 동일인에 해당하지 않으며 장인과 장모는 직계존속이 아니므로 동일인에 해당하지 않는다. 이러한 이유로 "되도록 일찍 증여하는 게 좋다"라는 말이 나오는 것이다.

여기까지 계산하면 '증여세 과세가액'이 나온다. 증여재산가액에서 채무인수액을 차감하고 10년 내 증여재산을 합산하면 나오는 값이다. 이제 여기서 또 한 번의 절세 포인트가 나오는데, 바로 '증여재산공제'다.

증여재산공제 10년마다 새롭게 발생한다

'공제'란 말 그대로 '차감'의 의미가 있다. 따라서 '증여재산공제'란 '증여재산에서 차감한다'라는 뜻이다. 앞에서 살펴본 증여재산에서 채무인수액을 차감하고 동일인(직계존속인의 경우 배우자 포함)의 10년 내 증여재산은 합산한다. 그리고 본격적인 증여세 과세를 하기 전 한 번 더 공제해주는 것이다.

증여재산공제는 증여자의 '그룹별'로 적용되기에 주의를 요한다. 그리고 이러한 공제액은 10년이 지나면 다시 적용할 수 있다. 이 역시 일찍 증여하는 게 유리한 이유다. 설명을 돕기 위해 준비한 [표 5-3]의 내용을 하나씩 살펴보겠다.

먼저 배우자의 경우 10년간 6억 원을 공제한다. 남편이 아내에게 증여 시 6억 원, 아내가 남편에게 증여 시 6억 원을 공제할 수 있다. 금액이 가장 크므로 이를

[표 5-3] 증여재산공제

증여자(그룹)	증여재산공제액
배우자	6억 원
직계존속	5,000만 원(단, 수증자가 미성년자라면 2,000만 원)
직계비속	5,000만 원
그 밖의 친족	1,000만 원

• 혼인 또는 출산 증여재산공제 1억 원 신설(별도 적용)

활용하는 여러 방법이 있다.

다음으로 직계존속이 직계비속에게 증여할 때는 10년간 5,000만 원을 적용한다. 단, 이를 받는 직계비속이 아직 미성년자라면 2,000만 원까지만 공제된다. 즉 아이가 태어나자마자 2,000만 원이 아닌 5,000만 원을 증여하면 증여세가 나오게 된다.

반대로 직계비속이 직계존속 등에게 증여할 수도 있다. 즉 자녀가 성장해 소득이 발생하면 부모 등에게 증여할 수 있다. 이때 증여자는 자녀 수증자는 부모이고 당연히 부모는 미성년자가 아니므로 5,000만 원 공제가 가능하다. 그 외 기타 친족은 10년간 1,000만 원 공제가 가능하다. 이때 기타 친족은 장인·장모·시부·시모·형제·자매·사위·며느리·삼촌·이모·고모·조카 등을 말한다.

마지막으로 최근 신설된 '혼인 또는 출산 증여재산공제'도 있다([자료 5-3] 참조). 혼인 또는 출산 시 받을 수 있는 공제로 통합 공제한도 1억 원이 가능하다. 혼인 따로 출산 따로 공제가 아닌 둘 중 하나에 대해서만 공제가 가능하다는 점을 유의해야 한다.

혼인의 경우 혼인신고일 이전 2년 및 이후 2년, 총 4년 안에 적용이 가능하다. 이때 기준 날짜는 '혼인신고일'이다. 증여자는 직계존속에 한하며 공제한도는 통합 1억 원까지다. 출산의 경우 자녀의 출생일(입양의 경우 입양신고일)부터 2년 이

[자료 5-3] 혼인 또는 출산 증여재산공제

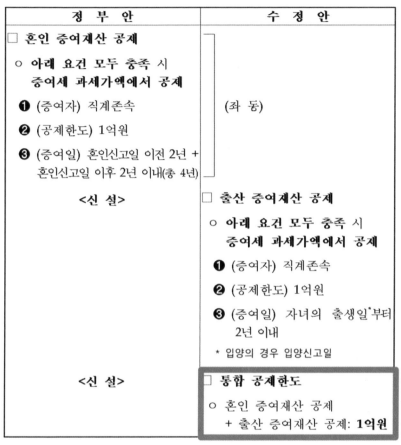

① 혼인·출산 증여재산 공제 신설(상증법 §53의2)

정 부 안	수 정 안
□ 혼인 증여재산 공제 ○ 아래 요건 모두 충족 시 　증여세 과세가액에서 공제 ❶ (증여자) 직계존속 ❷ (공제한도) 1억원 ❸ (증여일) 혼인신고일 이전 2년 + 　혼인신고일 이후 2년 이내(총 4년) <신 설>	(좌 동) □ 출산 증여재산 공제 ○ 아래 요건 모두 충족 시 　증여세 과세가액에서 공제 ❶ (증여자) 직계존속 ❷ (공제한도) 1억원 ❸ (증여일) 자녀의 출생일*부터 　2년 이내 　* 입양의 경우 입양신고일
<신 설>	□ 통합 공제한도 ○ 혼인 증여재산 공제 　+ 출산 증여재산 공제: **1억원**

< 수정이유 > 혼인·출산 지원 확대

< 시행시기 > '24.1.1. 이후 증여받는 분부터 적용

내이고 역시 증여자는 직계존속 그리고 공제한도는 통합 1억 원까지다. 모두 2024년 1월 1일 이후 증여받는 분부터 적용되니 이 점 역시 참고하기를 바란다.

최종적으로 성인 자녀의 경우 기본공제 5,000만 원+혼인 또는 출산 증여재산 공제 1억 원=총 1억 5,000만 원에 대해 증여세를 부담하지 않을 수 있게 된다.

증여세율
최고 50%라지만

"증여세(또는 상속세)가 너무 많다"라는 말이 많은데 이때 꼭 나오는 것이 바로 '세율'이다. [표 5-4]에서 보듯 증여세 세율은 과표 30억 원 초과 시 무려 50%나 된다. 참고로 상속세 세율은 증여세 세율과 같은데 상속세의 경우 돌아가신 피상속인의 재산을 모두 더해 먼저 과세하기 때문에 그 세 부담이 더욱 크다. 즉 증여세처럼 증여자와 수증자 분산이 상대적으로 어렵다.

다시 증여세로 돌아오자. 이처럼 증여세 세율이 굉장히 높긴 하나 과표 1억 원까지는 10%의 세율이 적용되니 독자들은 일단 이걸 기억해두길 바란다.

이렇게 증여세 과세표준을 구하고 세율을 적용하면 부담해야 할 세금인 '세액'이 나온다. 따라서 '세액'이라는 말이 나오면 '내야 할 세금 액수를 의미하는구나'라고 이해하면 되고 '세액공제'란 용어가 나오면 '내야 할 세금에서 어느 정도 빼주는구나'라고 이해하면 된다(연말정산 때 나오는 소득공제와 세액공제가 이러한 이유로 다르다).

그런데 증여세 계산 구조를 보면 눈여겨 볼 점이 하나 있다. 과세표준을 구하

[표 5-4] 증여세 세율

과세표준	세율	누진공제액
1억 원 이하	10%	–
1억 원 초과~5억 원 이하	20%	1,000만 원
5억 원 초과~10억 원 이하	30%	6,000만 원
10억 원 초과~30억 원 이하	40%	1억 6,000만 원
30억 원 초과	50%	4억 6,000만 원

고 세율을 적용해서 부담해야 할 세액을 도출했는데 이에 대해 '신고세액공제'라는 명목으로 납부세액의 무려 3%를 공제(차감)해준다는 항목이다. 예를 들어 5월 중 자녀 등에게 증여했다면 '증여일이 속하는 달의 말일부터 3개월 이내', 즉 8월 말까지 증여세를 신고납부 해야 한다. 이때 부담해야 하는 증여세가 100만 원이라면 기한 내 제때 신고만 해도 3%인 3만 원을 추가로 차감해 준단 의미다. 따라서 실제 부담하는 증여세는 100만 원이 아닌 97만 원이 된다.

사실 증여세 신고세액공제는 과거에는 이보다 더 높았다. 2016년 이전까지는 10%, 2017년에는 7%, 2018년에는 5%, 그리고 2019년 이후부터는 3%로 그 혜택이 점점 내려갔다. 필자는 이에 대해 단순히 혜택을 줄인 것이 아닌 그만큼 성실 납세 문화가 더 조성되고 국세청의 정보 수집 능력이 그만큼 높아진 것으로 해석했다. 즉 이제는 제때 신고하지 않으면 어지간하면 다 잡아낼 수 있다는 국세청의 자신감이 높아졌다고 볼 수 있을 듯하다.

증여세가 너무 많다면
분납 & 연부연납 활용하기

채무인수액을 차감하고 증여재산공제를 적용받고 신고세액공제까지 적용했음에도 3개월 내 납부해야 하는 증여세 금액이 클 수도 있다. 그리고 이 금액을 증여자인 부모 등이 아닌 수증자인 자녀 등이 부담해야 한다.

이렇듯 납부해야 하는 증여세가 너무 많다면 분납 그리고 연부연납을 활용해 볼 수 있다. 먼저 '분납'은 증여세가 1,000만 원을 초과하는 경우로 해당 금액 일부를 기한 후 2개월 내 나누어 낼 수 있다. 납부할 세액이 2,000만 원 이하라면 1,000만 원은 기한 내 납부 그리고 남은 금액은 2개월 내 분할납부가 가능하다. 만약 납부할 세액이 2,000만 원 초과라면 세액의 50%에 해당하는 금액에 대해 분

[표 5-5] 연부연납 가산금 이자율(국세청)

2017년 3월 15일 ~ 2018년 3월 18일	2018년 3월 19일 ~ 2019년 3월 19일	2019년 3월 20일 ~ 2020년 3월 12일	2020년 3월 13일 ~ 2021년 3월 15일	2021년 3월 16일 ~ 2023년 3월 19일	2023년 3월 20일 ~ 2024년 3월 21일	2024년 3월 22일 ~
연 1.6%	연 1.8%	연 2.1%	연 1.8%	연 1.2%	연 2.9%	연 3.5%

납할 수 있다. 예를 들어 증여세가 3,000만 원이라면 1,500만 원씩 2회에 걸쳐 분납이 가능하며 별도 납세담보를 제공할 필요가 없다.

이에 반해 '연부연납'은 몇 가지 요건이 붙는다. 납부할 세액이 2,000만 원을 초과해야 하고 납세담보를 제공해야 한다. 연부연납 허가일을 기준으로 5년까지 가능한데 이는 6회에 걸쳐 나누어 낼 수 있다는 의미다. 단, 각 회분의 분할납부 세액이 1,000만 원 이상이어야 한다. 또한 여기에는 '가산금 이자율'이 적용되니 이 부분도 확인해야 한다. 가산금 이자율은 [표 5-5]와 같다.

여기까지 확인했다면 이제 증여세 계산 구조에 대해 모두 파악한 셈이다. 이제 이를 활용한 '자산 이전 전략'을 살펴보겠다.

자산 이전 전략 네 가지

전략 1. 10억 원 이하는 증여가 유리

앞에서 우리는 증여세 최고세율이 50%임을 확인했다. 특히 해당 세율은 오랜 기간 변하지 않았고 물가상승률 등도 반영하지 않아 이에 대한 개정 요구가 많은 상황이다. 하지만 다음 내용을 보면 일부 구간에서는 오히려 증여가 더 유리함을 알 수 있다.

다음 [전략 1]에서 보듯 최고세율은 증여세율이 높지만 과세표준과 함께 보면 이야기가 달라진다. 정리하자면 과세표준이 10억 원 이하라면 소득세는 최고 42% 세율이지만 증여세는 30%이므로 소득세율보다 낮다. 예를 들어 자녀의 손

[전략 1] 10억 원 이하는 증여가 유리(세율 비교)

▫ 증여세율

과세표준	세율	누진공제액
1억 원 이하	10%	–
1억 원 초과~5억 원 이하	20%	1,000만 원
5억 원 초과~10억 원 이하	30%	6,000만 원
10억 원 초과~30억 원 이하	40%	1억 6,000만 원
30억 원 초과	50%	4억 6,000만 원

▫ 종합소득세율

과세표준	세율	속산표
1,400만 원 이하	6%	과표 × 6%
1,400만 원 초과~5,000만 원 이하	15%	과표 × 15% – 126만 원
5,000만 원 초과~8,800만 원 이하	24%	과표 × 24% – 576만 원
8,800만 원 초과~1억 5,000만 원 이하	35%	과표 × 35% – 1,544만 원
1억 5,000만 원 초과~3억 원 이하	38%	과표 × 38% – 1,994만 원
3억 원 초과~5억 원 이하	40%	과표 × 40% – 2,594만 원
5억 원 초과~10억 원 이하	42%	과표 × 42% – 3,594만 원
10억 원 초과	**45%**	**과표 × 45% – 6,594만 원**

• 증여세율이 대부분 높지만 일정 구간에서는 증여세가 소득세보다 낮음
  – (증여세) 1억 원 이하 → 10%
  – (소득세) 1억 원 이하 → 6~35%

에 1억 원을 쥐어주려면 어떻게 하는 게 가장 좋을까? 일반적으로는 자녀가 장성해 취직하거나 본인 사업으로 돈을 벌어야 한다. 그런데 우리는 이미 해봐서 잘 안다. 직장에 들어가 연봉 1억 원을 받는 게 얼마나 힘든지 그리고 자기 사업(자영업 등)을 해서 1년에 1억 원의 수익을 내는 게 매우 고된 일임을 말이다.

설령 직장 또는 자기 사업에서 해당 금액을 벌었다고 해도 여기에 소득세가 붙는데 이때 적용되는 세율은 24% 또는 35% 정도가 된다. 그리고 소득세의 10%인 지방소득세가 또 추가되며 다시 국민건강보험료(이하 건보료)까지 생각하면 '이게 맞나?'라는 생각이 들 수도 있다.

이에 반해 1억 원을 현금증여 하면 증여세율 10%인 1,000만 원만 내면 끝난다. 추가로 들어가는 지방소득세도 없고 건보료도 없다. 제대로 신고만 하면 잘했다고 3% 신고세액공제(이 경우 30만 원)까지 적용된다.

(물론 해당 자녀의 독립성이나 자립심은 별개로 해야 하지만) 이처럼 자녀에게 1억 원을 상대적으로 손쉽게 쥐어주는 방법은 현금증여가 더 유리할 수 있다. 그보다 더 중요한 건 소득세 대비 증여세의 경우 더 유리한 세율 구간이 있다는 걸 꼭 기억하길 바란다.

전략 2. 여력이 된다면 10% 세율 구간에 최대한 맞춰 증여

두 번째 전략 역시 증여세율 10% 구간에 맞춰 이를 활용하는 것이다. 부모 대부분은 증여재산공제에 딱 맞춰 자녀에게 증여하길 원하는데 세금이 하나도 없는 '비과세'라서 그렇다. 이는 [전략 2-1]과 같은 모양을 보인다.

이 경우 총 1억 4,000만 원을 증여할 수 있고 증여세는 한 푼도 내지 않을 수 있다. 물론 이 방법도 매우 좋은 전략이다. 하지만 최근에는 다음처럼 증여하는 사례도 늘어나고 있다.

[전략 2-2]의 방법은 증여재산공제 그리고 증여세율 10% 구간에 맞춰 '최대한' 증여한 경우다. 즉 출생 시 1억 2,000만 원을 증여하면 증여재산공제 2,000만 원

[전략 2-1] 증여재산공제 활용 시 총 1억 4,000만 원 증여

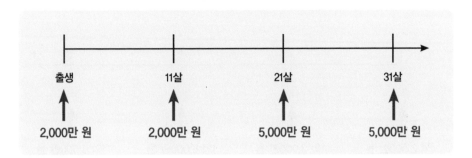

을 차감한 후 1억 원에 대해 10% 세율로 1,000만 원의 증여세가 나온다. 세금을 제하고 나면 1억 1,000만 원이 남는다.

마찬가지로 10년 후 1억 2,000만 원, 다시 10년 후 (성년이 되었으니) 1억 5,000만 원, 마지막 10년 후 1억 5,000만 원을 증여하면 [전략 2-1]과 비교했을 때 증여금액은 총 5억 4,000만 원이 되고 증여세는 4,000만 원이 발생한다. 이때 자녀는 증여세를 제한 순수 5억 원을 활용할 수 있게 된다.

물론 이 방법은 하고 싶다고 해서 아무나 할 수는 없다. 그만큼 여력이 되어야 가능하다. 만약 부모의 재력으로는 어려우니 조부모의 도움을 받으면 어떻게 될까? 이때는 '세대생략 할증세액'이라고 해서 부담해야 하는 세금의 30%가 가산된다(수증자가 미성년자이고 증여재산가액이 20억 원 초과 시 40% 할증). 이 경우 자녀가 부담하는 증여세는 4,000만 원이 아닌 5,200만 원으로 올라간다.

좀 허탈할 듯하다. 누군가는 1억 2,000만 원은커녕 2,000만 원 증여도 힘든데 말이다. 필자는 여기서 이러한 '상대적 박탈감'을 말하고 싶은 게 아니다(필자 역시 이렇게 하고 싶어도 형편이 안 되는 상황이다). 다만 이런 방법이 있음을 알려줄 뿐이고 이게 가능한 사람이라면 미리 알아두어 형편에 맞게 활용하길 권하는 것이다.

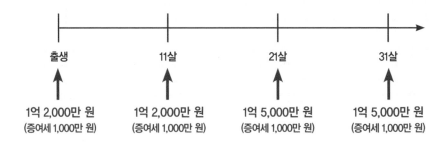

전략 3. 증여 순서를 달리해 절세하는 방법

세 번째 전략은 증여 순서를 달리하는 것이다. 예를 들어 자녀가 아버지와 할아버지에게 각각 1억 원씩 증여를 받게 될 예정이라고 가정해보자. 이를 받는 수증자는 성년이고 10년 이내 증여가 일어나 합산이 된다고 할 때 누가 먼저 증여하는 것이 좋을까?

먼저 아버지 → 할아버지 순으로 증여하는 경우를 살펴보겠다. 2024년에 아버지가 1억 원을 증여했다면 증여재산공제 5,000만 원이 적용되고 10% 증여세율이 적용되어 증여세는 500만 원이 나온다.

이후 2025년에 할아버지가 1억 원을 증여하면 비록 동일인은 아니지만 이미 증여재산공제 5,000만 원을 써버렸기 때문에 1억 원 전체에 대해 증여세가 나오고 세대생략 할증세액으로 인해 증여세율이 할증되어 13% 세율이 적용된다. 그 결과 1,300만 원의 증여세가 나오게 되고 총 증여세 부담은 1,800만 원이 된다(신고세액공제 생략).

다음은 할아버지 → 아버지 순으로 증여하면 어떨까? 역시 2024년에 할아버지가 1억 원을 증여하면 이때 증여재산공제 5,000만 원을 적용하므로 증여세는 5,000만 원에 대한 13% 세율(세대생략 할증세액)이 적용되어 650만 원이 나온다.

[전략 3] 증여 순서 달리해 절세하는 방법

구분	아버지 → 할아버지	할아버지 → 아버지
증여 1	(1억 원−5,000만 원 공제)×10%=500만 원	(1억 원−5,000만 원 공제)×13%=650만 원
증여 2	(1억 원−0)×13%=1,300만 원	(1억 원−0)×10%=1,000만 원
총 세 부담	1,800만 원	1,650만 원
결과	−	150만 원 절세

• 아버지와 할아버지에게 각 1억 원씩 증여받을 때 증여 순서에 따라 150만 원 절세 가능

그리고 10년 이내인 2025년에 아버지가 1억 원을 증여하면 증여재산공제는 이미 활용했기에 1억 원에 대해 증여세가 나오고 이때 세율은 10%이므로 1,000만 원의 증여세가 나온다. 그 결과 총 증여세 부담액은 1,650만 원이 나오고 이는 첫 번째 방법보다 150만 원이 절세된 것이다.

왜 이런 결과가 나온 것일까? 이는 할아버지가 증여할 때 더 높은 세율이 적용되는데(세대생략 할증세액) 이때 증여재산공제를 먼저 활용하는 게 유리해서다. 증여재산공제는 먼저 증여가 일어난 시점에 자동으로 적용되기에 우리가 선택할 수 없다.

따라서 더 높은 세율이 적용될 때(증여 금액이 높거나 세대생략 할증세액 등) 증여재산공제를 활용하는 것이 더 유리하다. 즉 증여 순서에 따라 증여세가 줄어들 수 있으니 꼭 기억하길 바란다.

전략 4. 현금이 있더라도 조건이 맞으면 연부연납 활용

앞에서 분납과 연부연납에 대해 살펴보았는데 만약 조건이 맞다면 연부연납은 꼭 활용하길 바란다. 이유는 '이자율' 때문이다.

[표 5-5]에서 보았듯 현재 연부연납 적용 이자율은 연 2.9%에 불과하다. 따라서 증여세를 부담할 현금이 있어도 이를 연부연납해 상대적으로 더 적은 이자를

부담한 다음 해당 자산은 이보다 더 높은 이자를 받을 수 있는 안전자산에 묻어 두는 것이 더 유리하다.

부담부증여
똑똑한 활용법은?

이번 주제는 '부담부증여'로 앞에서 배운 증여 개념에 우리가 잘 알고 있다고 생각하는 '양도' 개념이 추가된 것이다. 이를 통해 부담부증여에 대해 가볍게 이해한 다음으로는 어떤 경우에 불리할 수 있는지를 살펴보겠다. 여기에 더해 필자가 생각하는 '똑똑한 부담부증여 활용법' 또한 알려주고자 한다.

증여+양도=부담부증여
쉬운 증여를 위해 이해는 필수다

가장 먼저 부담부증여의 개념을 이해해야 한다. [자료 5-4]에서 위쪽은 매도자가 부동산을 넘기면서 매수자에게 현금(대가)을 받는 경우다. 이러한 상황에서 매도자는 양도세를, 매수자는 취득세(일반 매매 취득세)를 부담한다. 그에 반해 아래쪽은 증여자인 모친이 부동산을 자녀에게 넘겼고 이를 받은 수증자 자녀는 대가를 지급하지 않았다. 즉 부모의 무상 이전이 일어난 것으로 이에 따라 이익을 얻은 자녀는 그에 대해 증여세를 부담해야 한다. 그리고 마찬가지로 취득세(증여 취득세)를 부담한다. 이를 정리하면 다음과 같다.

• 양도인의 경우
– 매도자 : 양도차익에 대해 양도세 부담

[자료 5-4] 부담부증여 이해, 양도 vs. 증여

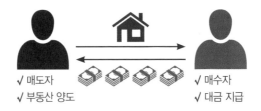

√ 매도자
√ 부동산 양도

√ 매수자
√ 대금 지급

- 매도자는 양도세 과세대상 자산을 이전
- 동시에 대가를 받았음(유상)
- 따라서 이 경우는 **'양도소득세'** 발생

(母)

(子)

- 모친은 양도세 과세대상 자산을 자녀에게 넘김
- 자녀는 모친에게 대가를 지급하지 않음(무상)
- 따라서 이 경우는 **'증여세'** 발생

    – 매수자 : 취득세 부담(다주택인 경우 8% 혹은 12% 등 취득세 중과 적용 가능)

- 증여인의 경우

    – 증여자 : 별도 세금 없음

    – 수증자 : 증여세 및 취득세 부담(12% 등 증여 취득세 중과 적용 가능)

    부담부증여를 살펴보던 중에 이러한 내용을 정리한 이유는 이 두 가지 경우가 결합한 형태가 부담부증여기 때문이다([자료 5-5] 참조).

    예를 들어 모친이 자녀에게 시가 16억 원 상당의 주택을 증여했는데 해당 주택에 전세보증금이 8억 원 있다고 가정해보자. 이때 8억 원은 어떻게 해야 할까? 첫째, 증여자인 모친이 8억 원을 임차인에게 내어주고 '깨끗한' 상태로 자녀에게 물려주는 방법이 있다. 이때는 시가 16억 원 상당에 대해 증여세가 나온다. 둘째, 전세보증금 8억 원은 그대로 둔 채 자녀에게 해당 주택을 증여하는 것이다. 당연히 해당 채무 8억 원은 수증자인 자녀에게 넘어가게 되므로 추후 자녀가 이를 갚아야 한다. 이렇게 채무를 부담해서 받는 형태를 부담부증여라 한다.

중요하게 보아야 할 내용은 이때 발생하는 과세 이슈다. 두 번째 방법인 부담부증여일 때 자녀는 시가 16억 원에 대해 증여세를 내야 할까? 아니면 채무 8억 원을 제외한 나머지 금액, 즉 8억 원(=16억 원-8억 원)에 대해 증여세를 부담해야 할까? 정답은 8억 원이다. 채무인수액(보증금 8억 원)은 자녀의 재산 증가와 무관하며, 그 결과 증여세 과세대상에서 '채무인수액'으로 제외되기 때문이다.

다음 [표 5-6]을 보면 부담부증여 시 채무인수액은 차감한다. 증여의 대원칙은

[자료 5-5] 부담부증여 = 증여 + 양도의 결합

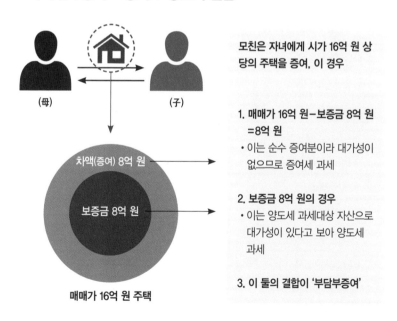

모친은 자녀에게 시가 16억 원 상당의 주택을 증여, 이 경우

1. 매매가 16억 원-보증금 8억 원 =8억 원
• 이는 순수 증여분이라 대가성이 없으므로 증여세 과세

2. 보증금 8억 원의 경우
• 이는 양도세 과세대상 자산으로 대가성이 있다고 보아 양도세 과세

3. 이 둘의 결합이 '부담부증여'

이익이 발생해야 하는데 위 사례에서 수증자 자녀가 받은 채무는 이익의 대상이 아니기 때문이다. 그렇다면 부담부증여일 때 발생하는 과세체계는 어떻게 될까?

증여자는 순수 증여 대상 8억 원에 대해서 발생하는 별도의 세금이 없다. 하지만 채무 8억 원에 대해서는 '양도세'를 부담해야 한다. 양도세 과세대상 자산인 부동산을 넘기면서 해당 채무가 변제되었기에 세법상 대가를 받은 걸로 보기 때문이다([자료 5-4]의 위쪽인 양도 개념을 상기할 것).

반면 수증자인 자녀는 16억 원이 아닌 8억 원에 대해 증여세를 부담한다. 그리고 8억 원에 대해 증여 취득세를 납부해야 하고 채무 8억 원에 대해서는 상대방인 증여자가 양도세를 부담하기에 이를 일반매매로 취득한 것으로 보아 일반매매 시 적용되는 취득세를 부담해야 한다. 즉 자녀가 다주택자라면 채무 8억 원에

[표 5-6] 증여세 계산 구조

구분	비고
증여재산가액	증여재산 평가액
(−) 채무인수액	부담부증여 시 채무인수액
(+) 증여재산가액	**10년 내 증여재산합산**(동일인인 경우)
(=) 증여세과세가액	−
(−) 증여재산공제	**수증자별 증여재산공제**
(−) 감정평가수수료 공제	500만 원 한도
(=) 증여세 과세표준	세율표 참조
(×) 세율	10~50%
(=) 증여세 산출세액	−
(−) 납부세액공제	사전증여재산가액분
(−) 신고세액공제	납부세액의 3%
(=) 차가감납부세액	**연부연납 혹은 분할납부 가능**

대한 취득세는 '중과'가 적용될 수도 있음을 알아두어야 한다.

- 부담부증여인 경우
  - 증여자 : 양도세 발생(비과세 혹은 양도세 중과 적용)
  - 수증자 : 증여세+증여 취득세, 채무 부분은 일반 취득세 적용
    (취득세의 경우 중과 유의)

따라서 부담부증여를 진행할 시 총 네 가지 세금이 '동시에' 발생한다. 증여자는 채무 부분에 대해 양도세가 나오기 때문에 해당 양도세를 비과세로 받으면 최대 절세가 가능하다. 반대로 양도세 중과에 해당하면 세 부담은 급격히 늘어나므로 여기서는 증여자 세대 기준 주택 수를 따져야 한다.

반면 수증자는 취득세가 문제다. 증여 취득세가 중과되는지(조정대상지역+공시가격 3억 원 이상) 혹은 수증자 세대 구성원이 다주택자라서 채무 부분에 적용되는 일반 취득세가 중과되는지(8%, 12% 등)를 함께 확인해야 한다. 지금부터 그 사례를 살펴보겠다.

부담부증여
3억 원 절세 or 1억 원 손해

[자료 5-5]의 사례를 계산식으로 나타내면 다음 [표 5-7]과 같다. 먼저 증여부터 살펴보면 시가 16억 원 상당의 아파트를 자녀에게 증여하는데 보증금 8억 원을 모두 내어주고 전체에 대해 증여한 경우다. 이때 증여세는 4억 6,000만 원이 나온다. 성년인 자녀의 증여재산공제 5,000만 원을 적용했으며, 기한 내 신고하면 신고세액공제 3%도 적용받아 최종 세 부담액은 4억 4,620만 원이 된다. 이는 대

[표 5-7] 증여 및 부담부증여 계산 결과

"보증금 8억 원에 전세가 끼어 있는 시가 16억 원의 아파트 명의를 이전하는 경우"

(단, 취득가는 5억 원)

전액 증여 시	
구분	증여세
증여재산가액	16억 원
채무액	–
증여세 과세가액	16억 원
증여재산공제	5,000만 원
증여세 과세표준	15억 5,000만 원
세율	40%(누진공제 1억 6,000만 원)
산출세액	4억 6,000만 원
납부할 세액	**4억 4,620만 원**

부담부증여 시			
구분	증여세	구분	양도소득세
증여재산가액	16억 원	양도가액	8억 원
채무액	8억 원	취득가액	2억 5,000만 원
증여세 과세가액	8억 원	양도차익	5억 5,000만 원
증여재산공제	5,000만 원	기본공제	250만 원
증여세 과세표준	7억 5,000만 원	과세표준	5억 4,750만 원
세율	30%(공제 6,000만 원)	세율	주택 수 등에 따라 다름
산출세액	1억 6,500만 원	**산출세액**	
납부할 세액	**1억 6,005만 원**	**총계**	

략적인 수치이며 증여 취득세는 별도다.

이제 부담부증여를 살펴보자. 먼저 증여는 채무액 8억 원을 제외한 8억 원에 대해 증여세가 발생해 1억 6,500만 원이 나오고 신고세액공제를 적용하면 1억 6,005만 원이 된다. 이번에도 증여 취득세는 별도다. 반면 채무액 8억 원에 대해서는 양도세가 나오는데, 이때 양도가액은 채무액인 8억 원이 되고 취득가는 2억 5,000만 원이 된다. 이는 당초 취득가 5억 원에 채무상당액 비율인 50%(=8억 원/16억 원)을 적용한 결과다. 그 결과 양도세 과세표준은 5억 4,750만 원이 나온다. 바로 이 부분이 매우 중요하다.

앞에서 살펴본 대로 양도세는 증여자인 부모가 부담하는데 이때 부모가 속한 세대구성원의 전체 주택 수를 따져야 한다. 만약 부담부증여 하는 주택이 1채만 있고 비과세 요건을 갖추었다면 채무 8억 원에 대한 양도세는 비과세가 되어 '0원'이 되기 때문이다.

그렇지 않고 중과가 아닌 일반과세라면 약 2억 1,000만 원 상당의 양도세가 나온다. 반면 3주택 이상 다주택이고 해당 물건이 양도 당시 조정대상지역에 있으며 만약 2025년 5월 10일 이후 양도했는데 양도세 중과 한시배제가 적용되지 않는다면 3주택 중과에 해당해 약 3억 9,400만 원의 양도세가 나온다.

이상의 내용을 표로 나타내면 다음 [표 5-8]과 같다(취득세는 별도, 추가 사례로 다시 살펴볼 예정). 먼저 일반증여라면 총 세 부담액은 증여세 4억 6,000만 원이다. 이에 반해 부담부증여는 증여세와 양도세가 발생함에도 일반적인 부담부증여는 약 3억 7,500만 원의 세 부담을 하면 되기에 일반 증여 대비 약 8,500만 원 정도 유리하다.

한 가지 재미있는 점은 총 세 부담액 3억 7,500만 원 중에서 상당 부분을 차지하는 양도세 2억 1,000만 원은 자녀가 아닌 부모(증여자)가 부담한다는 것이다. 따라서 자녀에게 부를 물려주는 증여의 취지를 고려하면 이 방법이 더욱 유리할 수 있다.

[표 5-8] 증여 및 부담부증여 비교 1

구분	일반 증여	부담부증여	부담부증여 (부모 비과세)	부담부증여 (부모 양도세 중과)
증여세	4억 6,000만 원	1억 6,500만 원	1억 6,500만 원	1억 6,500만 원
양도세	–	약 2억 1,000만 원	– (비과세)	약 3억 9,400만 원 (3주택 중과)
총 세 부담액	4억 6,000만 원	약 3억 7,500만 원	1억 6,500만 원	약 5억 5,900만 원
일반 증여 대비	–	8,500만 원 유리	2억 9,500만 원 유리	9,900만 원 불리

그래도 증여자인 부모에게도 유리한 점이 있어야 하지 않을까? 이를 위해 활용할 수 있는 전략이 있다. 바로 부담부증여 하는 주택이 1세대 1주택 비과세 등에 해당하는 것이다. 이 경우 총 세 부담액은 1억 6,500만 원으로 수증자인 자녀가 증여세만 부담하면 된다. 그 결과 일반 증여 대비 약 2억 9,500만 원이나 절감하는데 부담부증여에서 가장 유리한 경우가 바로 해당 주택이 비과세가 되는 것임을 알 수 있다.

반대로 양도세 중과가 되면 어떻게 될까? 이때는 똑같은 양도세 과세표준이라 하더라도 세 부담이 약 3억 9,400만 원으로 크게 오른다. 그 결과 총 세 부담액은 약 5억 5,900만 원으로 일반 증여 대비 9,900만 원이 더 불리하다. 즉 부담부증여라 하더라도 일반 증여 대비 항상 좋은 것은 아니며 특히 양도세 중과는 되도록 피하는 게 좋다는 의미다.

여기까지는 증여자인 부모 세대의 주택 수를 기준으로 살펴보았다. 부담부증여 중 채무액에 해당하는 양도세가 일반과세인지 비과세인지 혹은 중과인지 확인하는 것이 중요하다는 사실을 배웠다. 그렇다면 반대로 수증자인 자녀 세대는 무엇을 조심해야 할까? 바로 '취득세 중과'다.

|

지금은 자녀 세대 주택 수까지 따져 취득세 중과도 고려해야 한다

그동안 부담부증여에 대해서는 아래 내용이 일반적이었다.

- 부담부증여는 아주 좋은 절세법 중 하나다
- 하지만 양도세 중과에 해당하면 오히려 세 부담이 커진다
- 따라서 양도세 중과를 피하거나 혹은 비과세가 되는지 꼭 체크한다

하지만 앞으로는 한 가지를 더 붙여야 할 것 같다. 바로 '자녀 세대 주택 수'다. 앞서 살펴본 것처럼 부담부증여 시 채무 부분에서는 증여자 양도세가 발생하고 이는 곧 일반 매매로 거래했다고 보는 것이니 채무 상당액에 대해서는 수증자가 일반 매매 취득세를 부담해야 한다. 이때 다주택이라면 취득세 중과가 적용되기 때문에 자녀 세대 주택 수를 고려해야 한다.

다음 [자료 5-6]과 같은 경우를 가정해 보겠다. 부모 각자 주택을 1채씩 보유 중인데 두 주택의 합은 공시가 50억 원 정도의 고가주택이라 보유세만 연간 4,000만 원 정도가 나오는 상황이다. 그리고 자녀는 세대가 분리되어 있고 보유 주택이 없다. 이때 부모는 어떤 생각이 들까?

'주택 중 하나를 자녀에게 증여하면 우리 보유세도 줄이고 자녀도 좋은 물건을 보유할 수 있지 않을까?' 하는 생각이 들 수 있을 듯하다. 그래서 모친 명의 주택을 자녀에게 이전하려고 한다. 이때 이전하는 방법은 증여 또는 부담부증여가 있다(특수관계자 저가양수도도 있지만 제외하겠다). 이렇게 하면 부모 세대도 1주택이 되어 보유세를 줄이고 자녀 세대도 1주택이 되어 보유세를 상당히 줄일 수 있다. 대략 계산해 보면 연간 2,000만 원 정도 절세가 가능해진다. 물론 자녀는 세금을 부담할 능력이 되어야 한다.

[자료 5-6] 부담부증여 사례

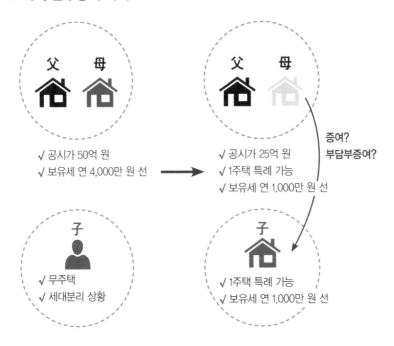

父 母
√ 공시가 50억 원
√ 보유세 연 4,000만 원 선

→

父 母
√ 공시가 25억 원
√ 1주택 특례 가능
√ 보유세 연 1,000만 원 선

증여?
부담부증여?

子
√ 무주택
√ 세대분리 상황

子
√ 1주택 특례 가능
√ 보유세 연 1,000만 원 선

앞서 살펴본 것처럼 이 경우에는 증여보다 부담부증여가 절세에 더 유리하다. 단, 해당 주택이 조정대상지역이라면 가급적 양도세 중과 한시 배제가 적용될 때 이전하는 것이 좋다. 부모의 경우 양도세 중과(2주택+조정대상지역)를 부담할 수 있기 때문이다.

만약 부모 세대가 2주택이 아닌 1주택이라면 어떻게 될까? 그땐 채무 부분에 양도세 비과세 활용이 가능하다. 그러나 다주택이라면 더 힘들어질 수도 있다. 반대로 자녀 세대가 다주택이라면 어떻게 될까? 이때는 취득세 중과가 적용될 수 있다. 이렇듯 부담부증여는 취득세 중과가 적용되고 있기에 증여자인 부모 세대 주택 수는 물론 수증자인 자녀 세대 주택 수까지 '모두' 확인해야 한다.

이상의 경우를 [표 5-9]로 정리해 보았다. 계산 과정에서 일부 오류가 있을 수 있으니 큰 틀에서 그 원리를 이해하는 것에 초점을 두고 실제로 진행할 때는 세무 대리인과 꼭 협의해 무엇이 더 유리한지 체크해야 한다. 다시 강조하지만 최근에는 취득세 중과가 더 부담될 수 있으니 반드시 증여자인 부모 세대는 물론 수증자인 자녀 세대의 전체 주택 수를 모두 체크해야 한다.

먼저 '일반 증여'다. 공시가 25억 원 상당의 주택을 증여받으면서 증여세 약 12억 원 그리고 증여 취득세 1억 3,000만 원이 부담, 총 세 부담액은 약 13억 3,000만 원이 된다. 해당 세 부담액을 기준으로 해 다양한 경우에서 발생하는 세 부담액을 비교해보자.

이제 '부담부증여'다. 증여세 약 6억 원(시가 35억 원, 취득가 20억 원, 전세 15억 원으로 가정), 취득세는 증여와 매매 취득세 모두 더해 약 2억 9,000만 원 그리고 양도세는 약 2억 2,000만 원으로 총 세 부담액은 11억 1,000만 원이 되어 일반 증여 대비 약 2억 2,000만 원이 유리하다.

'부담부증여(부모 1주택)'를 살펴보자면 이때 부모 세대가 1주택만 보유해서 양도세 비과세가 된다면 기존 2억 2,000만 원에서 1억 원으로 무려 1억 2,000만 원

[표 5-9] 증여 및 부담부증여 비교 2(취득세 포함)

구분	일반 증여	부담부증여	부담부증여 (부모 1주택)	부담부증여 (자녀 3주택)	부담부증여 (양도세 중과)
증여세	약 12억 원	약 6억 원	약 6억 원	약 6억 원	약 6억 원
취득세	약 1억 3,000만 원	약 2억 9,000만 원 (증여 + 매매)	약 1억 2,000만 원 **(증여 취득세 감소)**	약 4억 3,000만 원 **(매매 취득세)**	약 2억 9,000만 원
양도세		약 2억 2,000만 원	약 1억 원 **(비과세)**	약 2억 2,000만 원	약 4억 1,000만 원 **(중과)**
총 세 부담액	약 13억 3,000만 원	약 11억 1,000만 원	약 8억 2,000만 원	약 12억 5,000만 원	약 13억 원
일반 증여 대비	–	**2억 2,000만 원 유리**	**✓5억 1,000만 원 유리**	8,000만 원 유리	3,000만 원 유리

이 감소한다. 1세대 1주택 상태에서 자녀에게 증여하는 것이므로 증여 취득세 역시 중과가 적용되지 않기에 취득세가 1억 7,000만 원 정도 감소한다. 그 결과 '부담부증여(부모 1주택)' 사례에서는 일반 증여 대비 약 5억 1,000만 원이 절세되기에 다른 모든 사례 중 가장 유리한 결과가 나온다.

'부담부증여(자녀 3주택)'의 경우 다른 조건들은 부담부증여와 같다고 할 때 취득세가 4억 3,000만 원으로 크게 오른다. 이는 자녀가 이미 3주택을 보유하고 있기에 채무 부분에서는 '다주택자 취득세 중과'가 적용된 결과다. 그래도 일반 증여보다는 약 8,000만 원 더 유리하다(물론 사례마다 그 결과는 모두 다르다).

마지막 '부담부증여(양도세 중과)'의 경우는 부모 세대가 다주택이고 부담부증여를 하는 물건이 조정대상지역에 있으며 양도세 중과 한시 배제가 적용되지 않는다고 가정한 경우다. 즉 단순히 다주택이라고 해서 양도세 중과가 적용되는 것은 아니다.

이때는 부모가 부담해야 하는 양도세가 4억 1,000만 원으로 기존 2억 2,000만 원보다 2배 가까이 오른다. 그 결과 총 세 부담액은 13억 원에 달하고 이는 일반 증여 총 세 부담액 13억 3,000만 원과 비교했을 때 크게 차이가 나지 않는다.

물론 계산상의 일부 오류가 있을 수 있고 부모 세대 및 자녀 세대의 주택 수 그리고 조정대상지역 여부, 여기에 증여 취득세 중과 여지 등 상당히 많은 요소를 고려해야 하기에 실제 세금 계산은 각자 상황에 맞게 다시 해야 한다. 지금까지의 내용을 정리하자면 다음과 같다.

첫째, 앞에서 살펴본 것처럼 일반 증여 대비 부담부증여가 대체로 유리하다. (비록 소액이지만) 심지어 양도세 중과에 해당하더라도 그렇다.

둘째, 특히 부담부증여가 유리한 건 해당 주택이 '양도세 비과세'에 해당할 때다. 사례에서는 양도세도 줄었지만 부모 세대 주택 수가 1주택이 되어 증여 취득세마저 줄어든 경우로 가장 좋은 사례라고 할 수 있다.

셋째, 자녀 세대 주택 수 파악도 매우 중요하다. 지금은 취득세 중과가 가장 부담이 되는 시기라 양도세와 증여세는 물론 취득세까지 '함께' 확인해야 한다.

마지막으로 자녀 세 부담액만 보고 전략적인 접근을 하는 경우도 일부 있다. 예를 들어 위 사례에서 '부담부증여(자녀 3주택)'와 '부담부증여(양도세 중과)'를 보면 총 세 부담액은 각각 12억 5,000만 원과 13억 원으로 크게 차이가 나지 않는다. 오히려 네 번째가 12억 5,000만 원이라 총 세 부담액 측면에서는 이게 더 유리할 것이다.

하지만 자녀에게 좋은 부동산을 증여하고 싶고 이때 자녀의 부담까지 줄여주고 싶은 부모 마음을 고려한다면 과연 이 방법을 쓰는 부모가 있을까? 필자는 그렇게 생각하지 않는다. 차라리 본인(부모)이 양도세 중과를 부담하고 자녀가 부담하는 세금을 줄이는 방식을 취할 수도 있다. 즉 '부담부증여(양도세 중과)' 방식으로 진행하면 자녀가 부담하는 세 부담은 8억 9,000만 원(증여세 6억 원+취득세 2억 9,000만 원)으로 '부담부증여(자녀 3주택)' 방법보다 약 1억 4,000만 원 더 자녀에게는 유리하다. 이렇듯 부담부증여는 증여하는 세대와 증여를 받는 세대 모두에 대해 전반적인 사항을 종합적으로 고려해야 함을 꼭 기억하길 바란다.

이월과세와 저가양수도
활용 전략은?

앞에서 부담부증여를 하면 일반 증여보다 상당히 많은 세금을 줄일 수 있음을 이해했다. 사례에 따라서는 3억 원 이상이라는 거금을 줄일 수도 있는데 특히 부담부증여에서 발생하는 양도세를 비과세로 만든다면 그 효과는 더욱더 극대화된다.

이번에는 이를 좀 더 응용해보자. 예를 들어 부모 세대가 2주택을 보유 중인데 이미 일시적 2주택 비과세 처분 기한이 3년 지났다고 가정했을 때 2채 모두 비과세를 받으려면 어떻게 해야 할까? 물론 1채를 매각하고 이때 세금을 낸 뒤 남은 1채에 대해 비과세를 받는 방법도 있다. 게다가 보유 기간 재산정(최종 1주택)도 적용되지 않기에 남은 1주택은 추가 2년이 없어도 비과세가 가능하다.

하지만 이왕이면 2채 모두 비과세를 받을 수 있다면 좋지 않을까? 이를 이해하려면 '이월과세'를 알아야 한다. 여기에 다시 이걸 응용한 '특수관계자 저가양수도'까지 함께 살펴보겠다.

이월과세
무엇이고 왜 알아야 할까?

[자료 5-7]을 먼저 살펴보자. 먼저 갑이라는 사람이 2021년에 A 주택을 3억 원에 취득했다. 그리고 3년이 지난 2024년에 배우자인 을에게 해당 주택을 증여한다. 증여 당시 A 주택의 시세는 5억 원으로 과거 배우자에게 증여한 사실이 없다고

가정한다면 부부 간 증여재산공제 6억 원이 공제되어(물론 증여 취득세 3.5%는 적용됨) 별도 증여세는 없다. 그로부터 다시 2년이 지난 2026년에 을은 제삼자인 병에게 해당 주택을 7억 원에 매각한다. 그렇다면 을이 병에게 매각한 A 주택의 양도차익은 얼마일까? 양도가 7억 원, 취득가는 증여 당시 5억 원이었으니 이를 차감한 2억 원일까?

얼핏 보면 정답인 것 같다. 하지만 잘 생각해 보면 해당 A 주택은 당초 을의 배우자인 갑이 3억 원에 취득했다. 그런데 배우자에게 한 번 증여하니 이에 대한 양도차익에 대해서는 세금은 한 푼도 내지 않고(증여했으니 양도세가 나오지 않는다) 다시 수증자가 이를 제삼자에게 매각함으로써 양도세를 줄일 수 있었던 것이다. 제법 괜찮은 방법 같고 이득인 것 같지 않은가?

문제는 이런 방법을 과세당국 역시 고려한다는 것이다. 그 결과 조치를 취하기 위해 나온 것이 바로 '이월과세'다. 방금 사례에서 배우자 을이 제삼자 병에게 주택을 매각할 때 취득가를 증여 취득가가 아닌 당초 배우자 갑이 취득한 가격으로

[자료 5-7] 이월과세 이해

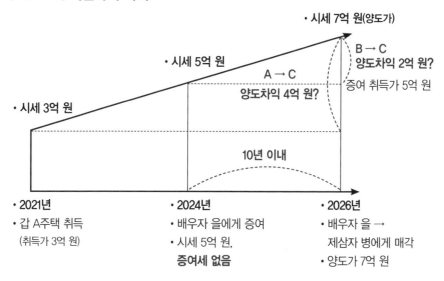

'이월해서 과세한다'라고 해서 이월과세다.

이 복잡한 이월과세를 알아야 하는 이유가 있다면 바로 이 두 가지 이유 때문이다.

첫째, 이월과세를 모르고 함부로 위와 같은 방법을 썼다가는 거래비용만 늘어나 되려 손해를 볼 수 있다. 구체적인 거래비용은 '취득세'다. 소유권이 바뀔 때마다 우리는 일반 매매 취득세 혹은 증여 취득세를 부담해야 하고 이때 취득세는 요건에 따라 '중과'까지 될 수 있으니 조심해야 한다.

둘째, 이월과세 '예외 규정' 때문이다. 이를 활용하면 반대로 이월과세를 아주 좋은 절세 전략으로 활용할 수도 있는데 구체적 사례는 아래에 다시 설명하겠다.

이월과세 적용할 경우
미리 알고 대비하자

어떤 경우에 이월과세가 적용되는지를 꼭 알아야 한다. 나도 모르게 적용되면 손해를 볼 수 있기 때문이다.

첫째, 배우자 또는 직계존비속에게 증여할 때 적용된다. 위 사례에서 본 것처럼 배우자 증여재산공제를 활용하면 양도세를 크게 줄일 수 있다. 그리고 가까운 사람에게 증여하는 것이 편리하다는 이유로 배우자 또는 직계존비속 같은 특수관계자에게 증여하기 때문에 '직계존비속'에게 증여할 때 이 규정을 적용한다. 즉 증여자인 본인을 기준으로 배우자·부모·조부모·자녀·손주 등에게 증여할 때 유의해야 한다.

둘째, 이월과세 규정이 적용되는 자산은 토지·건물·시설물이용권·부동산 취득권리 등이다. 부동산을 취득할 권리에는 분양권은 물론 조합원입주권도 포함되니 유의해야 한다. 과거에는 제외되었지만 2019년 시행령 개정으로 포함되어 다소 아쉬운 대목이다. 주식의 경우 2024년까지만 이월과세 규정이 적용되지 않으니(2025년부터는 주식 역시 증여받고 1년 이후 매각해야 함) 혹시 주식 양도차익이 큰 독자라면 꼭 세무사와 상담 후 방법을 찾아보길 바란다.

셋째, 2023년을 기준으로 증여한 시점에 따라 이월과세 적용 기간이 5년 혹은 10년으로 달리 적용된다. 과거에는 이월과세 적용 기간이 5년이었다. 이때 적용 기간이란 수증자가 증여받고 이를 다시 양도하기까지 기간인데 방금 사례에서는 수증자인 배우자 을이 2024년에 증여받았고 이를 2026년에 제삼자인 병에게 양도했으니 당연히 이월과세가 적용된다.

다만 증여한 시점이 2022년 12월 31일 이전이라면 이월과세 적용 기간은 5년, 2023년 1월 1일 이후라면 이월과세 적용 기간은 10년이 된다. 이 내용을 보았을 때 '주택 수를 줄이기 위해 자녀에게 증여하려 했는데 10년을 기다려야 하나?'라고 생각할 수도 있다. 하지만 이 경우에도 해결책은 있다. 이월과세가 적용되지 않는 경우는 크게 세 가지로 모두 '이월과세를 적용하지 않아도 된다'라고 이해하면 된다.

첫째, 협의 매수 및 수용되는 경우다. 이 경우는 '부득이한 사정'으로 국가에서 해당 부동산을 매수 및 수용하는 경우라 수증자가 손해를 보지 않도록 이월과세를 적용하지 않는다.

둘째, 이월과세 적용한 세금이 더 작게 나오는 경우다. 앞의 사례에서 이월과세를 적용한 이유가 '부당한 조세회피를 방지하기 위함'임을 배웠다. 그런데 이월과세를 적용했더니 오히려 국가가 걷어가야 할 세금이 줄었다면 굳이 이를 적용할 필요가 없다.

셋째, 수증자의 양도가 1세대 1주택 비과세 혹은 일시적 2주택 비과세 등인 경우다(고가주택 비과세 포함). 수증자가 받은 주택을 양도할 때 해당 주택이 비과세가 된다면 이월과세를 적용하지 않는다. 하지만 이 경우 조심해야 하는 부분이 있다. 여러 사례가 나올 수 있고(세대 합가, 분리 여부 등) 이월과세 취지(부당한 조세회피

방지)도 함께 이해해야 하기 때문이다.

지금부터는 이를 활용할 수 있는 방법부터 설명한 다음 유의 사항에 관해 살펴보도록 하겠다.

부모 보유 2주택
모두 비과세가 가능할까?

부모 세대와 자녀 세대는 세대분리가 된 상태로 부모 세대는 2주택을 보유했는데 해당 2주택은 일시적 2주택 비과세에 해당하지 않는다고 가정해보자. 이때 2주택 모두 비과세를 받을 수 있을까? 그림으로 표현하면 [사례 1-1]과 같은데 모두 별도 세대 구성 능력이 있고(혼인 등) 실제 생계를 분리하고 있다고 가정하겠다.

우선 부모 세대가 보유한 2주택을 모두 처분한다고 가정 시 1채는 비과세를 받을 수 있다. 하나를 먼저 팔아 세금을 내면 남은 하나는 1주택 비과세가 가능하기 때문이다. 하지만 2채 모두 비과세를 받으려면 어떻게 해야 할까?

예를 들어 모친이 보유한 주택(빨간색)의 소유권을 자녀에게 이전한다. 이때 소

[사례 1-1] 부모 세대 2주택, 모두 비과세 될까?

• 부모 세대 2주택 보유, 자녀 세대 무주택
• 부모 세대 2주택은 일시적 2주택 비과세는 아니라고 가정

유권 이전 방식에는 증여, 부담부증여, 그리고 매매하는 방식이 있다. 앞에서 살펴본 것처럼 증여보다는 부담부증여가 절세 효과가 있고 특히 부담부증여를 하는 주택이 양도세 비과세가 된다면 절세 효과는 극대화 된다고 했지만 아쉽게도 이 경우는 비과세가 되지 않는다. 편의상 일단 증여한다고 가정한다면 다음 [사례 1-2]와 같이 된다.

모친 명의 주택(빨간색)을 자녀에게 증여했을 때 자녀 단독명의도 가능하고 자녀와 자녀 배우자 공동명의로도 증여가 가능하다. 물론 증여재산공제 금액은 다르겠지만 명의 분산에 따른 절세 효과를 고려한다면 공동명의가 유리할 것이다.

[사례 1-2]에서는 자녀 단독명의로 증여한다고 가정해 보자(이에 대한 이유는 뒤에 나온다). 사례의 모친 명의 주택(빨간색)은 이월과세 적용 자산이고 이를 자녀인 직계존비속에게 증여했으니 이를 10년 이내에 양도하면 이월과세가 적용된다. 그런데 자녀가 해당 주택을 2년만 보유하고 매각하면 어떻게 될까? 자녀 세대가 다른 주택이 없다면 이 빨간색 주택은 1세대 1주택 비과세가 적용된다. 비록 증여 후 10년 이내 양도이니 이월과세가 적용되어 당초 취득가(모친이 취득한 가액)를 적용해도 양도가가 12억 원 이하라면 세금이 나오지 않으니 이월과세 적용이 무

[사례 1-2] 명의 이전 후 모습

- 부모 세대 2주택 중 1주택(빨간색)을 자녀에게 명의 이전
- 이때 명의 이전 방식은 증여라고 가정
- 빨간색 주택은 자녀 단독명의도 가능하지만 자녀&자녀배우자 공동명의가 유리

[사례 1-3] 증여 후 2년 지나서 매각

- 부모 세대 2주택 중 1주택을 자녀에게 명의 이전
- 증여받은 빨간색 주택을 2년 보유(또는 조정이라면 거주) 후 비과세 요건 갖추어 매각
- 이 경우 '**이월과세 예외사유**'로 비과세 가능(단, 양도가 12억 원 이하 가정)

의미하다.

동시에 부모 세대는 부친의 주택(파란색) 1채만 남아 있고 보유 기간 재산정(최종 1주택)은 2022년 5월 10일 이후 양도분부터는 적용되지 않는다. 즉 이 파란색 주택의 당초 취득일로부터 비과세를 판단하기에 자녀에게 빨간색 주택을 증여한 후 곧바로 비과세를 받을 수도 있다. 세대분리와 증여를 통해 2채 모두 비과세가 가능한 것이다. 이를 그림으로 표현하면 [사례 1-3]과 같다.

다만 늘 강조하지만 항상 좋은 것만 있는 건 아니다. 이월과세 활용 시 유의해야 할 점이 있는데 이 부분도 함께 확인하길 바란다.

이월과세
이럴 땐 오히려 세금 더 나온다

첫째, 증여 후 최소 2년은 보유한 후 매각할 것

수증자가 해당 자산을 취득한 시점은 '증여일'이 된다. 따라서 최소 2년은 보유한 후 매각해야 2년 미만 단기 양도세율이 적용되지 않는다. 이에 대해서는 아직 개정 소식이 없으니 이 부분을 꼭 유의한 후 진행하길 바란다.

둘째, 양도가액 12억 원 초과 주택은 이월과세 적용으로 세 부담이 커질 수 있음

예를 들어 방금 본 사례에서 빨간색 주택 증여 당시 시가 12억 원, 이후 자녀가 15억 원에 양도했고 증여 당시 증여세는 3억 원, 당초 모친이 취득한 취득가는 5억 원이라고 가정하면 어떻게 될까?

만약 '비과세면 무조건 이월과세 미적용이야'라고 오해한다면 다음 [표 5-10]에

[표 5-10] 고가주택 이월과세 비교 계산 사례

구분	이월과세 적용	이월과세 미적용
양도가액	15억 원	15억 원
(−) 취득가액	5억 원	12억 원(증여 시 취득가)
(−) 필요경비	3억 원(증여세)	−
양도차익	7억 원	3억 원
과세대상 양도차익	1억 4,000만 원 = {7억 원×(15억 원−12억 원)/15억 원}	6,000만 원 = {3억 원×(15억 원−12억 원)/15억 원}
(−) 장기보유특별공제	− (없다고 가정)	− (3년 미만)
양도소득금액	5억 6,000만 원	6,000만 원
(−) 기본공제	250만 원	250만 원
= 과세표준	1억 3,750만 원	5,750만 원
세율	35%	24%
누진 공제	(−) 1,544만 원	(−) 576만 원
산출세액	3,268만 5,000원	804만 원
지방소득세	326만 8,500원	80만 4,000원
총 납부세액	3,595만 3,500원 ✔	884만 4,000원

서 '이월과세 미적용'으로 생각할 수 있지만 그렇지 않다. 비록 앞의 사례에서 정리한 대로 세대분리된 자녀에게 빨간색 주택을 증여하고 2년 뒤 비과세 요건을 갖추어 매각한다 해도 고가주택 비과세라면 이야기가 달라지기 때문이다. 이월과세를 적용하지 않으면 양도가 15억 원, 취득가(증여 당시 가액) 12억 원을 적용하고 3년 미만 보유라 비과세가 되므로 총 세 부담은 884만 4,000원이 나온다.

그런데 이걸 이월과세를 적용하면 당초 취득가 5억 원이 적용되고(모친이 빨간색 주택을 취득한 금액), 빨간색 주택 증여 당시 시가 12억 원에 상당한다고 가정하면 발생하는 증여세 3억 원이 필요경비가 된다. 물론 원래대로라면 모친이 취득한 날로부터 3년 이상 보유했을 가능성이 높으므로 장기보유특별공제도 적용해야 하나 편의상 생략했다.

여기서 이월과세를 적용한 양도세는 비록 비과세라 하더라도 12억 원 초과의 고가주택이고 당초 취득가로 계산하니 앞의 금액보다 상당히 큰 3,595만 3,500원이 나왔다. 따라서 이월과세 후 비과세를 받은 다음 무조건 10년 이내만 매각하면 유리할 거란 생각은 양도가 12억 원 이하 비과세라면 맞을 수 있지만 12억 원 초과의 고가주택 비과세라면 그렇지 않을 수 있으니 꼭 사전에 이를 체크한 후 진행하길 바란다.

다시 한번 강조하지만 이월과세 취지는 배우자나 직계존비속 같은 특수관계자를 활용해 부당하게 조세를 회피하는 걸 방지하기 위함임을 (더 쉽게 말하자면 이렇게 저렇게 해서 나올 수 있는 절세 방안은 거의 막혔다고 보면 됨) 꼭 기억하길 바란다.

10억 원 아파트를 증여하는
가장 현실적인 방법

자산시장이 상승할 때는 해당 자산을 최대한 확보하는 것이 중요하다. 반대로 하락할 때는 보유한 자산을 처분하거나(물론 그 이전에 매각하면 가장 좋다) 증여하는 편이 좋다.

특히 부동산 거래가 잘 이루어지지 않고 가격 조정을 받고 있을 시기에는 해당 자산 증여를 적극적으로 알아보는 사람이 많다. 다만 증여하는 자산이 추후 상승 여력이 있는, 즉 자산가치가 높은 상품을 넘겨주는 것이 중요하다. 괜히 안 팔린다고 좋지 않은 물건을 넘겨서는 더 좋지 않은 결과를 초래할 수 있기 때문이다.

예를 들어 시가 10억 원 하는 아파트가 있다고 가정할 때 이를 자녀 등에게 소유권을 이전하는 방법으로는 어떤 것이 있을까? 그리고 이 과정에서 거래비용을 최소화하는 방법은 무엇일까? 그 외 고려해야 하는 사항은 어떤 것들이 있을까?

가장 쉽게 생각할 수 있는 방법은 단순 증여를 하는 것이다. 우리가 알고 있는 바로 그 방법이다. 조금 더 고민하면 부담부증여도 있고 특수관계자 저가양수도도 있다. 모두 시세보다 훨씬 싸게 매각하는 방법이다.

단, 증여의 경우 부모와 자녀 등 특수관계자 사이에서 일어나는 거래가 대부분이므로 전체 총 세 부담액을 고려해야 할 필요가 있다. 즉 단순히 증여세가 가장 적은 방법만 따질 것이 아니라 해당 물건의 투자 가치, 증여자의 보유 주택 수, 수증자의 보유 주택 수와 자금여력 등을 종합해서 고려해야 한다. 이번에는 시가 10억 원 아파트를 자녀에게 소유권을 이전할 때 고려할 수 있는 세 가지 방법에 대해 살펴보겠다.

단순증여 하는 경우

첫 번째 방법은 시가 10억 원 아파트를 단순증여 하는 경우다. 편의상 부모와 자녀는 별도 세대, 자녀는 직장인으로 소득 요건을 갖추었다고 가정하겠다.

앞서 보았듯이 증여란 '그 행위 또는 거래의 명칭, 형식, 목적 등과 관계없이 직접 또는 간접적인 방법으로 타인에게 무상으로 유무형 재산 또는 이익을 이전하거나 타인의 재산가치를 증가시키는 것'으로 정의한다. 이제 구체적으로 어떤 세금이 발생하는지 살펴보겠다.

시가 10억 원 상당의 아파트를 증여한다고 가정했을 때 일단 증여자는 별도 세금이 발생하지 않는다. 다만 이를 받는 수증자의 경우 해당 자산을 무상으로 받으므로 증여세가 발생하고 소유권이전에 따른 취득세가 발생한다. 이때 발생한 취득세는 증여 취득세. 증여세 계산을 위한 증여세 계산 구조와 세율은 앞에서 배운 내용을 참고하면 된다.

이상을 바탕으로 자녀 증여세를 계산해 보면 시가 10억 원 아파트를 증여받고 과거 10년 동안 증여받은 재산이 없을 시 성년 자녀이므로 5,000만 원 공제가 된다. 따라서 증여세 과세표준은 9억 5,000만 원이 되며 여기에 세율 30%인 누진공제 6,000만 원을 차감해 증여세는 2억 2,500만 원이 도출된다. 즉 10억 원 아파트

[자료 5-8] 단순증여인 경우

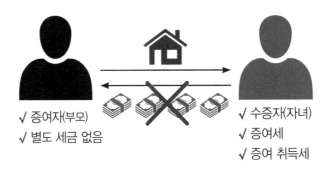

√ 증여자(부모)
√ 별도 세금 없음

√ 수증자(자녀)
√ 증여세
√ 증여 취득세

를 증여할 시 증여세는 2억 2,500만 원이 나오고 해당 증여세는 혜택을 본 자녀가 모두 부담해야 한다.

그렇다면 이러한 증여세를 줄이려면 어떻게 해야 할까? 먼저 우리 세법은 증여세 기한 내(증여일이 속하는 달의 말일로부터 3개월) 신고를 하면 3% 세액공제를 제공한다. 방금 사례의 경우 675만 원(=2억 2,500만 원×3%)을 아낄 수 있다.

다음으로 최근 개정된 혼인 또는 출산 증여공제를 받을 수 있다. 혼인 신고일 전후 각각 2년 그리고 출산 및 입양 후 2년 내라면 공제를 받을 수 있다. 이 경우 증여세는 1억 9,500만 원으로 3,000만 원(=증가한 공제금액 1억 원×30% 세율)이 낮아질 수 있다.

그러나 이번에는 계산 편의상 별도 신고세액공제는 생략했으며 혼인이나 출산 증여공제는 없다고 가정했다(다음에 나올 사례들 역시 모두 동일하다). 그렇다면 10억 원 아파트를 증여받은 자녀가 2억 2,500만 원의 세금만 내면 끝나는 것일까? 그렇지 않다. 증여 취득세를 다시 부담해야 한다.

증여 취득세율 역시 다주택자 취득세율처럼 중과가 적용된다. 다만 모두 적용되는 것은 아니며 조정대상지역에 위치한 공시가격 3억 원 이상 주택에 대해 적용된다. 또한 1세대 1주택자가 배우자나 직계존비속에게 증여했다면 여전히 3.5% 증여 취득세가 적용된다.

따라서 이 경우에는 부모 세대 주택 수, 조정대상지역 여부, 공시가격 3억 원

[표 5-11] 증여 취득세율

기존 증여 취득세율	현행
3.5%	✓ 조정대상지역 외 공시가 3억 원 이상: 12% ✓ 그 외: 3.5% • 단, 1세대 1주택자가 소유주택을 **배우자, 직계존비속** 등에게 증여한 경우 3.5% 세율 적용

이상 여부 등을 추가로 따져야 하나 계산 편의상 3.5% 취득세를 적용했다(지방 교육세율 등 제외, 면적 미적용). 또한 2023년도부터는 시가인정액 도입으로 증여 취득세 과세표준은 시가라고 칭하겠다. 정리하자면 증여 취득세는 10억 원의 3.5%인 3,500만 원을 추가로 부담해야 한다. 따라서 단순증여 시 부담해야 할 금액은 부모는 없고 자녀는 2억 6,000만 원을 부담하면 된다.

부담부증여 하는 경우

두 번째 방법은 부담부증여다. 부담부증여란 '채무를 인수하는 증여'인데 이때 채무란 증여하는 자산과 직접적인 연관성이 있어야 한다. 즉 [자료 5-9]의 경우 아파트 담보대출이 될 수 있고, 아파트에 거주하는 전세 임차인의 보증금이 해당될

[자료 5-9] 부담부증여인 경우

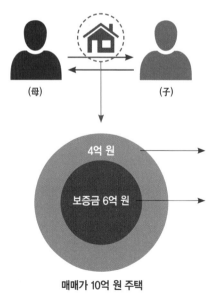

모친이 아들에게 시가 10억 원 상당의 아파트를 증여한 경우

(母) (子)

4억 원

보증금 6억 원

매매가 10억 원 주택

1. 매매가 10억 원 - 보증금 6억 원
   =4억 원
   • 이 4억 원은 순수 증여분이므로 대가성이 없어 증여세 과세

2. 보증금 6억 원
   • 양도세 과세 대상 자산이며 대가성으로 보아 양도세 과세
   (두 가지 요건 만족)

3. 이 둘이 결합한 것이 부담부증여

수 있다. 여기서는 시가 10억 원 아파트에 6억 원의 채무가 있다고 가정하겠다. 이때 어떤 세금이 각각 발생할까? 결론부터 말하자면 채무 6억 원에 대해 부모는 양도세, 자녀는 일반매매 취득세가 적용되며 시가 10억 원에서 채무 6억 원을 차감한 4억 원에 대해서는 자녀에게 증여세 그리고 증여 취득세가 적용된다.

세금이 왜 이렇게 과세가 되는지 '이해'하는 것은 매우 중요하다. 구체적인 계산은 세무사에게 맡기면 되지만 과세 체계를 이해하고 의사결정을 하는 사람은 우리기 때문이다. 먼저 시가 10억 원 아파트에 채무 6억 원을 그대로 받는 부담부증여라는 것을 이해해야 한다. 수증자인 자녀는 채무 6억 원에 대해서 오히려 빚이 늘어난 것이므로 순수하게 재산이 늘어난 이익 부분은 10억 원에서 6억 원을 차감한 4억 원에 해당한다.

앞서 우리는 증여의 개념을 살펴보았다. 무언가 이득을 본 것에 대해 증여세가 부과되는 것이기에 자녀는 4억 원에 대한 증여세만 납부하면 된다. 이를 계산하면 다음과 같다. 증여재산 4억 원에 증여재산공제 5,000만 원을 적용하면 증여세 과세표준은 3억 5,000만 원, 여기에 20% 세율에 공제금액 1,000만 원을 적용하면 증여세는 6,000만 원으로 계산된다(신고세액공제 제외).

여기서 중요한 점은 이 4억 원에 대해서는 마찬가지로 증여 취득세가 적용된다는 것이다. 따라서 조정대상지역 여부와 공시가액 3억 원 이상 여부 등을 따져야 하나 여기에서는 해당되지 않는다고 가정하겠다. 이렇게 보면 단순증여 시 발생하는 증여세 2억 2,500만 원보다 훨씬 부담이 적다. 그렇다면 부담부증여가 무조건 절세에 유리할까? 그럴 수도 있고 아닐 수도 있다. 왜냐하면 채무 6억 원에 대해 다른 세금이 붙기 때문이다.

앞서 결론에서 말한대로 채무 6억 원에 대해서는 이를 넘겨준 부모가 양도세를 부담해야 한다. 우리 세법에서는 이 경우 ①양도세 과세대상 자산인 부동산(아파트)을 넘겨준 것이고 ②부모 채무를 자녀가 떠안아서 줄어든 채무에 대해 '대가성'이 있다고 보아 부모에게 양도세를 부과한다. 그렇다면 채무 6억 원에 대 해 양도세는 어떻게 계산할까? 이걸 계산하려면 당초 취득가를 알아야 하는데 편의상 취득가가 5억 원이라고 한다면 이때 양도가는 6억 원(채무액), 취득가는 5억 원×(6억 원/ 10억 원) = 3억 원이 된다. 따라서 양도차익은 3억 원(=양도가 6억 원-취득가 3억 원)이 되는데 이때 양도세는 대략 1억 원 정도가 나온다.

그런데 만약 부모세대 주택 수가 해당 주택 하나만 있어서 양도세 비과세가 가능하다면 어떻게 될까? 이때는 채무 6억 원에 대한 양도세를 '0'으로 만들 수 있다. 반대로 다주택이고 조정대상지역에 위치하고 있으며 양도세 중과배제 유예 등이 적용되지 않는다면? 그때는 말 그대로 세금폭탄을 맞을 수도 있다. 그리고 채무 6억 원에 대해 양도세가 적용된 것처럼 이를 받는 자녀는 이 6억 원에 대해 증여 취득세가 아닌 일반 취득세가 적용되는데 만약 자녀 세대 기준 주택 수가 이미 3주택인 상황에서 부담부증여를 하면 채무 6억 원에 대해서는 12% 취득세 중과가 적용될 수 있다.

이렇게 복잡한 부담부증여를 다시 정리하면 채무 6억 원에 대해서는 부모는 양도세 자녀는 일반 취득세가 적용된다. 차액 4억 원에 대해서는 부모는 별도 세금이 없고 자녀는 증여세 그리고 증여 취득세가 적용된다. 따라서 부담부증여는 ①양도세 ②증여세 ③증여 취득세 ④일반 취득세 네 가지를 모두 고려해야 한다. 여기서 우리는 결론만 기억하면 된다. "부모는 비과세가 가능한 주택을 '부담부증여' 하고 자녀에게 주택 수가 없을 때 이를 진행하면 가장 좋다!" 증여세만 놓고 본다면 일반증여는 2억 2,500만 원, 부담부증여는 6,000만 원이 나온다.

저가양수도 하는 경우

이제 특수관계자 저가양수도다. 특수관계자 저가양수도란 말 그대로 '저가에 매각하기'라 증여에 해당하지 않는다. 따라서 해당 아파트를 받는 자녀는 증여세가 아닌 '아파트 취득자금'를 준비해야 한다.

우리 세법에서는 특수관계자 매수인의 경우 '시가의 30%에 해당하는 금액'과 '3억 원' 중 적은 금액을 차감한 금액까지는 별도 증여가 나오지 않지만 이보다 적은 금액으로 매수한다면 증여세를 부담하도록 하고 있다. 사례는 시가 10억 원 아파트이므로 시가의 30%에 해당하는 3억 원과 고정 금액 3억 원 중 적은 금액을 선택하면 되기에 10억 원에서 3억 원을 차감한 7억 원까지는 봐주는 것이다.

만약 10억 원 아파트를 5억 원에 부모가 자녀에게 '매각'한다면 어떻게 될까? 이때는 차액 2억 원(=7억 원-5억 원)에 대해 증여세가 부과된다. 따라서 증여세는 증여재산 2억 원에서 공제금액 5,000만 원을 차감하면 증여세 과세표준 1억 원 5천 만 원이 되고 이때 세율과 누진공제를 적용하면 2,000만 원이 된다.

물론 부담부증여처럼 증여세만 부담하면 나머지 과세 이슈가 사라지는 것은 아니다. 아파트를 저렴하게 매도한 부모는 양도가액이 낮아지면서 양도세 부담이 줄기 때문에 시가를 양도가액으로 재계산해 양도세를 부담해야 한다. 그리고 자녀가 부담해야 하는 취득세 역시 놓쳐서는 안 된다. 무엇보다 자녀는 5억 원이라는 거금을 아파트 매수자금으로 마련까지 해야 한다. 이에 대해 다시 부모가 지원을 한다거나 제대로 된 자금출처소명을 못한다면 추가 증여세 이슈가 있을 수 있으니 주의하자. 정리하자면 저가양수도로 자녀가 부담해야 할 증여세는 2,000만 원이 된다(물론 어떤 금액으로 매수하느냐에 따라 증여세는 천차만별이다).

세 가지 방법 중
가장 좋은 선택과 주의 사항

먼저 단순 증여가 가장 심플하다. 자녀가 증여세와 취득세만 부담하면 끝이기 때문이다. 다만 세 가지 방법 중에서는 증여세 부담이 가장 크다.

[표 5-12] 세 가지 방법 비교

구분	발생하는 세금	증여세(본문 사례)	유의 사항
단순 증여	• 증여자(부모): 없음 • 수증자(자녀): 증여세, 증여 취득세	2억 2,500만 원	• 자녀 증여세 부담
부담부증여	• 증여자(부모): 없음 • 수증자(자녀): 증여세, 증여 취득세, 일반매매 취득세	6,000만 원	• 주택 수 유의 • 양도세 비과세 유리 • 다주택 취득세 중과 주의
저가양수도	• 매도자(부모): 양도세 • 매수자(자녀): 취득세(일부 증여 취득세 발생할 수 있음)	2,000만 원(그 이하 가능)	• 자녀 자금출처 유의 • 다주택 취득세 중과 주의

부담부증여는 과세체계가 복잡하고 계산도 어렵지만 요즘처럼 양도세 중과 한시 유예인 시기에는 가장 좋은 방법 중 하나다. 특히 부담부증여 대상 주택이 양도세 비과세가 된다면 더할 나위 없이 좋다. 물론 자녀의 경우 취득세 중과를 조심해야 하고 해당 채무를 추후 상환해야 하는 부담도 있다(사후관리 대상).

저가양수도는 사례에서 5억 원 매수를 가정했지만 만약 법에서 허용가능한 선인 7억 원으로 거래한다면 자녀가 내야 할 증여세를 없앨 수 있다. 단, 특수관계 거래이기 때문에 자녀가 자금출처에 대해 반드시 소명할 수 있어야 한다. 여기에 증여가 아닌 일반 매매이므로 취득세 중과 역시 주의가 필요하다.

지금까지 정리한 내용을 [표 5-12]에 정리해 보았다. 그리고 마지막으로 당부하고 싶은 사항은 다음과 같다.

1. 우량자산을 자녀에게 넘겨야 한다

지금은 증여를 하면 최소 10년은 가지고 있어야 한다. 물론 이월과세 예외도 있으나(1세대1주택 비과세 등) 긴 호흡으로 접근해야 하기에 가급적 좋은 자산을 넘겨주는 게 좋다. 단순증여, 부담부증여, 저가양수도는 그 방법 중 하나일 뿐이다.

2. 부담부증여와 저가양수도는 비과세 전략을 최대한 활용해야 한다

앞서 살펴보았듯 양도세가 발생하는 경우는 비과세 전략을 활용하는 게 가장 좋다. 그렇게 해야 전체 세 부담을 줄일 수 있기 때문이다.

3. 취득세 중과를 조심해야 한다

부담부증여에서 취득세 중과를 설명하면 "어떻게 그렇게 되나요?" 하고 문의하는 사람이 상당히 많다. 하지만 이게 안 된다면 반대로 양도세 비과세도 불가하다. 따라서 부모세대 주택 수(양도세 비과세 고려 시)와 자녀세대 주택 수(취득세 중과 조심) 등 양쪽 모두를 따져서 진행해야 한다.

4. 자녀의 경우 '생애 최초' 혜택도 고려해야 한다

간혹 미성년자 자녀를 끼고 부동산을 증여하거나 부모와 공동명의로 매수하는 경우를 종종 본다. 무엇보다 소득이 전혀 없는 미성년자가 부동산을 취득하면 국세청의 불필요한 관리 대상이 될 수 있다. 또한 정부에서 지원하는 '생애 최초' 혜택을 놓칠 수도 있다.

지금도 생애 최초 취득세는 물론 생애 최초 대출 혜택 등 청년세대가 취득하는 첫 부동산에 대해서는 혜택이 상당히 많다. 그리고 이걸 잘만 활용한다면 평소 생각지 못했던 상급지 물건을 매수하는 것도 가능할 수 있다(이건 대출까지 모두 고려해야 한다). 개인적으로 첫 부동산 취득은 자녀가 성년이 된 후 경제 활동을 통해 어느 정도 소득이 있을 때 할 수 있도록 부모가 배려하는 편이 좋다고 본다.

5. 세금 계산 및 신고대행은 꼭 세무대리인과 함께 해야 한다

위에서 확인한 것처럼 세금 계산 과정은 굉장히 복잡하고 고려해야 할 요소도 많다. 필자 역시 계산 과정에서 자신도 모르게 놓친 부분이 있을 수 있다. 따라서 실제 세액계산 그리고 신고대행까지 세무대리인(세무사 등)의 도움을 받아서 진행하

는 게 바람직하다. 생각지도 못했던 절세 포인트 혹은 놓칠 뻔한 과세 리스크를
찾을 수도 있기 때문이다.

국세청은 내가 취득한 부동산 취득자금을 어떻게 파악할까?

개인 혹은 법인명의로 소득이 발생하면 이에 대해 (개인)소득세 또는 법인(소득)세를 부담해야 한다.

개인의 경우 벌어들인 소득에 대해 8가지 소득(①이자 ②배당 ③사업 ④근로 ⑤연금 ⑥기타 ⑦양도 ⑧퇴직) 중 하나로 구분해 과세하고(열거주의), 법인의 경우 '각 사업연도 소득금액'이라고 해서 포괄주의 과세 방식을 취한다. 만약 제대로 과세되지 않으면 우리 세법은 상속세 및 증여세법(이하 상증세법)을 근거로 다시 한번 놓친 소득에 대해 과세할 수 있다. 즉, 보통의 부과제척기간이 5년 등으로 짧은 것에 비해 상증세법에서는 10년 혹은 15년의 부과제척기간이 있다. 여기에 더해 사기 및 기타 부정한 방법 등이 밝혀지면 '과세당국이 안 날로부터 1년'이라는 특수한 사례도 있어 이론상 특정 항목에 대해서는 '영원히' 과세할 수도 있다.

이렇게 '1차-소득세 및 법인세' '2차-상증세'를 통해 촘촘하게 과세하지만 그런데도 누락되는 경우가 있을 수 있다. 그렇다면 이러한 경우는 과세당국에서 어떤 방법을 취할까? 이게 바로 지금부터 설명할 '자금출처조사'다.

자금출처조사는 곧 '증여세' 조사다

자금출처조사는 재산 취득이나 채무 상환 등의 사용자금에서 개인의 직업과 나이, 소득과 재산 상태 등으로 보아 본인의 능력에 의한 것이라 보기 어렵다면 자금의 출처를 밝혀 증여세 탈루 여지를 밝히는 세무조사라 할 수 있다.

따라서 이에 대해 제대로 소명하지 못하거나 자금출저가 불분명하다면 증여세가 부과될 수 있다. 즉, 앞에서 설명한 대로 '1차 소득세 및 법인세 → 2차 상증세 → 3차 자금출처조사' 순으로 이어진다고 이해하면 어떨까 한다.

비슷한 용어로 '자금조달계획서'가 있는데 이는 세무조사는 아니고 일종의 '1차 필터' 정도로 보면 된다. 즉, 우리가 주택을 취득할 때 규제 지역에 있는 경우라면 '모두'이고 비규제 지역이라면 '거래 가액이 6억 원 이상'인 경우, 마지막으로 법인명의로 주택을 취득한다면 '모든 주택 거래에 대해' 자금조달계획서를 작성해야 하지만 그렇다고 이 자체가 세무조사인 것은 아니다.

물론 자금조달의 원천이 불분명하거나 특수관계자에게서 과도한 차입금을 받았을 때 등이라면 추가 소명 연락을 받을 수 있고 이 중 일부는 세무조사로 이어질 수도 있다. 따라서 있는 그대로 작성하는 것이 가장 좋다.

그렇다면 불특정 다수를 대상으로 하는 자금출처조사는 과세당국에서 어떤 방식으로 선정하는 것일까?

과세당국의 무기, 소득-지출 분석 시스템

이에 대해 국세청은 '소득-지출 분석 시스템'을 활용한다고 알려져 있다. 소득-지출 분석 시스템이란 통상 'PCI 조사'라고 하는데 이는 Property, Consumption and Income Analysis System의 줄임말이다. 즉, 특정 개인의 자산(Property)과 지출(Consumption) 그리고 소득(Income)을 종합적으로 분석해 탈루혐의금액은 얼마나 되는지 예측하고 이 중 금액이 크거나 별도 이슈가 있다면 이에 대해 조사자

[자료 5-10] 소득-지출 분석 시스템 모델

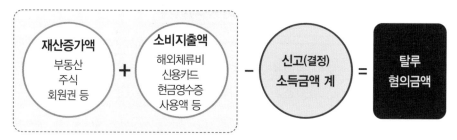

재산증가액
부동산
주식
회원권 등

+

소비지출액
해외체류비
신용카드
현금영수증
사용액 등

-

신고(결정)
소득금액 계

=

탈루
혐의금액

※ 일정 기간의 소득금액과 재산증가액, 소비지출액을 비교·분석해 탈루혐의금액을 도출

를 선정하는 것이다. 그런데 이게 어떤 식으로 진행되는 걸까?

[자료 5-10]은 국세청 보도자료의 일부로 무려 2009년에 나온 자료다. 소득-지출 분석 시스템의 원리는 아주 간단하다. 일정 기간 내 특정인의 재산증가액과 소비지출액을 더하고 여기에 신고한 소득금액을 차감하면 그 결과가 탈루혐의금액이 된다.

예를 들어, 부동산 취득가액이 10억 원이고 소비지출이 3억 원인데 신고된 소득금액이 3억 원이라면 '(10억 원+3억 원)-3억 원=10억 원'으로 양(+)의 값이 나오게 되고 이게 탈루혐의금액으로 볼 수 있다(물론 해당 금액이 전부 탈세 금액이 되는 건 아니다).

이러한 경우는 개인마다 모두 다를 것이다. 하지만 중요한 건 '평균값'이 있다는 점이고 그러한 자료는 수년간에 걸쳐 계속 누적되어 정확도가 점점 올라갈 것이다. 따라서 '대한민국 30대 직장인'이라고 가정한다면 평균치인 재산과 소비지출액 및 소득금액이 있을 것이고, 여기에서 벗어나면 벗어날수록 조사 대상자로 선정될 가능성이 높다고 생각하면 이해하기 쉬울 듯하다.

자산(주식이나 부동산 등) 취득 시 특히 주의하자

소득-지출 분석 시스템의 원리를 조금 더 살펴보자. 국세청은 신고하지 않고 탈루한 소득금액에 대해 결국에는 최종 실제 소득자(해당 이득을 가장 많이 누린 자로, 예를 들어 부모가 소득을 탈루하고 자녀에게 이전 시 그 소득을 이전받은 자녀 등)가 부동산이나 주식 등을 취득해 재산이 증가하거나 혹은 해외여행 및 고가 명품 소비 등의 소비지출로 나타난다고 본다.

따라서 실제 소득자(자녀 등)의 재산이나 소비지출은 큰 폭으로 그에 따른 소득금액은 그렇게 증가하지 않았다면 결국 PCI 조사를 통해 탈루혐의자를 잡아내는 것이 훨씬 수월해진다.

이에 따라 국세청은 다음과 같은 경우를 중심으로 이 시스템을 활용한다.

첫째, 기업주의 법인자금 사적 사용 유무 검증

영리법인의 개인 사주가 회사자금을 임의로 유용해 사적으로 소비지출하거나 재산을 증식했는지 검증한다. (뒤에서 설명하겠지만) 최근 세무조사 트렌드는 자금출처는 물론이고 해당 자금을 지원한 사업주의 사업장까지 함께 조사하는 경우가 있으니 유의하길 바란다.

둘째, 고액 자산 취득 시 자금출처 관리 강화

취득 능력이 부족한 무소득자나 미성년자 등이 고액의 부동산 등을 취득할 시 자금출처 관리에 활용하는데, 대부분이 여기에 해당한다.

셋째, 세무조사 대상자 선정 시 활용

앞서 언급한 대로 본 시스템을 통해 세무조사 대상자를 선정한다. 참고로 세무조사를 선정하는 팀과 실제로 세무조사를 수행하는 팀은 통상 다르다는 점도 알아두길 바란다.

이상의 내용을 종합하면 가장 먼저 부동산 등 고액 자산 취득을 유의해야 한다. 물론 본인 소득이 있고 이를 소명할 수 있다면 아무 문제가 되지 않지만 '소득 대비' 너무 큰 자산을 취득한다든지 그 외 소비지출이 많아 사용자금이 부족한 경우라면 유의해야 한다.

최악의 경우 위 세 가지가 모두 결합할 수도 있다. 예를 들어, 소득 능력이 없는 자녀 명의로 부동산을 취득할 수 있도록 부모가 자금을 마련해주었는데 해당 자금이 부모의 사업체에서 부당하게(현금매출 누락 등) 조달된 것이라면 자녀의 경우 자금출처조사를, 부모 역시 해당 사업체 조사를 동시에 받을 수도 있다. 실제로 그런 경우가 종종 있으니 다음 사례를 살펴보도록 하자.

주요 적발 사례 5가지

첫 번째 사례는 '현금수입업종의 과소신고 혐의 사례'다.

당사자는 숙박업과 음식점업을 겸업하면서 최근 5년간 종합소득금액으로 4,100만 원(월 70만 원 정도)을 신고했으나 31억 원에 해당하는 아파트에 거주하고 고급 승용차를 소유했으며 15차례에 걸쳐 해외여행을 가는 등 소득에 비해 소비수준이 과다한 것으로 드러났다. 이를 PCI 조사를 통해 살펴보면 [사례 1]과 같다.

부동산과 주식 등 재산증가액은 20억 2,000만 원이고 해외여행 등 소비지출액은 3억 1,200만 원이지만 신고된 소득금액은 4,100만 원밖에 되지 않아 이에 따른 탈루혐의금액은 22억 9,100만 원이나 된다.

[사례 1] 현금수입업종 과세신고 혐의(국세청)

□ 최근 5년간 탈루혐의 추정액

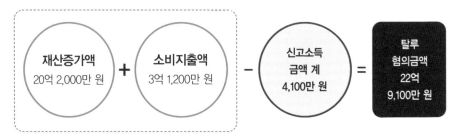

○ 최근 5년간 신고한 종합소득금액 4,100만 원

○ 재산증가금액 20억 2,000만 원
 – 부동산 : (취득) 아파트 등 3건 취득가액 31억 4,000만 원
 – 부동산 : (양도) 아파트 등 3건 양도가액 11억 3,500만 원
 – 주식 : (취득) OO주식 취득 1,500만 원(액면가액)

○ 소비지출금액 3억 1,200만 원

종합소득금액을 4,100만 원 정도 신고한 다른 일반적인 사례에 비해 재산 및 소비지출액이 지나치게 높다는 점이 한눈에 파악되지 않는가? 그 결과 과세당국은 자금출처조사를 진행했고 이에 대해 제대로 소명하지 못하면 그에 따라 가산세까지 포함되어 과세될 것이다.

두 번째 사례는 '회사자금으로 개인 부동산 취득 혐의 사례'다. 당사자는 A회사의 대표이사로 근무하며 최근 5년간 근로소득금액 3억 900만 원(월 500만 원)을 신고했으나 35억 원에 해당하는 아파트에 거주하며 고급 승용차를 소유하고 가족 7명이 해외여행을 무려 112차례나 가는 등 소득 대비 소비 수준이 과다한 것으로 분석되었다. 마찬가지로 PCI 조사 결과는 [사례 2]와 같다.

역시 시작은 재산증가액인데 5년간 30억 원 정도 취득했고 소비지출 역시 8억 원이 넘는다. 이에 반해 신고한 소득금액은 3억 원에 불과해 그 결과 탈루혐의금액

[사례 2] 회사자금으로 개인 부동산 취득 혐의(국세청)

□ **최근 5년간 탈루혐의 추정액**

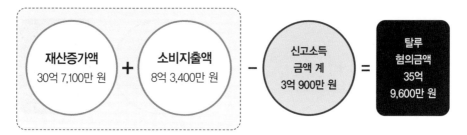

○ 최근 5년간 신고한 종합소득금액 3억 900만 원

○ 재산증가금액 30억 7,100만 원
  - 부동산 : (취득) 아파트 1건 취득가액 34억 7,500만 원
  - 부동산 : (양도) 아파트 1건 양도가액 8억 3,000만 원
  - 주식 : (취득) OO회사 주식 85,200주 4억 2,600만 원

○ 소비지출금액 8억 3,400만 원

은 36억 원에 육박한다. 독자들이 보기에도 좀 과하다는 생각이 들지 않는가?

세 번째 사례는 '고소득 의료업자의 과소신고 혐의 사례([사례 3] 참조)'다. 당사자는 병원을 운영하며 최근 5년간 종합소득금액 3억 2,200만 원을 신고했으나(월 500만 원), 시가 25억 원 상당의 고급 주택에 거주하며 고급 승용차를 소유하고 자녀 3명을 캐나다로 유학 보내고 해외여행 역시 32차례나 가는 등 소득 대비 소비 수준이 과다한 것으로 분석된다.

PCI 조사 결과 재산증가액은 상가 취득으로 약 28억 원, 소비지출액은 2억 6,000만 원 정도지만 그에 따른 신고소득금액은 3억 2,000만 원 정도로 탈루혐의금액이 27억 원에 육박한다. 이 역시 자금출처에 관해 제대로 소명하지 못하면 거액의 세금을 납부해야 할 것이다.

[사례 3] 고소득 의료업자의 과소신고 혐의(국세청)

□ 최근 5년간 탈루혐의 추정액

○ 최근 5년간 신고한 종합소득금액 3억 2,200만 원

○ 재산증가금액 28억 1,800만 원
  – 부동산 : (취득) 상가 1건 취득가액 28억 1,800만 원

○ 소비지출금액 2억 6,100만 원

PCI 조사는
현재진행 중?

물론이다. 최근에는 자금출처에 대한 증여세는 물론 자금출처의 소스가 사업장이라면 해당 사업장까지 동시통합조사를 하기도 한다.

다음 [사례 4]는 2021년 사례로 소득 등 자금원천이 없음에도 연소자 A가 신도시 아파트 및 고액 신축 상가를 구매한 경우다. 이에 대해 자금출처 확인 결과 부친이 해당 취득자금을 편법 증여한 것으로 밝혀졌는데 보통은 이에 대해 증여세를 부과하고 조사가 끝나고는 했다.

하지만 조사 결과 부친이 전자상거래 법인을 운영하면서 소득을 신고 누락한 후 해당 자금을 빼돌려 연소자 A 및 모친, 형 등 가족들의 고액 부동산 취득자금

[사례 4] 자금출처 적발(국세청)

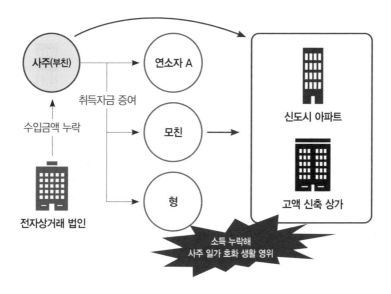

으로 편법 증여한 혐의가 확인되었고 이에 따라 자금출처조사 및 법인통합조사가 동시 착수되었다.

이는 앞서 살펴본 PCI 조사 원리와 같다. 즉, 연소자 A는 소득이 없기에 재산증가액에서 차감될 값이 하나도 없는데도 같은 또래보다 지나치게 재산증가액이 높았다. 이에 대해 자금출처소명을 요청했는데 그 자금이 부친에게서 나왔고 확인 결과 부친이 운영 중인 법인에서 신고 누락 금액도 나왔기에 이를 함께 조사한 것이다.

여기서 "그럼 소득이 없으니 부모에게 차용증을 쓰고 빌리면 되지 않느냐?"라고 반문할 수도 있을 듯하다. 물론 가능은 하지만 이게 늘 괜찮은 건 아니다.

다음 [사례 5]는 아들 B가 허위 자금조달계획서를 제출해 문제가 된 경우인데, 이 역시 사회초년생이면서 소득 대비 지나치게 비싼 투기지역 아파트를 매수함으로써 문제가 되었다.

확인 결과 아버지 A와 차용증을 작성하긴 했으나 수억 원이라는 거금에 이자가

[사례 5] 차입금 허위신고(국세청)

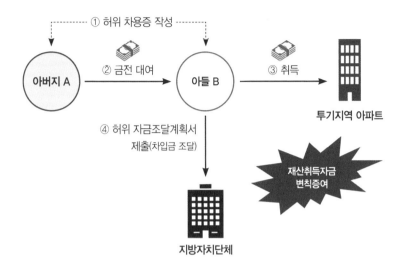

전혀 없었고 30년이라는 지나치게 긴 상환기간 역시 문제였다. 즉, 차용증을 작성했다고 해서 증여로 보지 않는 것은 아니며 제삼자와 거래하는 것처럼 보이는 게 중요한데 수억 원을 빌려주면서(이 자체가 제삼자에게 해줄 리 없는 것이다) 이자도 받지 않고 30년이라는 상환기간을 주는 예는 없다. 이 사례 역시 처음 시작은 소득 대비 지나치게 재산이 많이 증가해 문제가 된 경우다.

6장

트렌드가 될 절세 기술, 개인 매매사업자와 법인사업자

제네시스박의 부동산 세금 트렌드 2025

제대로 알고
시작하는 매매사업자

최근 개인 매매사업자에 대한 관심이 높아지고 있다. 매매사업자란 말 그대로 부동산을 사고파는 업인데, 매매업으로 거래하면 2년 미만 단기 양도세를 피할 수 있고 매매사업자는 부동산을 사고파는 과정에서 양도세가 아닌 종합소득세를 적용받는다. 게다가 거주주택 비과세도 적용받을 수 있는데 판매용으로 등록한 주택은 '재고자산'으로 인정되어 주택 수에서 제외되므로 거주주택 비과세가 가능한 것이다.

이러한 장점만 본다면 개인 매매사업자가 매우 좋게 보인다. 물론 요건을 갖추고 성실하게 매매업에 종사한 매매사업자라면 방금 언급한 혜택을 누릴 수 있다. 하지만 외형만 그럴싸하게 하고 성실히 매매업을 진행하기보다 세제 혜택만 누리려 한다면 좋지 않은 결과로 이어질 수 있다.

이번에는 개인 매매사업자의 과세체계에 대해 먼저 이해하고 어떤 특징과 장단점이 있는지 살펴보겠다.

개인 매매사업자의
정의

매매사업자는 '부동산의 매매 또는 그 거래를 사업 목적으로' 하는 사람이다. 여기서 중요한 건 '사업상의 목적'이라는 말인데 이는 부동산 매매 자체를 업으로

[자료 6-1] 매매사업자의 정의

소득세법 기본 통칙
- 부동산의 매매 또는 거래를 사업 목적으로 나타내 부동산을 매매하거나 사업상의 목적으로 부가가치세법상 1과세기간 내에 1회 이상 부동산을 취득하고 2회 이상 판매한 경우에 해당한다.

1회 이상 부동산을 취득하고, 2회 이상 부동산을 판매하면 매매사업자일까?
- 이는 하나의 예시일 뿐 무조건 부동산 매매업으로 보는 것은 아니다(대법원 97 누 12785, 1998.02.10).
- 매매업 여부는 사업의 내용에 따라 결정되며, 과세당국의 종합적인 판단이 중요하다.

해야 한다는 의미다. 따라서 단순히 부동산을 보유하고 있다가 우연치 않게 오른 차익에 대해 양도할 경우에는 매매업이 아닌 양도세로 처리될 가능성이 높다.

이와 관련해 많은 사람이 '주택을 1회 이상 취득하고 2회 이상 판매했으면 매매사업자이지 않을까?' 하고 오해하지만 매매사업자의 정의에서 기본 통칙은 매매사업자로 인정될 수도 있는 단순한 예시일 뿐이며 이렇게 한다고 해서 무조건 매매사업자로 간주하는 것은 아니다([자료 6-1] 참조).

사업소득이 적용되는
매매사업자

매매사업자란 무엇인지 제대로 알기 위해서는 소득세법의 과세체계에 대해 이해해야 한다. 우리 세법은 개인명의로 벌어들인 소득에 대해 이게 어떤 소득인지 구분하는 '소득 구분'을 진행한다.

예를 들어 직장인 A가 아파트를 취득 및 파는 과정에서 차익을 남겼다면 이건 어떤 소득으로 과세될까? 특별한 경우가 아니라면 이는 '양도세'로 과세된다. 그럼 본인의 근로소득과는 이는 합산이 될까? 그렇지 않다. 양도세는 다른 소득과 합산되지 않는 '분류과세' 방식을 취하고 있기 때문이다([자료 6-2] 참조).

그런데 A가 아파트 매매에 꾸준히 관심을 보이고 이를 '반복적'으로 진행했다면 이는 어떤 소득에 해당할까? 이 경우는 몇 가지 요소를 만족한다면 '사업소득'으로 인정될 가능성이 높다. 즉 해당 행위를 '매매업'으로 보아 이에 대한 소득은 사업소득에 해당되는 것이다. 이러한 경우에는 당연히 사업소득이 본인 근로소득과 합산되기에 이에 대해 매년 5월 종합소득세(근로소득+사업소득) 신고를 별도로 해야 한다.

이번에는 A가 법인명의로 아파트를 사고팔았다고 가정해보자. 개인명의가 아닌 법인명의로 활동한 이유는 종합과세로 인해 세 부담도 커졌고 회사에서 자신의 개인사업을 알아차릴 수 있는 가능성이 우려되었기 때문이다. 이때 아파트 매매차익은 법인명의로 거래했기에 '법인세'로 과세되고 만약 거래 매물이 주택인 경우 '토지 등 양도차익에 대한 추가법인세' 20%를 별도로 부담해야 한다. 하지만

[자료 6-2] 소득 구분

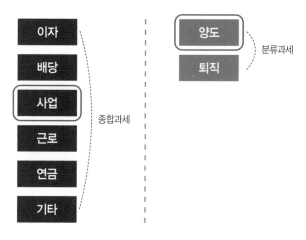

본인 근로소득과는 합산되지 않는데 왜냐하면 소득세와 법인세는 완전히 다른 과세체계를 따르기 때문이다. 지금까지의 내용을 정리하면 다음과 같다.

1) 직장인의 일반적인 부동산 거래 → 양도세로 과세(분류과세)

2) 반복적인 부동산 거래 + 그 외 요건 충족 → 사업소득 과세(근로소득과 합산)

3) 만약 법인명의로 매각하면? → 법인세로 과세(완전히 다른 과세체계를 따름)

매매사업자의
양날의 검

앞에서 매매사업자의 정의를 간략하게 알아보았다. 요건만 갖춘다면 매매사업자를 이용해 단기 양도세를 피할 수 있고 거주주택 비과세를 받을 수 있다. 그렇다면 최근 부동산 규제가 점점 심해지고 있는데도 왜 매매사업자에 사람들의 관심이 집중될까? 이러한 장점이 있기 때문이기도 하지만 당연히 단점도 있다. 이번에는 매매사업자의 장점과 단점을 구체적으로 알아보겠다.

단기 매매 시
유리한 세 부담

매매사업자는 사업소득이 발생하므로 양도세율이 아닌 종합소득세율 6~45%을 적용받는다([표 6-1] 참조). 여기서 중요한 점은 이러한 종합소득세율은 부동산 보유 기간과 무관하다는 것이다. 즉 직장인 A가 B 아파트를 취득 후 단 하루만 보유한 다음 매각해도 6~45% 세율만 부담하면 된다. 다시 말해서 주택을 2년 이상 보유해야 적용되는 양도세 기본세율이 아닌 보유 기간이라는 조건 없이 곧바로 종합소득세율이 적용된다. 그리고 이러한 종합소득세율은 양도세 기본세율과 동일하다.

그리고 현재 2년 미만 단기 양도세율 개정은 '아직' 진행되지 않았다. 그렇기에 주택을 보유하고 1년 미만인 상태에서 매각하면 70%, 1년 이상~2년 미만 보유 후

[표 6-1] 종합소득세율

과세표준	세율	속산표
1,400만 원 이하	6%	과세표준×6%
1,400만 원 초과~5,000만 원 미만	15%	과세표준×15% − 126만 원
5,000만 원 초과~8,800만 원 미만	24%	과세표준×24% − 576만 원
8,800만 원 초과~1억 5,000만 원 미만	35%	과세표준×35% − 1,544만 원
1억 5,000만 원 초과~3억 원 미만	38%	과세표준×38% − 1,994만 원
3억 원 초과~5억 원 미만	40%	과세표준×40% − 2,594만 원
5억 원 초과~10억 원 미만	42%	과세표준×42% − 3,594만 원
10억 원 초과	45%	과세표준×45% − 6,540만 원

* 매매업으로 개인명의 주택을 보유 후 매각: 종합소득세율 적용(보유 기관 무관)

매각하면 60%의 단기 양도세율을 부담해야 한다. 여기에 지방소득세까지 더하면 각각 77%와 66%이니 세 부담이 상당하다. 따라서 2년 이상 보유하지 않은 경우에는 개인 매매사업자를 활용해 양도세가 아닌 '사업소득'으로 과세하는 것이 유리하다. 별도의 2년 이상 보유 요건이 없더라도 양도차익에 따라 6~45%의 세 부담만 하면 되기 때문이다.

물론 매매사업자라도 특정 물건을 매각하면 양도세와 마찬가지로 2개월 후 '예정신고'를 해야 하고 다음 연도 5월에는 종합소득세 신고를 하면서 '확정신고'를 해야 한다. 즉 총 2번의 세금 신고를 해야 하므로 사업자라면(개인 매매사업자도 사업자다) 반드시 세무대리인을 선임해 장부기장을 맡길 것을 권한다. 그리고 이는 비용 처리에 있어 특히 더 효율적이다.

양도세 대비
넓은 필요경비 범위

매매업을 선호하는 이유 중 다른 하나가 바로 '경비 처리'다. 이미 살펴본 양도세 필요경비는 법에서 정한 항목만 처리할 수 있는데(3장 '돈 되는 필요경비란?' 참조) 특히 인테리어 비용은 '자본적 지출'에 해당한다. 하지만 매매업으로 진행할 시 '사업 연관성'만 있다면 원칙상 모두 경비 처리로 인정된다.

이처럼 법인 경비처리의 대원칙은 '사업 연관성'이다. 그리고 일반적으로 인정되는 통상적인 항목 또는 수익과 직접 관련된 항목이 필요경비로 인정받을 수 있다. 양도세에서 인정받지 못했던 수익적 지출 역시 사업을 위한 것이라면 경비 처리로 인정받을 수 있다. 그 외 사무실 임차료, 대출이자, 복리후생비 등도 경비 처리에 포함될 수 있는데 개인 매매업의 경우 대표자 본인 급여는 경비 처리가 불가하다.

[자료 6-3] 법인 경비처리 개요

일반 원칙
- 법인의 사업과 관련해 경비처리가 발생했는지에 대한 여부가 중요
- 일반적으로 인정되는 통상적인 것, 수익과 직접 관련된 것이어야 함

예시(부동산 법인 가정)
- 인건비(개인 사업자의 경우, 대표자 급여 불가)
- 사무실 임차료
- 대출 이자
- 복리후생비: 식대, 교통비 등(업무 연관성 필수)
- 중개 수수료
- 각종 공과금: 재산세, 종부세 등

다만 직원을 고용해 인건비를 지급하면 해당 인건비는 경비 처리를 할 수 있다. 이렇듯 양도세 대비 상대적으로 폭넓은 경비 처리도 매매업의 장점이다.

매매사업자 주요 장점
거주주택 비과세

매매업을 선호하는 또 다른 이유는 바로 거주주택 비과세 특례일 듯하다. 주택매매사업자의 재고주택 주택 수 포함여부 관련 해석을 보면 1세대 1주택 비과세 판단 시 부동산 매매업자의 판매용 재고주택은 주거용 주택으로 보지 않는다. 그 결과 해당 주택은 주택 수에서 제외가 되므로 남아 있는 1주택(거주주택)은 비과세를 적용받을 수 있다.

예를 들어 상황이 [자료 6-4]와 같을 때 2~5번 주택이 재고자산으로 인정받고 모두 주택 수에서 제외된다면 1번 주택은 비과세가 가능하다. 하지만 [자료 6-5]를 보면 '취득한 주택이 매매사업용 재고주택에 해당하는지 여부에 대해서는 부동산 매매의 규모, 거래횟수, 반복성 등 거래에 관한 제반사항을 종합해 판단하는 것'이라고 되어 있다. 그리고 관련 해석을 추가적으로 찾아봐도 과세당국은 모두 동일한 답변을 내놓고 있다. 이는 거주주택 비과세의 경우 개별 건에 대해 사실관계를 파악해 종합적으로 판단하겠다는 의미이며 누구에게나 적용되는 동일

[자료 6-4] 매매사업자를 활용한 거주주택 비과세

1번 주택	2번 주택	3번 주택	4번 주택	5번 주택
거주주택	재고자산	재고자산	재고자산	재고자산

[자료 6-5] 주택매매사업자의 재고주택 주택 수 포함 여부 해석

양도, 서면인터넷방문상담4팀-558 , 2007.02.12

관련주제어 ▶ 1세대 1주택의 범위   ▶ 부동산매매업의 범위   ▶ 부동산매매업자에 대한 세액계산의 특례

[제 목]

1세대1주택 비과세 적용시 주택매매사업자의 재고주택의 주택수 포함여부

[요 지]

"1세대 1주택"을 판정함에 있어서 부동산 매매업자 및 주택신축 판매업자의 판매용 재고주택은 주거용 주택으로 보지
아니하는 것임.

[회 신]

「소득세법」 제89조 제1항 제3호 및 「같은법 시행령」 제154조 제1항에 의한 "1세대 1주택"을 판정함에 있어서 부동산
매매업자 및 주택신축 판매업자의 판매용 재고주택은 주거용 주택으로 보지 아니하는 것이나, 귀 사례의 매매사업용
으로 취득한 주택이 매매사업용 재고주택에 해당하는지 여부에 대하여는 부동산매매의 규모 · 거래횟수 · 반복성등
거래에 관한 제반사항을 종합하여 판단하는 것입니다.

하고 정량화된 기준은 '없다'라고 이해해야 한다.

지금까지 설명한 매매사업자의 장점을 정리하자면 다음과 같다. 첫째, 단기 양
도세율을 피할 수 있다. 둘째, 상대적으로 경비 처리가 용이하다. 셋째, 거주주택
비과세도 가능하다.

그렇다면 반대로 조심해야 할 점은 무엇일까?

취득세 중과는
피할 수 없다

주택 수는 단계별로 구분해서 적용해야 한다는 내용은 매번 강조해도 지나치지
않을 정도로 중요하다. 안타깝게도 매매사업자를 하더라도 취득세 중과는 여전
히 적용된다. 예를 들어 사업자 본인 거주주택을 제외하고 재고자산용으로 주택
3채를 샀다고 가정하면 취득세는 다음과 같다.

1번 주택 (거주주택) → 기본세율 1~3%

2번 주택 (재고자산) → 비조정대상지역이라면 기본세율 1~3%

3번 주택 (재고자산) → 비조정대상지역 8%, 조정대상지역 12%

4번 주택 (재고자산) → 비조정대상지역, 조정대상지역 모두 12%

다만 「1월 10일 부동산 대책」에 따르면 신축 소형주택과 지방 준공 후 미분양 주택은 취득세 중과 대상에서 면제될 수 있다.

한편 종부세 역시 재고자산에 대해 별도 혜택을 규정하고 있지 않다. 그리고 마찬가지로 신축 소형주택과 지방 준공 후 미분양 주택은 종부세 중과 대상 주택 수에서 제외되지만 종부세 과세표준에는 포함된다. 물론 매매업 특성상 보유세는 6월 1일을 기준으로 잘 피하면 문제되지 않는다. 양도세는 앞서 살펴본 대로 재고자산 인정을 받으면 주택 수에서 제외될 수 있으나 인정을 받는 과정은 '종합적으로' 판단될 일이다.

결론적으로 매매업을 하더라도 무턱대고 주택 수를 늘리는 건 좋지 않다. 취득세 때문에 수익률이 매우 낮아질 수 있으니 1~2채 내에서 운영할 것을 권한다.

단기 양도 시
조심해야 할 비교과세

매매사업자가 또 하나 조심해야 할 것이 있는데 바로 '비교과세'다. 비교과세란 특정 부동산을 매각할 때 비록 매매사업자라도 종합소득세와 양도세를 비교해 더 높은 세금으로 부과하는 방식을 말한다. 특정 부동산으로는 분양권, 비사업용 토지, 미등기 양도자산 그리고 중과 대상 주택이 그 대상이고 계산 방법은 다음과 같다.

둘 중 큰 금액

1) 종합소득세 과세표준×기본세율

2) (주택 등 매매차익−장기보유특별공제액−양도세 기본공제)×양도세율+(종합소득세 과세
   표준−주택 등 매매차익)×기본세율

현실적으로 분양권과 중과 대상 주택 정도가 해당될 듯한데 다행히 2025년 5월 9일까지는 양도세 중과 한시 배제라는 점을 고려하면 큰 이슈는 없을 것으로 보인다. 하지만 조정대상지역에 위치한 물건을 2년 미만 단기로 거래할 때는 적용될 수 있으니 가급적 비조정대상지역에 위치한 주택을 거래하는 게 안전하다. 중과 한시 배제가 되는 주택은 '2년 이상 보유한 주택'을 대상으로 하기 때문이다.

[자료 6-6]을 통해 비교과세를 알아보겠다. 근로소득금액 3,000만 원 소득자가

[자료 6-6] 비교과세 예시

가정

- 양도가액: 2억 원
- 취득가액: 1억 원
- 일반관리비: 5,000만 원
- 근로소득금액: 3,000만 원
- 소득공제액: 1,000만 원

둘 중 큰 금액: 6,999만 원

1) 종합소득세: 1,104만 원
2) 주택 등 매매차익에 대한 양도세를 단기양도세율로 계산: 6,999만 원

- 주택 매매차익 양도세: (2억 원−1억 원−장기보유특별공제액−250만 원)×70%(1년 미만)=6,825만 원
- 주택 매매차익 외 종합소득세: (3,000만 원−1,000만 원)×15%−126만 원=174만 원

1억 원에 취득한 주택을 2억 원에 매각한 예시로 주택을 1년 미만 보유했다고 가정하고 일반관리비 5,000만 원, 소득공제액 1,000만 원을 가정했다.

우선 1번 종합소득세는 1,104만 원이 나온다. 근로소득 3,000만 원+사업(매매업)소득 5,000만 원으로 총 8,000만 원에 소득공제액 1,000만 원을 차감한 후 종합소득세율을 적용했다. 다음으로 주택 매매차익 양도세 계산 시 1년 미만으로 6,825만 원이 나오며(비교과세 대상이라고 가정) 주택 매매차익 외 종합소득세는 근로소득이 있으므로 174만 원이 나온다. 이제 이 둘을 합하면 2번 6,999만 원이 도출된다.

이제 1번과 2번 금액을 '비교'한다. 당연히 6,999만 원이 더 크므로 비교과세가 적용되면 1번 종합소득세 1,104만 원이 아닌 6,999만 원으로 과세되므로 이렇게 되면 굳이 매매사업자를 할 이유가 없어진다.

매매사업자 특성상 보유 주택을 2년 이상 보유하지 않을 것이다. 게다가 현재 조정대상지역인 강남, 서초, 송파 그리고 용산구 주택은 다른 지역과 비교해 상대적으로 가격이 높다. 따라서 가급적 비교과세 이슈가 없는 비조정대상지역 물건을 거래하는 게 좋다.

인정받기 어려운 거주주택 비과세

앞서 장점 부분에서 언급한 거주주택 비과세는 결론부터 말하자면 인정받는 것이 상당히 어렵다. 다만 외형과 실질을 모두 갖춘 경우라면 인정받을 수도 있다.

예를 들어 '세대분리'의 경우 주민등록표상으로는 세대분리가 되어 있지만 실제로는 생계를 함께하는 가족이 있을 시 해당 가족의 주택 수를 모두 합해 양도세 비과세를 판단한다. 따라서 주민등록표 분리(외형)는 물론 실제 유주택자 가족은 생계를 달리 하는 것이 세대분리를 통한 양도세 비과세의 필수 요소(실질)다.

이는 매매사업자 역시 마찬가지다. 거주주택 비과세를 받으려면 실제 매매업에 종사하고 있고 해당 물건이 재고자산임을 인정받아야 한다. 단순히 1~2건 거래를 하고 매매사업자라는 명목으로 거주주택 비과세를 요청한다면 국세청은 이를 의심하고 꼼꼼히 따져볼 것이다. 여기서 "그렇다면 몇 채를 매매해야 거주주택 비과세가 될까요?"라는 질문은 의미가 없다. 숫자놀음에 불과하기 때문이다. 다만 필자가 매매업을 한다면 이렇게 해볼 것이다.

첫째, 거주주택 비과세는 깔끔하게 포기한다. 다만 비과세를 무조건 포기할 순 없으니 꼭 받아야 하는 비과세는 재고자산을 모두 처분하고 난 이후 1세대 1주택 비과세를 받을 것이다. 둘째, 꼭 거주주택 비과세를 받겠다면 외형은 물론 실질도 갖추어 준비한다. 이에 대해서는 정량화된 정답이 없으니 예시를 들어보겠다.

우선 매매사업자로 인정받으려면 너무나 당연하게도 매매사업자 신청서를 내고 세무서에 등록하는 것이 우선이다. 이후 2월에 있는 사업장 현황신고에 성실히 임해야 한다. 이러한 과정 자체가 내가 사업을 하고 있다는 좋은 증거가 된다. 별도 사무실(사업장)도 하나 마련하면 좋다. 물론 매매업 특성상 물건지가 있는 현장이 더 중요하기에 사무실이 없어도 무방하나 그래도 사업자이므로 관련 업무를 수행하는 사무실 정도는 작게라도 마련해서 외형을 갖출 것이다.

그리고 장부 작성은 기본이다. 재무제표, 손익계산서 등을 작성해야 하는데 매월 일정 수수료를 부담하더라도 세무대리인에게 맡기는 것이 좋다. 5월 종합소득세 신고는 필수사항이다. 이러한 신고자료가 쌓여 누적되면 될수록 매매사업자로 인정받을 수 있는 확률이 높아진다. 생각해보자. 막 사업자를 등록하고 재고자산을 취득한 후 바로 거주주택 비과세를 신청한 사람과 몇 년 동안 방금 언급한 사항들을 충실히 이행한 후 비과세를 신청한 사람 중 누가 비과세를 인정받게 될까? 당연히 후자일 것이다.

부동산 정책에 따른
매매사업자 활용 전략

앞에서 매매사업자의 과세체계 그리고 운영할 때의 장점 및 단점에 대해 살펴보았다. 특히 개인명의로 주택을 사고팔 때는 기본적으로 양도세가 적용되지만 매매사업자의 경우에는 사업소득이 적용되고 이에 대해 매년 5월 종합소득세 신고를 한다는 점이 가장 큰 차이점이다. 즉 어떤 과세체계를 따르냐에 따라 과세 방식이 완전히 달라지는 것이다. 이러한 이유로 단기 양도세율을 피할 수 있지만 한편으로는 비교과세를 조심해야 하고 일반적인 비과세 특례가 그대로 적용되는 것이 아니기 때문에 이를 유의해야 한다.

그렇다면 이러한 매매사업자를 어떻게 활용하는 것이 현시점에서 유리할까? 당연히 현재 부동산 정책에 따라 운영 방식이 달라져야 한다. 즉 전략의 가장 첫 번째 단계는 '환경 분석'이다.

현 부동산 정책으로 중요해진
똘똘한 1~2채

부동산 세금은 크게 취득 - 보유 - 양도 이렇게 3단계로 구성된다([자료 6-7] 참조). 그런데 2020년 8월 12일 취득세 중과 여부 판정과 2021년 1월 1일 주택분양권 역시 비과세 판단 시 주택 수에 포함되고 종부세의 경우 여전히 3주택 이상이면서 과세표준 12억 원 초과 시에는 중과가 적용된다.

[자료 6-7] 현재 부동산 세금 요약

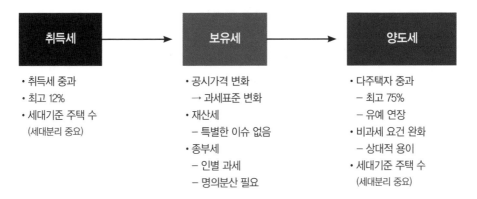

취득세	보유세	양도세

• 취득세 중과
 • 최고 12%
 • 세대기준 주택 수
  (세대분리 중요)
	• 공시가격 변화
	  → 과세표준 변화
	 • 재산세
	  – 특별한 이슈 없음
	 • 종부세
	  – 인별 과세
	  – 명의분산 필요
		• 다주택자 중과
		  – 최고 75%
		  – 유예 연장
		 • 비과세 요건 완화
		  – 상대적 용이
		 • 세대기준 주택 수
		  (세대분리 중요)

다만 양도세 중과의 경우 2025년 5월 9일까지 중과 한시 배제를 연장했고 2022년 5월 10일 이후부터는 양도세 비과세에 있어서 보유 기간 재산정(흔히 말했던 '최종 1주택')이 폐지되어 비과세를 인정받기가 상대적으로 용이해졌다.

이러한 상황에서 절세 관점으로 접근하자면 취득세의 경우 세 번째로 취득하는 주택부터 8% 취득세를 부담해야 하는 점을 유의해야 하고, 보유세는 가급적 2채 이내 보유하는 것이 유리하다.

양도세 역시 일시적 2주택 비과세를 기본으로 해서 1채 혹은 2채 정도만 보유하는 것이 좋다. 게다가 여전히 높은 금리 등의 이유로 국내·외 경제 상황이 좋지 않기에 3주택 이상 다주택을 유지하면서 임대소득을 내거나 시세차익을 기대하는 건 쉽지 않아 보인다.

정리하자면 이제 주택을 취득하더라도 1채 혹은 많아야 2채 정도 유지하는 것을 선호할 가능성이 높고 반대로 3주택 이상을 보유한 다주택자는 더 좋은 물건으로 갈아타기를 하기 위해 가급적 매물 일부를 처분하려는 움직임이 많아질 것으로 보인다.

매매사업자가 수익을 내는
기본 원리

이쯤에서 다시 매매사업자가 사업을 하는 기본 원리에 대해 살펴보고자 한다. 매매사업자란 말 그대로 주택을 '사고파는' 행위를 함으로써 이를 사업이득으로 가져가는 사람이다. [자료 6-8]을 통해 구체적으로 살펴보자.

매매사업자는 [자료 6-8]의 내용처럼 1번, 2번, 3번 주택을 순차적으로 사고팔아 차익을 남겨야 한다. 이렇게 판매를 위한 주택을 '재고자산 주택'이라고 하는데 이때 중요한 건 이러한 판매용 주택 역시 취득할 때 '취득세 주택 수'에 포함되기 때문에 여러 채 보유할 경우 취득세 중과가 적용된다. 따라서 만약 1번, 2번, 3번 주택을 모두 한꺼번에 취득하면 3번 주택은 최소 8%의 취득세를 부담해야 한다(조정대상지역이라면 12%).

물론 그렇게 해도 이익을 남길 수는 있겠지만 현재의 부동산 시장에서 단기간에 취득세를 뛰어넘는 수익을 내는 물건을 찾기란 쉽지 않다. "2~3년 정도 보유하면 시장 상황이 좋지 않아도 괜찮지 않을까요?"라고 질문할 수 있겠으나 이는 매매사업자의 사업 원리에는 적합하지 않다. 매매사업자는 말 그대로 주택을 단

[자료 6-8] 매매사업자 기본 원리

- 주택을 임차하지 않고 단기간에 매각해 이익을 내는 전략이 유효
- 비조정대상지역이나 단기적으로 가격 상승이 가능한 곳을 공략하거나 경매 등의 방법으로 저렴하게 매입하는 전략 역시 유효

기 보유하고 처분함으로써 이익을 남기는 것을 목적으로 하기 때문이다.

'그래도 취득세는 모두 공제되지 않을까?' 하고 생각하는 사람들은 [표 6-2]를 보기 바란다. 계산 편의상 '취득세 포함 취득가액 5억 원' 그리고 '취득세 중과가 적용된 취득가액 5억 6,000만 원'의 두 예시를 토대로 설명하겠다. 두 예시 모두 7억 원까지 올라간 상태에서 매각했다고 가정했을 때 취득세 일반과세인 경우 최종 양도세 부담은 5,644만 1,000원이 나왔지만 취득세 중과가 적용된 경우의 최종 세 부담은 3,210만 3,400원이 나온다.

여기서 2,433만 7,600만 원의 절세 효과를 봤어도(높아진 취득세로 양도차익이 줄어들기에) 이미 취득 당시 6,000만 원을 더 부담했기에 그 차액인 3,566만 2,400원

[표 6-2] 취득세 절세 효과

구분	취득세 일반과세	취득세 중과 가정
양도가액	7억 원	7억 원
취득가액	5억 원	5억 6,000만 원
필요경비	1,000만 원	1,000만 원
양도차익	1억 9,000만 원	1억 3,000만 원
장기보유특별공제	–	–
양도소득금액	1억 9,000만 원	1억 3,000만 원
기본공제	250만 원	250만 원
과세표준	1억 8,750만 원	1억 2,750만 원
세율	38%	35%
누진공제	1,994만 원	1,544만 원
산출세액	5,131만 원	2,918만 5,000원
총 부담세액(지방세 포함)	5,644만 1,000원	3,210만 3,400원

* 2,433만 7,600원 절세 효과가 있으나 차액 3,566만 2,400원을 부담해야 한다.

(=6,000만 원-2,433만 7,600원)은 온전히 본인 부담이나.

　그런데 [표 6-2] 내용에 따르면 5억 원에 취득하고 매각 금액이 7억 원이다. 해당 주택을 임대하고 3~4년이 지난 상황이라면 이 정도 가격 상승은 어느 정도 가능할 수 있겠으나 주로 1년 미만 단기 거래를 하는 매매사업자의 경우 이런 가격 상승을 실현한 후 처분하기란 흔치 않다. 따라서 매매사업자의 경우에는 다음을 꼭 기억해야 한다.

1) 취득세 중과 부담이 되니 가급적 1~2채 내로 주택 수를 줄일 것(거주주택 + 재고주택)

2) 비교과세가 문제될 수 있으니 가급적 '비조정대상지역' 주택을 공략할 것

3) 단기 상승 가능한 지역을 중심으로 투자할 것

4) 단, 현실적으로 이게 어렵다면 처음 매수할 때부터 어느 정도 시세차익이 가능한 '저렴한 물건'을 취득해야 하고 이를 위해서는 급매, 경매, 공매를 잘 활용할 것

5) 해당 물건의 잔금을 치를 수 있는 자금을 확보할 것(대출 포함)

6) 잔금 후 공실 상태에서 필요 시 적당한 수리나 인테리어를 함께 진행할 것

7) 마지막으로 매수자를 명확하게 정하고(실거주 혹은 임대목적으로 취득하려는 자 등) 매각에 임할 것

　이는 필자가 생각하는 매매사업자가 기억해야 할 7가지 요소다. 이걸 반드시 기억하기 바란다. 이제 예시를 중심으로 살펴보도록 하겠다.

가장 기본적인 사례

아래 [자료 6-9]는 필자 지인 A의 사례다. A는 매매사업자 등록 후 해당 사업자로

수도권 아파트를 취득했다. 대출 및 자기자본을 활용해 잔금을 치른 후 공실 상태에서 약간의 수리를 한 다음 아파트를 매각함으로써 단기 차익을 보았다.

총 소요된 기간은 대략 6개월이며 다른 주택을 소유하지 않았기에 취득세 중과도 전혀 문제가 될 게 없다. 조금 더 욕심을 내 취득일을 6월 1일을 넘겨 했다면 보유세마저 피하는 것도 가능했으나 이 정도면 1주택자 재산세만 나오기에 크게 고려할 것은 아니다.

해당 물건을 처분함으로써 당연히 대출을 상환해야 했기에 중도상환수수료를 일부 부담했다고 한다. 2023년 12월 한시적으로 중도상환수수료를 면제해주는 정책이 있었는데 만약 이 부분까지 활용했다면 세후수익률을 더 높일 수도 있었다.

해당 사례에서 가장 중요한 점은 '거래가 잘 되는 물건'을 취득했다는 거다. 아파트는 다른 부동산 상품보다 상대적으로 거래가 잘 이루어진다. 그리고 해당 물건의 컨디션과 가격이 나쁘지 않았다. 따라서 아파트 거래가 나름 잘 이루어진 사례인 셈이다. 앞서 이야기한 대로 이런 전략을 활용하려면 처음부터 저렴하게 물건을 구입해야 한다. 그래야 단기 차익을 낼 수 있다. 따라서 급매는 물론 경·공매 물건까지 결합해 매수하는 시점부터 일정 부분 차익을 내야 한다.

[자료 6-9] 매매사업자 등록 후 잔금하고 공실 상태에서 매각해 단기 차익을 본 사례

1번 취득
2023년 5월

1번 매각
2023년 11월

- 수도권 아파트
- 1주택자라 취득세 중과가 없으며 보유세 부담이 적음
- 중도 상환 면제까지 적용되어 세후 수익 약 3,000만 원
- 현재 경매, 공매를 활용해 급매를 찾는 중

경우에 따라 달라지는
거주주택 비과세 예시

이번에는 매매사업자의 거주주택 비과세 예시다. [자료 6-10]에서 1번 주택은 매매사업자가 거주하는 주택이다. 이때 2번 주택을 재고자산으로 취득한 후 매각한 다음 2개월 내 예정신고 그리고 다음 해 5월에 종합소득세 신고를 한다. 이후 마찬가지로 3번을 취득한 후 매각한다.

왜 이렇게 한 걸까? 앞서 설명했듯 연속해서 취득할 시 발생하는 취득세 중과를 고려했기 때문이다. 거주주택은 물론 재고주택 역시 취득세 중과 판단 시 주택 수 포함이므로 가급적 보유 주택을 2채 이내로 줄여 운영하는 것이다. 문제는 재고자산을 보유하는 경우(가령 4번 주택을 보유 중이라고 가정)에 1번 거주주택에 대한 비과세 적용 여부다. 이에 대해서는 앞서 설명했듯이 사실관계를 파악해 종합적인 기준으로 판단될 것이다.

예를 들어 [자료 6-10] 같이 매매사업자를 운영한다고 할 때 ①부동산 매매사업자를 등록하고 ②부가가치세 또는 사업장 현황신고를 성실히 하며 ③별도의 사업장을 갖추고 ④세무대리인을 통해 장부를 작성하며 ⑤종합소득세 신고를 성실히 한다면 필자는 비과세를 받을 확률이 높다고 생각한다. 다만 이렇게 하려

[자료 6-10] 거주주택 비과세 예시 1

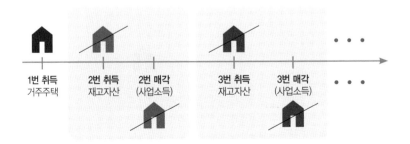

면 어느 정도의 '절대적인 시간'이 필요하다.

예를 들어 [자료 6-11]과 같은 경우 거주주택 비과세가 될까? 1번 거주주택을 보유한 상태에서 단 한 번 2주택을 매매한 후 3번 주택을 보유 중이다. 이때 3번 주택이 판매를 위한 재고주택이라 하더라도 매매 행위를 단 한 차례 밖에 하지 않은 상황에서 거주주택 비과세가 될지는 의문이다. 따라서 이 경우에는 차라리 [자료 6-12]처럼 진행하는 것이 현명한 선택일 수 있다.

[자료 6-12]는 재고주택을 순차적으로 처분하고 남은 거주주택을 '재고주택이 없는 상태에서' 매각함으로써 1세대 1주택 비과세를 받은 예시다. 필자는 이 방법이 가장 합리적이라고 생각한다. 굳이 어려운 길을 갈 필요가 없다. 특히 일부에서는 '매매사업자를 등록하고 기존 보유한 주택을 재고주택으로 등록하면 나머지 주택 비과세가 가능하다'라고 생각하는데 필자가 판단하기에 이는 힘들 것으로 보인다.

왜냐하면 처음 취득 당시 매매목적이 아니었고 그동안 보유하면서 임대용으로 사용했기 때문이다. 물론 단기 임대 후 다시 매매용으로 처분하면 재고주택으로 인정받을 수는 있겠지만 그 기간이 단기인지 장기인지 판단은 과세당국이 한

[자료 6-11] 거주주택 비과세 예시 2

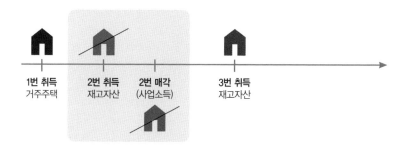

- 1번 거주주택이 있는 상태에서 단 한 번 거래(2번 주택 매각)
- 이후 3번 주택이 있는 상태에서 1번 거주주택을 매각할 때 비과세가 될지는 의문

[자료 6-12] 거주주택 비과세 예시 3

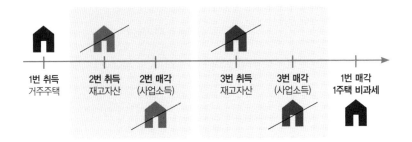

| 1번 취득 | 2번 취득 | 2번 매각 | 3번 취득 | 3번 매각 | 1번 매각 |
| 거주주택 | 재고자산 | (사업소득) | 재고자산 | (사업소득) | 1주택 비과세 |

• 1번 거주주택을 보유한 상태에서 2번, 3번 주택을 매각한 후 1번 주택은 거주주택 비과세가 아닌 1세대 1주택 비과세를 적용 받음

다. 따라서 비과세를 꼭 받아야 하는 주택이 있다면 나머지를 모두 처분한 후 1주택 비과세를 받거나 매매사업자를 충분히 운용한 이후에 활용하는 것이 좋다. 매매사업자 제도를 단순히 비과세를 받기 위한 통로로 생각하는 우를 범해서는 안 된다.

거주주택 없이
판매용 재고주택만 활용하기

그럼 이런 방법은 어떨까? [자료 6-13]은 재고주택만 사고팔기를 반복하는 예시인데 이 방법이 좋은 이유는 자금 부담이 덜하며 취득세 중과를 피할 수 피할 수 있기 때문이다. 취득세 주택 수에 포함되는 거주주택이 없으니 최대 2채까지 재고주택을 운영할 수도 있다. 설령 6월 1일 보유세 과세 기준일에 걸리더라도 크게 우려하지 않아도 된다. 여차하면 사업자가 아닌 개인명의로 주택을 취득한 후 1세대 1주택 비과세를 받을 수도 있다. 다만 그렇게 할 경우 최소 2년이라는 시간

[자료 6-13] 거주주택 비과세 예시 4

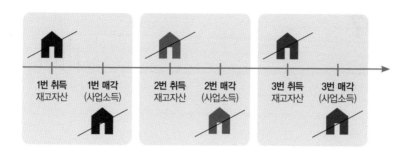

- 취득세 중과를 피하며 수익을 낼 수 있음
- 재고자산이 없는 상태에서 1주택 양도세 비과세 전략 활용

이 필요하고 다시 재고주택을 취득하면 [자료 6-11]과 같은 이슈가 발생할 수는 있다. 이 방법은 처음 매매사업자를 시작했거나 소액이라도 꾸준한 수익을 내길 원할 때 유용하다.

주택을 임대하고 어느 정도 시세차익에 대해 수익을 가져가려면 최소 2년 혹은 3~4년 정도의 시간이 필요한데 이는 계약갱신청구권 때문이다. 반면 지금 소개한 [자료 6-13] 방법은 상대적으로 단기간에 수익을 낼 수 있고 계속 꾸준히 수익을 낼 수 있다면 오히려 더 유리할 수 있다.

다만 앞에서 강조한 것처럼 잔금을 치를 수 있는 자금 그리고 처음부터 저렴하게 매입하는 능력, 마지막으로 원하는 가격에 매각할 수 있는 계획을 반드시 가지고 있어야 한다. 예를 들어 호기롭게 2채를 취득해 취득세 중과는 피했지만 자금이 모두 들어간 상태에서 매각이 안 된다면 굉장히 힘들어질 수 있다. 또한 이후 부득이하게 임차를 준다면 매매용이 아닌 임대용으로 인정받을 수도 있다.

자산가는 왜 법인을
세울까?

양도세 중과를 피하고 명의분산을 할 수 있다는 이유로 부동산 법인이 유행했던 시기가 있었다. 하지만 각종 규제와 부동산 시장 하락으로 현재는 과거만큼의 관심을 받지 못하고 있다. 하지만 필자는 여전히 법인에 대해 알아둘 필요가 있다고 강조하고 싶다.

사실 '부동산 법인'이라는 용어가 별도로 있는 건 아니다. 많은 법인 중에서 주로 부동산 거래를 많이 하는 법인을 편의상 그렇게 부르는 것이다. 그렇다고 이를 무시할 수는 없는 게 부동산 거래를 통해 자산 증식을 하고자 하는 사람들은 이에 대해 별도로 알아두는 게 좋고 세법 개정에서도 부동산 임대업이 주가 되는 법인에 대해서 세제 혜택을 더 줄이려고 시도했던 것도 사실이기 때문이다(최종적으로 무산되었다).

필자는 이에 대해 오히려 '역발상 전략'이 필요하다고 생각한다. 즉 법인으로 부동산 거래를 할 때 임대보다는 매매를, 주택보다는 차라리 주택 외 부동산을, 더 나아가 부동산 거래가 아닌 다른 '무엇'에 집중하는 것이다.

필자 역시 법인으로 주택 투자를 했다가 그렇게 많은 매력을 느끼지 못해서 지금은 가지고 있던 물건을 정리 중에 있다. 그리고 주택 외 다른 부동산에 투자함으로써 더 큰 기회를 찾았고 부동산 외 다른 '무엇'에 집중함으로써 오히려 법인의 장점에 대해 더 많이 실감했다. 결국 부동산 투자를 하든 하지 않든 '법인'에 대해서는 한 번쯤 공부해보는 것이 좋다.

법인 운영 시
장점

먼저 법인을 운영했을 때 유리한 점부터 살펴보자.

첫 번째 장점은 '명의 분산'이다. A라는 사람이 B 법인을 만들어 해당 법인의 대표자라고 가정하겠다. A가 100% 지분을 가지고 있는 1인 법인이라면 B 법인에 대한 통제권이 모두 A에게 있지만 법상으로 A와 B는 서로 다른 인격이고 그에 따라 명의 역시 다르다 할 수 있다.

예를 들어 A는 1번 주택을 가지고 있고 B 법인 명의로 2번 주택을 소유하고 있다고 가정 시 A가 속한 '세대'에서는 B 법인이 제외되기(가족이 아니기 때문이다) 다른 세대구성원 중에서 유주택자가 없다면 1번 주택은 1세대 1주택 비과세가 가능하다. 이렇듯 개인명의와 법인명의를 분산함으로써 여러 자산을 관리하는 것은 물론 더 나아가 사업도 가능하다.

두 번째 장점은 부동산 보유 기간에서 자유롭다는 점이다. 우리 세법은 개인이 부동산을 보유하다가 처분하는 경우에는 소득세 중 양도세를 부과한다. 이때 양도세율은 1년 미만 70%, 1년 이상 ~ 2년 미만 60%, 2년 이상은 기본세율(6~45%)을 적용한다. 그런데 법인의 경우에는 양도세가 아닌 법인세를 적용하는데(개인이 아닌 법인이므로) 이때는 보유 기간과 무관하게 금액에 따라 법인세율이 정해진다.

즉 극단적으로 단 하루만 보유 후 매각해도 개인처럼 1년 미만 70%가 아닌 2억 원 미만 9%, 2억 원 초과 ~ 200억 원 미만 19%의 법인세를 부담하면 되는 것이다. 물론 토지 등 양도차익에 대한 추가 법인세 20%를 더 부담해야 하나 29% 혹은 39% 정도의 세율이기에 차라리 이쪽을 더 선호하기도 한다.

한때 양도세 중과세율이 최고 75%에 달했던 적이 있다. 이 높은 세율을 피하기 위해 '차라리 추가법인세 20%를 내더라도 법인이 더 낫다'라는 판단이 흔했고 실제 그렇게 거래를 많이 하기도 했다.

세 번째 장점은 양도세 중과 대비 '상대적으로 낮은 세율'이다. 물론 2025년 5월 9일까지 유예 상태인 양도세 중과가 과연 다시 시행될지는 더 지켜보아야 하지만 말이다.

네 번째 장점은 더 많은 레버리지를 활용할 수 있다는 거다. 물론 이러한 레버리지는 '양날의 검'이고 금리 인상기에는 독이 될 수 있다. 하지만 이를 역이용해서 초기 자금을 최소화하고 매달 발생하는 매출액으로 이자를 감당하며 추후 금리 인하 시기에 맞추어 해당 자산의 높은 시세차익을 유도할 수 있다.

5번째 장점은 '개인 대비 영속성'이다. 예를 들어 개인 명의로 30억 원의 건물을 취득했다고 가정하겠다. 이후 해당 건물이 50억 원이 되었다면 이를 매각할 시 양도세는 대략 6억 원 이상이 나온다(15년 장기보유특별공제 30% 가정). 만약 보유 기간이 짧다면 양도세는 8억 5,000만 원이 나오는데(3년 장기보유특별공제 6% 가정) 이를 법인으로 취득하고 매각한다면 법인세는 4억 원이 조금 안 될 것이다.

만약 당사자가 50억 원 건물을 매각하고 인근에 있는 100억 원 건물을 재취득하려고 한다면 어떤 경우가 더 유리할까? 당연히 법인이 더 유리할 것이다. 세후 수익도 높고 앞서 살펴본 네 번째 장점인 레버리지도 더 발생할 수 있기 때문이다(통상 개인보다 10% 정도 높음).

여기서 필자가 강조하고 싶은 내용은 이보다는 해당 건물을 계속 보유하고자 할 때다. 개인의 경우 양도세를 부담하고 해당 건물을 매각한다면 자녀 등에게 현금 증여를 해야 할 것이다. 여기서 당연히 세금이 또 한 번 발생한다. 그리고 건물 자체를 온전히 넘긴다면 역시 증여세와 취득세가 발생한다. 이를 납부하기 위해 해당 건물을 팔아야 할지도 모른다. 이러면 '건물 보유' 취지가 무색해진다.

그런데 차라리 이걸 법인으로 매수했다면 법인 지분 소유자는 자녀 등에게 해당 법인 지분을 넘겨주면 그만이다. 물론 그 과정에서 세금이 발생하지만 오히려 이게 더 적은 비용이 들어갈 수 있으며 해당 건물을 지키는 데 더 유리할 수 있다.

조금 더 빠르게 움직인 사람들은 처음에 법인을 설립할 때부터 아예 자녀 등을 주주로 넣기도 한다.

법인 운영 시 단점

법인 장점이 많긴 하지만 그렇다고 모든 걸 해결해 주는 만능은 아니다. 유의해야 할 부분도 있으니 지금부터 하나씩 살펴보자.

첫 번째 단점은 법인에서 한 번 개인에서 또 한 번 세 부담이 될 수 있다는 점이다. 이를 이해하기 위해서는 소득세와 법인세에 대한 이해가 필요하다. 소득세는 원래 개인소득세의 줄임말이고 법인세는 법인소득세의 줄임말이라고 생각하면 된다. 즉 개인명의로 어떤 소득이 발생하면 소득세로 과세하고(다시 여기에서 ①이자 ②배당 ③사업 ④근로 ⑤연금 ⑥기타 ⑦양도 ⑧퇴직 8가지 중 하나로 구분), 법인명의로 소득이 발생하면 법인세가 과세된다.

가령 법인으로 주택을 취득하고 매각해 주택 매각에 따른 법인세가 발생했다고 가정하겠다. 이 금액이 1억 원이라고 한다면 벌어들인 소득 1억 원은 '법인 소득'이므로 아무리 100% 지분을 가지고 있는 대표라고 하더라도 대표자의 것이 아닌 법인의 것이다. 따라서 이를 무단으로 빼오면 횡령 등의 처벌을 받는다.

그렇다면 대표는 이 법인 돈 1억 원을 어떻게 가져와야 할까? 급여나 배당으로 가져오는 것이 현실적이다. 대표자이기에 사업소득으로는 불가하고 법인을 위해 일했으니 급여 혹은 법인 수익에 따라 배당을 해야 한다. 그런데 급여나 배당으로 하면 대표 개인 입장에서는 소득이 발생한 셈이니 다시 여기에 세금이 붙어야 한다. 즉 앞서 설명했듯 개인명의로 어떤 소득이 발생하면 소득세로 과세하고 그 종류에 따라 급여라면 근로소득, 배당이라면 배당소득으로 과세가 되니 여기에 다시 한 번 세금이 붙는 것이다.

이렇게 보면 '굳이 법인을 해야 하나' 싶지만 첫 번째 단점은 첫 번째 장점, 즉 '명의 분산'에서 비롯된 것이다. 명의가 다르니 각각의 소득이 다른 것이고 그에 맞추어 세금이 붙는 건 당연하다.

두 번째 단점은 소득세, 법인세에 대한 이해가 필요하다는 것이다. 쉽게 말하자면 '공부할 게 많다' 정도로 이해하면 된다. 물론 구체적인 계산이나 신고는 세무대리인(세무사 등)의 도움을 받으면 그만이지만 그래도 법인 대표라면 최종 의사결정을 책임지고 해야 하고 그러기 위해서는 어떤 식으로 과세되고 절세가 가능한지 본인 역시 그 원리를 잘 이해하고 있어야 한다.

세 번째 단점은 주택 세 부담 증가가 여전하다는 것이다. 법인으로 주택을 취득하면 여전히 지역 및 주택 수를 따지지 않고 12%의 취득세를 부담해야 한다. 가지고만 있어도 재산세는 물론 2.7%(2주택 이하) 또는 5.0%(3주택 이상)의 종부세까지 내야 한다. 여기에 양도차익에 대한 법인세와 함께 20% 추가법인세까지 부담해야 하니 남는 게 없다고 볼 수 있다. 물론 단기간에 급격히 주택 가격이 상승한다면 어느 정도 수익이 가능하겠지만 '단기간에' 가능할지는 의문이다.

네 번째 단점은 고정비 지출이 증가할 수 있다는 점이다. 개인사업을 하는 사람들은 잘 아는 내용이지만 1년에 2번 부가가치세 신고 그리고 5월 종합소득세 신고 시 세무사 사무실을 통해 신고대행을 맡기곤 할 것이다. 물론 스스로 해도 되지만 시간도 많이 걸리고 계산법이 틀리면 세금을 적게 냈을 때 가산세까지 물어야 하니 전문가를 통하는 것이 훨씬 유리하다.

그런데 법인을 운영하고 부가가치세 과세대상 사업자라면 3개월마다 부가세 신고를 해야 하고(예정/확정 각각 2회씩) 3월에는 법인세 신고를 해야 한다. 그리고 신고를 제대로 하려면 그때마다 회계처리를 해놓아야 하는데 그러기가 솔직히 쉽지 않다. 그래서 세무사 사무실에 기장을 맡기는데 그럴 때마다 수수료가 매월 10만 원 내외 정도가 발생하고 이 역시 쌓이면 부담이 될 수 있다.

5번째 단점은 부가가치세에 대한 이해도 필요하다는 점이다. 부가가치세는 지금까지 이야기한 소득세 및 법인세와는 또 다른 세금인데 과세당국입장에서도 그러하고 납세자 입장에서도 매우 중요한 세금이다. 법인 운영 시 주의해야 할 부분을 중심으로 살펴본다면 먼저 주택 외 부동산 중 업무용 부동산을 취득할 때 부가가치세가 붙는다. 모두 과세되는 것은 아니고 건물분에 대해 부가세가 붙는다.

주택 역시 부가세를 조심해야 하는데 모두 그런 것은 아니고 전용면적 85㎡를 초과한 주택을 거래할 때 건물분에 대해 부가세 이슈가 발생할 수 있다. 특히 사고팔기를 자주 하는 '매매사업자'의 경우 부가세가 과세될 수 있으니 법인으로 주택 거래를 자주 하고 면적이 큰 물건이라면 유의해야 한다.

그리고 법인 자체 사업 아이템이 있고 해당 사업이 부가세 과세대상이라면 거래할 때마다 부가세가 붙는다. 이때 붙은 부가세는 본인 돈이 아니라 6개월마다(법인의 경우 예정신고가 있어서 3개월) 부가세 신고 시 납부해야 한다.

법인을 운영하고 싶다면 알아야 할 것들

이렇게 법인의 장점과 단점에 대해 살펴보았는데 어떤 경우든 좋고 나쁨이 있으니 활용하기 나름이라고 생각한다. 즉 개인명의 활용에 있어 가장 좋은 절세 전략인 비과세를 유지하면서 한편으로 추가 투자는 법인명의를 이용할 수 있다. 또는 법인에 맞는 사업 아이템 및 부동산 자산관리를 해볼 수도 있다. 필자는 법인 활용에 있어 필요 시 이를 적극적으로 활용하길 권하고 싶다. 지금부터는 이러한 전략을 도모한다면 준비해야 할 사항에 대해 설명하겠다.

1. 법인 본점은 어디로 해야 할까?

어찌 보면 가장 중요한 결정 사항 중 하나다. 이때는 해당 법인의 '목적'을 명확하게 해야 한다. 예를 들어 법인으로 부동산을 취득하고 임대 및 매매를 하려면 과밀억제권 밖에 본점 소재지를 두는 것이 좋다. 그렇지 않을 경우 취득세 중과가 될 수 있다. 이때 취득세는 9.4%까지 올라갈 수 있다.

만약 부동산 취득이 아닌 자기만의 사업 아이템이 있고 이를 키우기 위해서라면 본점 소재지는 크게 상관이 없다. 오히려 이런 경우에는 나중에 자기만의 사옥을 취득할 때 취득세 중과를 피하기 위해 미리 서울 같은 과밀억제권 안에다 본점을 미리 설립해서 5년이 경과되기를 기다리는 것도 방법이다. 이를 정리하면 다음과 같다.

> 1) 부동산을 임대 및 매매 위주로 하고 실제 사용할 일은 거의 없다 → 이 경우는 본점 소재지를 과밀억제권 밖에 하는 것이 유리(용인, 김포, 안산 등)
> 2) 부동산 외 다른 사업을 하고 있고 지금은 임차로 있지만 추후 서울 등 과밀억제권 안에 나만의 사옥을 갖고 이를 실사용을 하고 싶다 → 이 경우는 장기적 관점에서 본점 소재지를 과밀억제권 안에 설립 후 5년이 경과되기를 기다리는 것도 방법

대부분 경우는 첫 번째 예에 해당될 것이다. 이는 의사결정 사항이므로 상황에 맞게 잘 선택하고 운영하면 되겠다.

그리고 본점 소재지나 대표자 주소는 등기사항으로 만약 이에 대해 변경이 있다면 2주 내에 '변경등기'를 해야 하고 그렇지 않으면 최대 500만 원의 과태료를 부담해야 할 수 있음을 유의하기 바란다.

2. 법인 이름(상호)은 어떻게 정해야 하나?

상호는 자유롭게 정하면 된다. 그보다는 어느 지역에 설립할지 정했다면 해당 관

[자료 6-14] 인터넷 등기소 상호 찾기

할 등기소에서 중복되는 상호가 있는지 먼저 검색해보는 것이 좋다.

3. 대표자는누구로 해야 할까? 그럼 감사자는?

필자가 생각하기에 대표는 실제 해당 법인을 끌고 갈 당사자가 하는 걸 추천한
다. 물론 대표는 다른 사람(부모 등 가족 중)이 하고 실제 운영은 본인이 해도 무방
하나 대출을 받거나 계약 진행 시 명의자인 대표가 이 모든 것을 해야 하는데 만
약 이에 대해 잘 모르는 가족이 나서서 해야 한다면 원활하게 일이 진행되지 않
을 수 있다. 특히 대출 같은 경우 신생 법인은 대표자의 신용도를 매우 중요하게
보는데 소득이 없는 다른 가족(가령 은퇴한 부모님 등)이 대표자라면 대출이 잘 나오
지 않을 수 있다.

그에 반해 감사는 가족 중 자유롭게 선정해도 무방하다. 대표에 비해 크게 하는 일이 없고 자본금을 출자하지 않아도 되기 때문이다.

4. 공무원(혹은 직장인)도 법인 설립이 가능할까?

공무원의 경우 복무 규정에 따라 법인 대표, 감사, 발기인이 될 수 없다(공무원 복무 규정 제25조 영리 업무의 금지). 이 경우에는 법인 설립 시 참여가 어렵고 설립 후 일부 지분을 증여받거나 취득한 후에 경영에 참여하는 것이 안전하다고 판단된다.

마찬가지로 이와 유사하거나 더 강도가 높은 규정을 둔 회사에 재직 중인 직장인의 경우 아예 법인 설립이 힘들거나 사전에 회사의 허락을 받아야 하는 경우도 있다. 이 역시 설립에는 미참여하고 이후 주주로 경영에 참여하는 등의 방법을 찾아보는 편이 좋다.

5. 자본금은 얼마로 하면 좋을까?

과거에는 주식회사 자본금의 최소 금액이 5,000만 원인 때가 있었다. 하지만 관련 법 개정으로 자본금 설정은 자유롭게 하면 된다. 필자는 부동산 거래를 할 계획이라면 최소 3,000만 원 정도는 있는 것이 적정하다고 판단한다. 물론 자본금은 법인 설립을 위해 출자하는 금액이고 이때 금액을 적게 함으로써 부담을 줄이길 희망하는 점을 잘 알고 있다. 그리고 자본금이 커질수록 그에 따라 발생하는 설립 수수료도 늘어나는 것도 사실이다.

하지만 반대로 자본금이 너무 적으면 다음과 같은 문제가 발생할 수 있다. 첫째, 법인 발생 비용이 자본금을 초과할 경우 자본잠식이 될 수 있다. 물론 처음에는 대표자가 '가수금' 형태로 운영자금을 법인에 넣기도 하지만 이런 저런 비용이 발생하고 자본금이 너무 적다면 자본금이 줄어드는 자본잠식이 생길 수 있다. 이 경우 법인 신용평가에 좋지 않은 영향을 미치게 된다.

둘째, 자본금이 너무 적으면 대출이 잘 안 나올 수 있다. 첫 번째와 비슷한 이

유인데 비록 자본잠식이 아니더라도 자본금이 적으면 대출금액이 작게 나 오거 나 심할 경우 대출이 거절될 수 있다.

6. 사업기간은 무엇이고, 언제로 하면 될까?

법인 대부분은 매해 1월 1일부터 12월 31일까지를 사업기간으로 보는데 이를 12월 말 결산법인이라고 한다. 그리고 이에 대해 다음 연도 3월에 법인세 신고를 한다. 우선은 큰 틀에서 이와 '함께' 움직이는 것이 유리하다.

꼭 그래야 하는 것은 아니지만 대부분 세무사 사무실이 3월에는 법인세 신고로 눈코 뜰 새 없이 바쁘다. 그런데 우리 법인만 12월 결산 법인이 아니라서 세무사 사무실에 별도 신고 요청을 한다면 아무래도 처리가 힘들 수도 있다. 이럴 때는 무난하게 일정을 같이 맞추어 움직이는 게 여러모로 편하다.

부동산 법인 세금의
향방에 주목하라

지금까지 개인 매매사업자의 세금에 대해 살펴보았다. 2년 미만 단기 양도세율이 워낙 높은 점, 임대보다는 짧은 기간 안에 매매를 통해 차익을 내는 점 등으로 예전보다 '매매업'에 대한 대중의 관심이 상대적으로 높아졌다.

한편 과거에는 부동산 절세를 위해서 사람들의 '부동산 법인'에 대한 인기가 상당했던 때도 있었다. 하지만 과거의 부동산 법인 열풍이 언제 돌아올지 모르기에 이 책을 통해 개인 매매사업자와 부동산 법인을 비교해 유사점과 차이점을 알아두면 좋겠다. 추가로 부동산 법인 관련 세금에 대한 내용도 함께 살펴볼 테니 잘 따라오길 바란다.

지역과 주택 수 상관없이
중과되는 법인 취득세

개인 임대(주택임대사업자는 물론 일반적으로 세를 끼고 투자하는 것 모두 포함)는 물론 매매업 역시 취득세 중과가 가장 걸림돌이었다. 3주택부터는 최소 8%(조정대상지역인 경우 12%)의 취득세를 부담해야 하기에 1~2채 내에서 운영하거나 기존 주택을 처분했어야 했다. 그런데 법인명의로 주택을 취득하면 곧바로 12%의 취득세가 적용된다. 그것도 조정·비조정 여부, 주택 수와 상관없이 '즉시' 취득세 중과가 적용된다.

[표 6-3] 법인 취득세 중과

구분	기존		현행		
개인	1주택	주택 가격에 따라 1~3%	1주택	1~3%	
	2주택		2주택	8%(조정)	1~3%(비조정)
	3주택		3주택	12%(조정)	8%(비조정)
	4주택 이상	4%	4주택 이상	12%	
법인	주택 가격에 따라 1~3%		12%		

* 단, 일시적 2주택은 1주택 세율 적용(1~3%)

따라서 법인으로 주택을 신규 취득하는 경우에는 비록 해당 주택이 첫 번째 주택이어도 12%라는 거액의 취득세를 부담해야 하고 이는 수익률에 있어서 상당한 부담으로 작용한다. 종전 1~3% 대비 매우 높은 세율이다.

물론 취득세 중과를 피할 수 있는 주택이 '일부' 있다. 대표적인 것이 기준시가 1억 원 이하 주택이다. 다만 정비구역으로 지정되었다면 마찬가지로 취득세 중과가 적용되고 추후 매각 시 문제가 될 수 있다. 이러한 상황이 발생했을 때 유의미한 시세 차익을 내려면 해당 주택 가격이 올라야 하는데 이는 기준시가 1억 원을 초과할 수 있다는 의미고 반대로 매수자 입장에서는 매수할 요인이 사라질 수 있다는 의미다.

특히 법인의 경우 수도권 과밀억제권역 내에 설립한 지 5년 이내인 상태에서 이러한 물건을 취득해도 취득세 중과가 적용될 수 있으니 유의해야 한다. 이 외에 [자료 6-15]처럼 일부 취득세 중과에 제외되는 주택이 있기는 하나 이를 취득하는 경우는 많지 않다(그나마 빨간색으로 표시한 정도가 있다).

[자료 6-15] 취득세 중과 제외되는 주택 유형 보도자료

| 별첨 | 주택 수 합산 및 중과 제외 주택 |

연번	구 분	제외 이유
1	가정어린이집	육아시설 공급 장려
2	노인복지주택	복지시설 운영에 필요
3	재개발사업 부지확보를 위해 멸실목적으로 취득하는 주택	주택 공급사업에 필요
4	주택시공자가 공사대금으로 받은 미분양주택	주택 공급사업 과정에서 발생
5	저당권 실행으로 취득한 주택	정상적 금융업 활동으로 취득
6	국가등록문화재 주택	개발이 제한되어 투기대상으로 보기 어려움
7	농어촌 주택	투기대상으로 보기 어려움
8	공시가격 1억원 이하 주택 (재개발 구역 등 제외)	투기대상으로 보기 어려움, 주택시장 침체지역 등 배려 필요
9	공공주택사업재(지방공사, LH 등)의 공공임대주택	공공임대주택 공급 지원
10	주택도시기금 리츠가 환매 조건부로 취득하는 주택 (Sale & Lease Back)	정상적 금융업 활동으로 취득
11	사원용 주택	기업활동에 필요
12	주택건설사업자가 신축한 미분양된 주택	주택 공급사업 과정에서 발생 ※ 신축은 2.8% 적용(중과대상 아님)
13	상속주택(상속개시일로부터 5년 이내)	투기목적과 무관하게 보유 ※ 상속은 2.8% 적용(중과대상 아님)

법인 취득세 중과
정말 풀릴까?

정부는 지난 2022년 12월 21일 및 보도자료 발표를 통해 2주택까지는 취득세 중과를 제외하며 3주택 및 4주택과 '법인' 취득세 역시 최고세율에서 50%를 내리기로 결정했다고 밝혔었으나 이에 대한 법 개정이 될지는 미지수다.

만약 관련 법이 개정된다면 법인명의로 취득한 주택은 6%가 적용될 것이다([표 6-4] 참조). 이에 따라 일부는 명의 분산 등을 이유로 법인명의로 주택을 취득하는 경우가 생길 수 있다.

다만 개정이 언제 시행될지 모르니 이에 관해서 지속해 지켜볼 필요가 있다. 특히 당초 2022년 12월 21일부터 취득세 중과 완화를 소급하기로 한 것 역시 이대로 지켜질지 불분명하다.

[표 6-4] 법인 취득세율 인하 방안(현재 미정)

구분	1주택	2주택	3주택	4주택 이상, 법인
조정대상지역	1%~3%	8% → 1%~3%	12% → 6%	12% → 6%
비조정대상지역	1%~3%	1%~3%	8% → 4%	12% → 6%

법인 종부세
기본공제 미적용과 최고세율 적용

법인 종부세 역시 상당한 부담이다. 무엇보다 기본공제 9억 원을 적용하지 않고 개인 종부세율 중 최고세율(2주택 이하 2.7%, 3주택 이상 5.0%)을 종부세 과세표준과 상관없이 곧바로 적용하기에 상당한 세 부담이 된다. 그리고 이러한 종부세 때문에 기존 취득세 중과 시행 전 취득한 법인 주택이더라도 많은 사람이 처분을 고려하고 있다.

[표 6-5]에서 정리한 것처럼 종부세는 명의자별 보유한 주택의 공시가격을 모두 합산한 후 기본 공제금액 9억 원(1세대 1주택 단독명의는 12억 원)을 차감한 다음 여기에 공정시장가액비율을 적용해 과세표준을 도출한다.

[표 6-5] 종부세 계산구조

구분	내용
공시가격 합계액	인별 주택 공시가격 합계액
(−)	
공제금액	9억 원 (1세대 1주택 12억 원) (법인은 공제없음)
(×)	
공정시장가액비율	60%
(=)	
과세표준	주택 과세표준
(×)	
세율	2.7~5%
(=)	
종부세 세액	
(−)	
재산세 납부액 중 부세 과세표준 상당액, 세액공제액(장기, 고령자), 세부담상한 초과세액 공제	
(=)	
최종 세액	

[표 6-6] 종부세 세율

2주택 이하		3주택 이상	
과세표준	세율	과세표준	세율
3억 원 이하	0.5%	3억 원 이하	0.5%
6억 원 이하	0.7%	6억 원 이하	0.7%
12억 원 이하	1%	12억 원 이하	1%
25억 원 이하	1.3%	25억 원 이하	2%
50억 원 이하	1.5%	50억 원 이하	3%
94억 원 이하	2%	94억 원 이하	4%
94억 원 초과	2.7%	94억 원 초과	5%
법인	2.7%	법인	5%

그런데 법인의 경우 공제금액을 적용하지 않으니 보유 주택의 공시가격 합이 곧바로 과세표준이 된다. 물론 현행 공정시장가액비율이 60%이기에 어느 정도 경감되지만(가령 공시가격이 5억 원이라면 과세표준은 5억 원×60%=3억 원) 한때 법인 공정시장가액비율이 100%에 육박한 적도 있었기에 공제금액 미적용은 상당한 부담으로 작용할 수 있다.

그런데 여기에서 그치지 않고 앞서 언급했듯 세율도 2주택 이하는 2.7%, 3주택 이상은 5.0% 단일세율을 지역을 불문하고 적용한다([표 6-6] 참조). 즉 법인이 보유한 주택이 서울 1채 30억 원인 경우라면 2.7% 적용, 부산 3채 30억 원(각 10억 원이라 가정)이라면 같은 가격이라도 훨씬 세 부담이 큰 5.0% 종부세율이 적용되는 것이다.

법인 종부세,
올해 줄어들 수 있을까?

필자는 법인과 개인은 엄연히 부과된 권리 및 의무가 다르기에 무작정 법인 종부세 적용 시 공제금액을 적용하지 않는 건 잘못되었다고 생각한다.

법인 종부세 중과의 경우 대표자가 법인이라는 형식을 내세워 공제금액을 인위로 만들어냈으므로 이를 적용하지 않겠다는 게 과세당국의 논리인데, 이러한 논리라면 개인사업자가 합법적인 방법으로 절세하기 위해 법인을 설립하더라도 해당 논리를 적용하는 문제가 발생할 수 있다. 또한 당시 중과를 적용했던 부동산 시장 상황과 지금은 너무나 다르다.

하지만 안타깝게도 현재 이에 대한 논의는 전혀 이루어지지 않고 있다. 따라서 법인 종부세가 부담인 사람들은 이에 대한 대비책을 반드시 세워두어야 한다.

법인 양도세
추가 법인세 20%

마지막인 양도 단계를 알아보자. 법인의 경우 양도세가 아닌 법인세가 적용되기에 별도 양도세 비과세라는 건 없다. 대신 양도세 중과도 없다. 하지만 법인명의로 주택을 취득하고 이를 처분하면 '토지 등 양도차익에 대한 추가 법인세(이하 추가 법인세)' 20%가 더해진다.

[표 6-7]의 내용처럼 개인 양도세율은 과세표준 10억 원 초과 시 최고세율 45%가 적용된다. 반면 법인세의 최고세율은 24%이나 현실적으로 과세표준 200억 원 이하가 대부분이니 19%의 법인세율이 적용된다고 이해하면 된다.

다만 이에 대해 추가 법인세 20%가 있기에 약 39%의 처분 단계 세율이 적용된

[표 6-7] 개인 양도세율 vs. 법인세율 비교

개인 양도세율			법인세율		
과세표준	세율	속산표	과세표준	세율	속산표
1,400만 원 이하	6%	과세표준×6%	2억 원 이하	9%	과세표준×9%
5,000만 원 이하	15%	과세표준×15% −126만 원			
8,800만 원 이하	24%	과세표준×24% −576만 원	200억 원 이하	19%	과세표준×19% −2,000만 원
1억 5,000만 원 이하	35%	과세표준×35% −1,544만 원			
3억 원 이하	38%	과세표준×38% −1994만 원	3,000억 원 이하	21%	과세표준×21% −4억 2,000만 원
5억 원 이하	40%	과세표준×40% −2,594만 원			
10억 원 이하	42%	과세표준×42% −3,594만 원	3,000억 원 초과	24%	과세표준×24% −94억 2,000만 원
10억 원 초과	45%	과세표준×45% −6,540만 원			

* 법인의 경우 보유 기간 무관, 과세표준 금액에 따라 세율 적용함
* 단, 추가 법인세 20% 있음

다고 볼 수 있다(대략적인 수치다). 참고로 이때 적용되는 추가 법인세는 10%에서 2021년 1월 1일 이후 양도분부터는 20%로 오른 수치다. 그리고 이러한 추가 법인세는 분양권 및 입주권에도 동일하게 적용되니 유의해야 한다.

법인 양도세 완화에 대해서는 전혀 논의되고 있는 것이 없다. 다만 법인세율은 당초 세율에서 1% 포인트씩 하락했는데 이는 부동산 법인이 아닌 일반적인 법인을 위한 조치다.

법인 설립의 당초 목적이 사업을 위한 것이 전체 법인 중 부동산 매매 및 임대에 관련한 법인은 아주 극히 일부라는 것을 꼭 기억하기 바란다. 이러한 이유로

법인세율은 일부 내려갔지만 주택 관련 추가 법인세는 오히려 10%에서 20%로 올라갔다.

부동산 법인
앞으로 어떻게 될까?

지금까지 부동산 법인으로 주택을 취득하는 경우 취득 → 보유 → 양도 단계의 세 부담에 대해 살펴보았다. 그리고 현재 논의 중인 내용까지 포함해 이에 대한 개정 및 완화 여부도 알아보았다.

결론부터 말하자면 취득세 완화 외에는 진행되고 있는 것이 없다. 먼저 취득세의 경우 개인과 동일하게 최고세율에서 50%를 내리는 방안이 추진되고 있으나 현재 미정이다. 만약 이게 개정된다면 일부는 법인명의로 주택을 취득하는 경우도 있을 듯하다.

종부세, 추가 법인세 관련해서도 진행되고 있는 세제완화 방안이 전혀 없다. 법인세율 1% 포인트가 내려가긴 했으나 이는 부동산 법인을 위한 것이 아니다.

종부세 관련해서는 정부가 개인 종부세 중과세율을 종국적으로는 폐지함을

[표 6-8] 부동산 법인 세제완화(안)

구분	현행	추진안
취득세	12%	6%
종부세	- 기본공제 없음 - 세율: 2.7%, 5%	없음(단, 개인의 경우 중과세율 폐지 추진)
법인세	1%p 인하	없음(모든 법인 적용)
추가 법인세	20%	없음

목표로 하고 있다. 큰 이슈 없이 정부가 해당 목표를 실현한다면 법인 종부세는 2.7%, 5.0%가 아닌 2.7%가 적용될 수도 있다(아주 긍정적으로 보았을 때의 이야기다). 이렇게 된다 하더라도 3주택 이상을 보유한 법인은 일부 혜택이 있을 수 있으나 2주택 이하라면 여전히 2.7% 세율이 적용되기에 크게 의미가 없을 것이다. 이상의 내용을 볼 때 앞으로도 부동산 법인을 활용해서 투자를 하기란 상당히 힘들 것으로 보인다.

아주 예외적으로 임대주택 아파트 신규 등록이 개인 및 법인 모두에게 허용되고 요건을 갖추었을 때 종부세 합산배제가 된다면 장기적인 관점에서(10년 이상 보유) 어느 정도 접근할 수도 있다. 하지만 과거 주택임대사업자 정책 변동사항을 볼 때 정책 일관성이 확보될지 미지수다.

7장

기초부터 절세 전략까지,
주택임대사업자

제네시스박의 부동산 세금 트렌드 2025

주택임대사업자 등록 전 필수 체크 사항

주택임대사업자가 어려운 제도인 이유

부동산 세금 제도 중 가장 어렵고 복잡한 내용을 한 가지 꼽으라면 필자는 단연코 '주택임대사업자(이하 주임사)' 제도를 고를 것이다. 두 가지 이유에서 그러하다.

첫째, 관련 법이 너무 많다. 가장 기본적인 민간임대주택에 관한 특별법(이하 민특법)을 시작으로 취득세와 재산세를 담당하는 '지방세법'을 알아야 한다. 여기에 보유세 중 큰 비중을 차지하는 '종부세법'은 물론 등록임대주택 및 주택임대사업자의 거주주택 비과세 특례에 대한 '소득세법(양도세 파트)'도 알아야 한다.

이뿐만이 아니다. 등록임대주택 중 장기보유특별공제에 대한 내용을 규정하고 있는 조특법도 확인해야 한다. 그리고 주택임대이므로 기본적인 '주택임대차보호법'은 물론 보증보험과 부기등기 등 사업 운영 시 체크해야 할 사항 역시 알아야 한다.

둘째, '말소 제도'로 인해 관련 내용이 그야말로 누더기가 되었다. 2017년 12월 당시 정부는 '임대주택등록 활성화' 정책을 내놓았지만 이후 1년도 채 되지 않아 2018년 9.13 부동산 종합대책으로 주임사 세제 혜택을 없애기 시작하더니, 2020년 7.10 부동산 종합대책에서는 급기야 단기 모든 유형과 장기 유형 중 아파트에 대해서는 '말소 제도'를 도입하고 아파트 신규 등록은 불가하다는 방침을 정했다. 주임사 제도가 집값 상승의 원흉이라는 이유에서다.

[자료 7-1] 임대주택 말소 제도

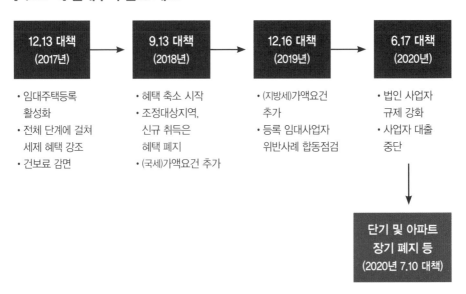

[자료 7-1]은 2017년 12월 활성화부터 2020년 7월 말소까지 주임사 제도 변화에 대해 '간략히' 기술한 것이다. 이 모든 게 만 3년이 되지 않은 짧은 기간에 이루어진 것도 놀라운데 더 놀라운 건 '같은 정부'에서 시행되었다는 점이다. 관련 법이 매우 복잡해진 것은 두말할 것도 없고 이로 인해 정책 일관성 부족 및 신뢰성 저하는 가장 큰 문제라 할 수 있다.

이런 상황에서 현재 정부는 2022년 12월, ①아파트 신규 등록을 허용하고 ②6년 단기 유형을 새로 도입하며 ③주택임대사업자의 인센티브를 복원하겠다고 밝힌 바 있다([자료 7-2] 참조).

하지만 당초 개정을 약속했던 2023년 2분기는 이미 훌쩍 지났으며 현재까지도 이에 대한 내용은 전혀 나오지 않고 있다.

[자료 7-2] 매입형 등록임대 정상화 방안 마련(국토교통부 보도자료 인용)

🏛 국토교통부	**보도참고자료**		*다시 도약하는 대한민국* *함께 잘사는 국민의 나라*
배포 일시		**2022. 12. 21.(수)**	
담당 부서	주거복지정책관 민간임대정책과	**책임자**	과 장 정천우 (044-201-4100)
		담당자	서기관 임성훈 (044-201-4101) 주무관 조승현 (044-201-4481)
보도일시		배포 즉시 보도 가능합니다.	

매입형 등록임대 정상화 방안 마련
- 아파트 유형 복원 및 합리적인 맞춤형 세제 혜택 제공 등 -

□ 정부는 12월 21일(수) 대통령 주재 비상경제민생회의 및 국민경제자문회의를 개최하여 「2023년 경제정책방향」을 확정하였다고 밝혔다.

주택임대사업자 제도
왜 알아야 할까?

주임사에 대한 내용을 알아야 하는 사람은 크게 두 부류다. 첫째, 이미 주택임대사업자로 등록임대주택을 어떻게 처분할지 고민인 사람들이다. 대표적으로 단기 모든 유형 그리고 장기 중 아파트는 민특법상 의무임대기간이 종료되면 자동말소가 된다. 이후 세금은 어떻게 되는 걸까? 그냥 팔아도 될까? 5% 초과해서 증액해도 되는 것일까? 순간의 실수로 양도차익 대부분을 세금으로 날릴 가능성이 조금이라도 있다면 당연히 이에 대해 공부해야 한다.

둘째, 이제 막 신규 등록을 통해 자산을 늘리려는 사람들이다. 이미 등록한 사람이라면 (늦었지만 지금이라도) 요건에 맞게 제대로 등록했는지 체크하고 세제 혜택이 가능한지를 알아야 한다. 하지만 이제 새롭게 신규 등록을 하려는 사람이라면 본인에게 유리한지 불리한지를 따져서 이에 대해 '선택'을 할 수 있다. 즉 어느 정도의 재량권이 있다는 의미다. 당연히 무턱대고 등록해서는 안 되며 유리한 경우에만 해야 한다.

또 주임사를 알아야 하는 이유가 있다. 주택이 아무리 많아도 '주택임대사업자가 거주하는 주택'에 대해서는 양도세 비과세를 해준다는 점이다. 물론 2019년 2월 관련 법 개정으로 '평생 1회'로 한정되었지만 이 역시 매우 좋은 제도이기 때문에 잘 알아둘 필요가 있다.

주택임대사업자
등록 기준

앞서 나열한 장점에 눈이 멀어 주임사 제도가 왠지 좋아 보인다고 무턱대고 등록했다간 크게 후회할 수 있다. 주임사를 등록한 후 부닥칠 수 있는 여러 문제 중 가장 큰 문제가 바로 '의무임대기간 10년'이다. 현재 등록하면 최소 10년을 강제로 가져가야 하는데 혜택이 별로 없고 의무사항만 많다면 섣부른 주임사 등록이 매우 후회될 것이다.

따라서 다음 사항을 반드시 미리 확인한 후에 등록할지 말지를 의사결정하는 게 좋겠다.

1. 등록하려는 임대주택의 기준시가가 6억 원(수도권 밖은 3억 원) 이하인지 확인하기

주임사를 등록하려는 가장 큰 목적은 '세제 혜택'에 있다. 이어서 설명하겠지만 보증보험과 부기등기 등 각종 의무사항을 준수해야 하는데 세제 혜택을 받지 못한다면 의미가 없다.

게다가 그 세제 혜택이라는 것도 워낙 복잡하고 다양한데 이중 핵심적으로 알아야 하는 것이 기준시가다. 즉 '임대개시 6억 원(수도권 밖 3억 원) 이하' 요소가 매우 중요하므로 등록 당시 해당 가액요건을 충족하는지 꼭 확인해야 한다. 고가주택이라면 이미 초과했을 가능성이 높기 때문에 매우 신중해야 한다.

[자료 7-3]은 국토교통부에서 발표한 2020년 1분기 신규 등록 주임사 현황이다. 매 분기 발표했던 세부 현황이 2020년 1분기를 마지막으로 더는 나오지 않고 있다. 자료를 보면 해당 기간 내 총 6만 1,624호가 신규 등록을 했고, 이중 13.0%인 5,256호가 공시가격 6억 원을 초과했다.

이 경우 종부세 합산배제 및 양도세 중과배제 혜택이 불가하며 주임사의 거주주택 비과세 특례 역시 불가하다. '3억 원 초과 ~ 6억 원 이하' 역시 무려 33.3%인 1만 3,457호나 해당되는데 만약 이중에서 수도권이 아닌 지방에 있는 주택이라면 동일하게 주요 세제 혜택을 받을 수 없다.

이미 주임사를 등록한 사람들은 알겠지만 2018년 4월부터는 과거 '준공공'이라 불리던 8년 장기임대주택으로 등록해야 그나마 세제 혜택이라도 많이 받을 수

[자료 7-3] 2020년 1분기 신규 등록 임대주택 현황(국토교통부 보도자료 인용)

종류별 구분		합 계	아파트	다세대	다가구	단독	오피스텔	기타
합 계		61,624호 (100%)	15,880호 (25.8%)	8,010호 (13.0%)	16,439호 (26.7%)	4,093호 (6.6%)	15,897호 (25.8%)	1,305호 (2.1%)
공시가 존재		40,451호 (65.6%)	14,169호 (89.2%)	6,742호 (84.2%)	14,846호 (90.3%)	3,627호 (88.6%)	—	1,067호 (81.8%)
	3억원 이하	21,738호 (53.7%)	10,098호 (71.3%)	6,220호 (92.3%)	2,968호 (20.0%)	1,485호 (40.9%)		967호 (90.6%)
	3억원 초과 6억원 이하	13,457호 (33.3%)	3,294호 (23.2%)	346호 (5.1%)	8,061호 (54.3%)	1,669호 (46.0%)	—	87호 (8.2%)
	6억원 초과	5,256호 (13.0%)	777호 (5.5%)	176호 (2.6%)	3,817호 (25.7%)	473호 (13.1%)		13호 (1.2%)
공시가 부존재*		21,173호 (34.4%)	1,711호 (10.8%)	1,268호 (15.8%)	1,593호 (9.7%)	466호 (11.4%)	15,897호 (100%)	238호 (18.2%)

* 공시가격이 존재하지 않는 오피스텔과 '19년 가격 공시 이후 건설된 주택 등

있었는데 2020년 1분기이므로 2024년이 끝나가는 지금 이제 5년이 조금 못 미치는 의무임대기간을 채웠을 것으로 보인다.

그동안 종부세 합산배제 혜택을 받을 수 없어(최소 13% 이상) 추후 해당 주택을 매각할 때 다주택이고 조정대상지역에 위치한다면 양도세 중과배제 혜택 역시 불가하다. 가장 좋은 혜택인 주택임대사업자 거주주택 비과세 역시 불가하니 이 모든 과정을 진행할 때 매우 유의해야 한다. 따라서 이제 막 신규 등록을 하려는 사람들은 해당 주택의 기준시가가 요건을 준수하는지 여부를 반드시 확인하기 바란다.

2. 종부세 합산배제 혜택에 집중하기

등록임대주택은 단계별 세제 혜택을 받는다. 즉 취득세에서는 취득세 감면, 보유세에서는 재산세 감면과 종부세 합산배제, 그리고 양도세에서는 양도세 중과배제와 고율의 장기보유특별공제가 있다([자료 7-4] 참조).

다만 이중에서 실질적이고 효과가 좋은 세제 혜택은 '종부세 합산배제'가 유일하다고 생각한다. 추후 각 세제 혜택과 그 요건을 자세히 살펴보겠지만, 먼저 취득세 감면은 최초 등기하는 신축이고 공동주택만 해당하는데 아파트는 현재 등

[자료 7-4] 주택임대사업자 세제 혜택 – 요약

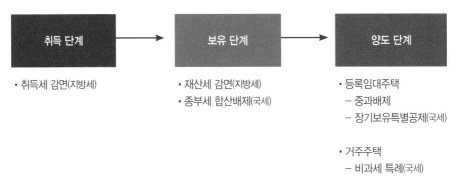

록 불가한 상황이고 전용면적이 60㎡(18.15평) 이하로 제한된다. 이마저도 '최소
납부제도'가 있어서 취득세가 200만 원을 초과한다면 15%에 해당하는 세 부담을
해야 한다. 즉 크게 메리트가 없다.

　　재산세는 '2호 이상 등록' 요건이 치명적이다. 거주주택이 1채 있고 재산세 감
면을 위해 만약 등록임대주택을 2채 취득해 등록한다면 벌써 3주택이 되기에 취
득세가 최소 8%(비조정대상지역인 경우)가 나온다. 즉 등록임대주택은 취득세 주택
수에서 제외되지 않는다. 그에 반해 재산세 감면 효과는 크지 않으니 그야말로
'소탐대실'이다.

　　마지막 양도세 중과배제는 매각 당시 다주택이고 해당 주택이 조정대상지역
에 위치해야 하는 요건이다. 하지만 2024년 6월 조정대상지역은 서울시 강남구,
서초구, 송파구 그리고 용산구만 해당한다. 대부분 지역이 비조정대상지역이고
추후 조정대상지역으로 다시 지정될지 모르는 상황에서 양도세 중과배제 혜택을
받기 위해 주임사 등록을 한다는 건 좋은 전략이라 할 수 없다.

　　따라서 남은 건 이제 '종부세 합산배제'인데 보유세에서 가장 부담이 되는 종부
세를 면해주는 것이기에 장기보유하고 추후 자산 가치의 상승이 기대되는 주택
을 등록할 계획이라면 할 만하다. 그리고 그러한 물건은 주로 정비사업에 해당
되며 재건축초과이익환수세가 있는 한 상대적으로 재개발이 더 유리하다 할 수
있다.

3. 주임사 등록은 '똘똘한 1채'를 먼저 취득한 이후에 하기

앞서 언급한 대로 등록임대주택은 취득세 주택 수에서 제외되지 않는다. 만약 등
록임대주택이 2채 있는데 추후 자금이 생겨 중심지 주택을 취득한다면 해당 주택
은 세 번째로 취득하는 주택이 되고 이 경우 취득세율은 최소 8%가 적용된다(조
정대상지역인 경우 12%).

　　따라서 이왕이면 중심지 물건을 먼저 취득한 후 등록임대주택을 취득하거나

혹은 자산 형성 초기라면 전략적으로 등록임대주택을 먼저 취득한 후 해당 주택으로 투자 기회를 노려야 한다. 아님 추후 취득세 중과가 개정되면 그때 중심지 물건을 취득하는 전략을 계획해야 한다.

4. 임대소득을 원한다면 주임사 등록은 한 번 더 고민하기(5% 증액제한)

주택을 임대하면 임대소득이 발생하는데 전세보증금 상승분과 월세가 있다. 이 중 전세보증금의 경우 전세가격이 오르는 시장 분위기라면 그 상승분을 모두 받아 재투자를 하고 싶은 마음이 들 것이다.

하지만 등록임대주택은 '5% 임대료 증액제한'이 있으며 보통의 임대차계약이 2년이라는 점을 감안하면 2년마다 5%씩 올릴 수밖에 없다. 간혹 '1년 단위 계약을 하고 5%씩 올리면 되지 않나?' 하고 생각할 수 있지만 주택임대차보호법에서는 기본적으로 2년 임대차계약을 보장하기에 이 경우는 임차인 동의가 필수다.

따라서 10년 의무임대를 하면서 월세를 받거나 혹은 전세 임대 중이라면 2년마다 5%만 올려도 괜찮은지를 확인한 후에 등록 여부를 결정하기 바란다. 이 역시 전세인 경우 2년 마다 5% 올려도 괜찮은 물건은 오래된 빌라나 다세대 주택 등 재개발과 궁합이 맞을 것이다.

5. 각종 의무 사항 준수에 대한 각오 다지기

지금까지 세제 혜택을 중심으로 이야기했는데 주임사의 경우 '과태료' 역시 무시할 수 없다. 임대차계약 신고, 보증보험, 부기등기 등 각종 의무사항을 준수해야 하고 이를 어길 경우 거액의 과태료를 부담해야 한다. 더 중요한 점은 주요 공적 의무 사항을 어길 시 거액의 과태료에 더불어 세제 혜택까지 박탈될 수 있다.

예를 들어 의무임대기간을 준수하면서 해당 기간 계약 시 '5% 임대료 증액제한'이 걸리는데 만약 이를 어긴다면 3,000만 원의 과태료를 부담해야 할 수 있다 (횟수나 위반 정도에 따라 달라질 수 있으며 최대 3,000만 원이다).

문제는 여기에서 그치지 않는다. 먼저 해당 연도와 다음 연도 종부세 합산배제 혜택을 받지 못한다. 그리고 추후 매각 시 양도세 중과배제 혜택 역시 받지 못한다.

6. 주택임대사업자 거주주택 비과세 역시 받을 수 없음을 명심하기

의무임대기간 중 5%를 초과해 임대하게 되면 거액의 과태료 납부는 물론 종부세 및 양도세 관련 세제 혜택도 거의 받지 못한다고 생각하면 된다. 그렇다고 중간에 그만두고 싶어도 남은 의무임대기간을 채워야 하며 이를 어길 시에는 또 과태료가 부과된다(의무임대기간 미준수, 최대 3,000만 원).

따라서 앞서 이야기한 세제 혜택에만 보고 덜컥 등록해서는 절대 안 되며 세제 혜택을 받을 수 있는 요건을 갖추었는지, 그 전략이 나의 자산관리 전략과 맞는지, 마지막으로 의무임대기간 동안 각종 공적 의무 사항을 잘 준수할 자신이 있는지 등을 먼저 반드시 체크해야 한다.

등록한 임대주택
말소법

주임사를 이미 등록한 사람들은 그럼 어떻게 해야 할까? 가장 먼저 본인이 등록한 물건이 말소 대상인지를 먼저 알아야 한다.

먼저 단기임대주택은 모든 유형의 말소가 가능하다. 즉 과거 4년 등 단기로 등록한 주택은 유형과 상관없이 모두 말소가 가능한데 대부분 2018년 초에 등록했을 테니 이미 자동말소가 되었을 것이다. 참고로 자동말소는 민특법상 의무임대기간이 경과하면 해당 지자체에서 자동으로 말소시키고 이후 보유세 과세기준일(6월 1일)이 되면 보유세 과세대상에 포함된다.

[표 7-1] 주택임대사업자 말소제도

구분	주택 유형	자동 말소 가능 여부
단기임대주택	모든 유형	말소 가능
장기임대주택	아파트	말소 가능
	단독, 다가구, 다세대 등	말소 불가

구분	자진 말소	자동 말소
말소 주체	주택임대사업자	지방자치단체장
말소 시기	의무임대기간 경과 전	의무임대기간 경과 후
임차인 동의서	필요	불필요

이에 반해 장기임대주택은 '아파트만' 말소가 가능하다. 즉 단독/다가구/다세대/오피스텔 등을 장기임대주택으로 등록했다면 이는 말소 자체가 되지 않으며 민특법상 의무임대기간을 준수해야 한다. 의무임대기간이 종료되면 이후 주택임대사업자가 지자체에 신고해 말소할 수 있다는 점이 자동말소와 다른 점이다.

그렇다면 자진말소는 무엇일까? 앞서 살펴본 말소 가능 주택, 즉 단기 모든 유형 및 장기 중 아파트인 경우에는 의무임대기간이 경과하기 전이라도 주택임대사업자가 말소할 수 있는데 다만 임차인 보호를 위해 '임차인 동의서'를 반드시 첨부해야 한다. 임차인 동의서를 받지 못한다면 자진말소는 불가하다.

또한 자진말소의 경우 의무임대기간 경과 전에 임대 기간 중 1/2 정도를 반드시 임대한 후에 매각하는 게 좋다. 왜냐하면 종부세와 양도세 세제 혜택이 다른데 종부세는 1/2 이상 임대 요건이 없지만 양도세 관련 혜택은 1/2 이상 임대 후 매각을 전제조건으로 하기 때문이다.

주택임대사업자의 강력한 혜택 (1): 종부세 합산배제

주임사 등록을 통해 얻을 수 있는 가장 큰 혜택은 종부세 합산배제 그리고 주택임대사업자 거주주택 비과세 특례다. 그 외 취득세 및 재산세 감면 혜택도 있지만 미미한 수준이니 '소탐대실' 해서는 안 된다. 이번에는 종부세 합산배제에 대해 살펴보겠다.

종부세 합산배제란 말 그대로 종부세 과세대상에서 아예 제외를 시켜주는 것으로 일종의 '종부세 비과세'라고 생각하면 된다. 고가주택을 보유하고 있거나 주택 수가 여러 채인 경우 특히 3주택 이상 보유로 종부세 중과세율에 해당한다면 반드시 고려해야 한다.

어떤 사람들은 '보유세가 부담되면 처분하면 되지 않나?'라고 생각할 수도 있지만 보유 물건이 장기 투자해야 하는 경우나 추후 상당한 시세차익이 기대된다면 주임사 등록을 고려해볼 수 있다. 그리고 이러한 경우에 해당한다면 가장 핵심적인 세제 혜택인 '종부세 합산배제'에 대해 반드시 알 필요가 있다.

종부세 혜택을 받으려면?

종부세 합산배제 혜택을 받으려면 임대주택으로 등록해야 하는데 문제는 아파트는 여전히 신규 등록이 불가하다. 따라서 아파트 외 다른 주택 유형인 단독, 다가구, 다세대, 오피스텔 등만 혜택을 받을 수 있다. 물론 무조건 등록해서는 안 되고 요건에 맞게 등록해야 한다. 요건 중 하나라도 어긋나면 세제 혜택이 불가하니 유의해야 한다.

그리고 지자체 및 세무서 2곳 모두 등록해야 한다. 주택임대사업자는 말 그대로 '사업자'이기 때문에 행정적인 절차 또한 중요하다. 부동산 투자 시 주택 보유 중에는 임대, 추후 매각 시에는 양도를 하게 되는데 임대소득은 부가가치세법상 '면세'다. 따라서 별다른 규제가 없고 세금만 잘 납부 하면 된다. 그리고 추후 매각하면 세무서에 양도세 신고 및 납부하면 그만이다.

이처럼 지금까지 이야기한 종부세 합산배제 혜택을 받으려면 총 세 가지 요건을 만족해야 하고 이 요건을 정리하면 다음과 같다.

첫째, 지자체 등록을 해야 한다. 현행 주임사는 관할 지자체에서 담당하고 있기 때문이다. 물론 지자체 등록은 선택사항이다.

둘째, 세무서에 사업자등록을 해야 한다. 세무서는 세금 신고와 납부를 담당한다. 따라서 주임사는 지자체 그리고 세무서 사업자등록번호 2개가 나온다.

셋째, 국세 혜택을 받기 위한 요건을 모두 충족해야 한다. 셋 중 가장 중요한 요건이다. 우리가 원하는 건 취득세, 재산세와 같은 지방세가 아닌 종부세 즉 국세다. 따라서 국세를 담당하는 관련 세법에서 정한 요건을 충족해야 하며 이를 담당하는 곳은 지자체가 아닌 관할 세무서라는 점을 꼭 기억하기 바란다.

'가액요건'
종부세 혜택을 위한 핵심 요건

종부세 혜택을 받으려면 세법에서 정의하는 '장기임대주택' 요건 역시 갖추어야 한다. 우리가 흔히 알고 있는 '준공공' 혹은 '장기임대'와는 다소 다르다. 즉 민특법에서 정의하는 '장기일반민간임대주택'과 세법에서 정의하는 '장기임대주택'은 다른 것으로 앞에서 설명한 것처럼 우리는 세법에서 요구하는 장기임대주택 요건을 충족하면 된다. 그 요건이란 다음과 같다.

1) 아파트 제외 모든 주택 가능
2) 의무임대기간 10년 준수할 것(2020년 8월 18일 이후 등록한 경우)
3) 임대개시 당시 기준시가 6억 원 이하일 것(수도권 밖은 3억 원)
4) 5% 이내 범위에서 증액할 것
5) 지자체 및 세무서 2곳 모두 등록할 것
6) 2018년 9월 14일 이후 조정대상지역에서 신규 취득시 과세기준일(6월 1일)
   비조정대상지역일 것

필자는 이 중 가장 중요한 요건이 바로 3번 '기준시가 6억 원(수도권 밖은 3억 원)'이라고 생각한다. 다른 요소들은 크게 어렵지 않다. 지자체와 세무서 모두 등록하고 임대기간 동안 5% 이내로 임대료를 증액하면 된다. 하지만 기준시가는 임대개시 당시 6억 원(수도권 밖은 3억 원)을 넘어서는 안 되는데 이는 고가주택은 등록한다 해도 종부세 합산배제 혜택이 불가함을 의미한다.

주임사에 등록했는데 세제 혜택 중 중요한 양도세, 종부세 혜택을 받지 못한다면 굳이 등록할 필요가 있을까? 기준시가 초과 시 양도세 혜택도 불가한데? 따라서 다른 요건을 모두 만족하더라도 기준시가 요건을 충족하지 못한 상태에서 등록하면 이러한 혜택은 못 받는 점을 꼭 기억하기를 바란다.

'임대개시 당시'의 의미

다시 가액요건에 대해 살펴보겠다. 세법에서는 용어 하나하나에 매우 주의를 기울여야 하는데 특히 '임대개시 당시' 라는 말을 중요하게 보아야 한다.

[자료 7-5]를 보면 2023년 12월 해당 주택을 임대 중이었고 이후 2024년 1월 지자체에 등록한 후 2024년 6월 세무서 등록까지 마친다. 보통은 지자체 등록과 함께 세무서 등록을 하는데 이 경우는 특이한 경우라고 가정해보자.

이 경우 의무임대기간 10년은 언제부터일까? [자료 7-5]에서는 세무서 등록까지 마친 2024년 6월부터 의무임대기간이 시작되며 이 날을 기점으로 10년을 임대해야 한다.

그리고 해당 주택 기준시가가 2023년 12월 기준 5억 5,000만 원이었는데 의무임대기간이 시작되는 2024년 6월 기준 6억 원을 초과한 6억 1,000만 원이 되었다. 이 경우는 안타깝지만 종부세 합산배제 혜택이 불가하며 양도세 혜택 역시 불가하다.

설상가상으로 주임사 등록을 취소할 수 있는 기간인 3개월도 지난 상태다. 이때 3개월은 지자체 등록을 한 2024년 1월이 된다. 따라서 부득이하게 주임사 취소를 하면 의무임대기간을 위반하게 되므로 3,000만 원의 과태료를 부담해야 한다. 과태료는 민특법에 규정되어 있고 이는 지자체 관할이다. 지자체에서는 세무서 등록과 상관없이 지자체에 등록한 날로부터 3개월이 지났는지 안 지났는지

[자료 7-5] 임대개시 당시 의미

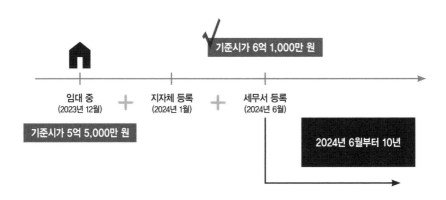

를 따지기 때문이다.

조정대상지역에서
신규 취득한 경우의 혜택 여부

주임사 제도를 공부하면서 정말 잘 기억해야 하는 정책이 바로 2018년 9.13인데 비단 주임사뿐 아니라 부동산 정책 전반에 대해 상당한 규제가 나왔기 때문이다. 특히 해당 대책 이후 조정대상지역에서 신규로 취득한 주택은 임대주택으로 등록하더라도 종부세 합산배제 및 양도세 중과배제 혜택을 금한다는 게 핵심 내용이니 꼭 기억해야 한다([자료 7-6] 참조).

물론 대책발표 전 매매계약을 체결하고 계약금까지 지불했다면 종전처럼 종

[자료 7-6] 2018년 9.13 부동산 종합대책 보도자료 중 일부

❖ **조정대상지역 신규취득 임대주택 종부세 과세**

※ 종부세법 시행령 §3

○ **(현행)** 8년 장기 임대등록한 주택(수도권 6억원.비수도권 3억원 이하)에 대하여 **종부세 비과세**(합산 배제)

○ **(개정)** 1주택 이상자가 조정대상지역에 새로 취득한 주택은 임대등록시에도 종부세 합산 과세

○ **(적용시기)** 대책발표 후 새로 취득하는 주택부터 적용

　■ 대책발표 전 매매계약 체결+계약금 지불한 경우 종전규정 적용

부세 합산배제 혜택이 가능하다. 비조정대상지역에서 신규 취득 역시 혜택을 받을 수 있다. 또한 무주택자라면 해당 사항이 없다. 하지만 당시 많은 주택임대사업자가 1주택 이상을 가진 사람들이었으며 대부분 지역이 조정대상지역으로 지정되는 상황이었으므로 당시 규제는 상당히 큰 파급력을 보였다.

다만, 이에 대한 해석으로는 비록 9.13 대책 이후(2018년 9월 14일 이후) 조정대상지역에서 신규로 취득한 주택이더라도 다른 요건을 모두 만족한 상태에서 임대주택으로 등록하고 해당 지역이 조정대상지역이 해제가 된 경우라면 종전처럼 종부세 합산배제가 가능하다([자료 7-7] 참조).

[자료 7-7] 종부세 합산배제 관련 해석(국세법령정보시스템 내용 인용)

종부 조정대상지역 지정 해제 시 종부령 §3①(8)에 따른 장기일반민간임대주택등에 대한 합산배제 적용 기준

서면-2022-부동산-5052 [부동산납세과-580] | 생산일자 : 2023.03.02.

관련 주제어	사업자등록 및 고유번호의 부여 사업자등록
관련 법령	법인세법 제111조 소득세법 제168조 종합부동산세법 시행령 제3조

요지	회신	상세내용

요지

> 종부령 §3①(8)나목1)에 따른 장기일반민간임대주택등에 대한 합산배제 제외규정은 과세기준일 현재 조정대상지역에 있는 주택에 대하여 적용되므로, 조정대상지역 해제 공고일 이후 납세의무 성립분부터는 종부령 §3①(8)에 따른 합산배제 임대주택 규정을 적용받을 수 있음

회신

「종합부동산세법 시행령」 제3조제1항제8호나목1)(이하 "합산배제 제외규정")은 1세대가 국내에 1주택 이상을 보유한 상태에서 세대원이 새로 취득한 주택으로서 과세기준일 현재 조정대상지역에 있는 주택을 같은 호에 따른 합산배제 임대주택에서 제외하는 것이므로, 조정대상지역의 지정 해제 공고가 있은 날 이후에 납세의무가 성립하는 분부터는 합산배제 제외규정이 적용되지 아니하며, 같은 항 본문 및 제8호에 따른 요건을 갖춘 경우 합산배제 임대주택 규정을 적용받을 수 있습니다.

예를 들어 [자료 7-8]처럼 9.13 대책이 나온 후 1주택 이상인 주택임대사업자가 당시 조정대상지역이었던 동작구에 위치한 주택을 신규로 취득했다고 가정하겠다. 비록 요건을 갖추어 임대주택으로 등록했더라도 조정대상지역 주택이니 종부세 합산배제 혜택을 받을 수 없다(물론 그 전에 취득했거나 혹은 비조정대상지역 주택 신규 취득이라면 여전히 혜택을 받을 수 있다).

여기서 동작구는 2023년 1월 5일 조정대상지역이 해제되었고 2023년도 과세기준일인 2023년 6월 1일은 비조정대상지역이다. 즉 해당 주택을 임대주택으로 등록하고 관련 규정을 잘 준수하고 있었다면 종부세 합산배제 혜택이 가능해진 거다.

여기서 한 가지 우려되는 점은 종부세 합산배제의 경우 당사자가 반드시 '합산배제 신청'을 해야 한다는 것이고 이 해당 기간은 매년 9월이다. 따라서 [자료 8]의 사례에 해당한다면 당해 9월, 종부세 고지서에 기재된 담당자에게 합산배제가 되어 있는지 확인하고 안 되어 있다면 꼭 합산배제를 해야 한다.

다만, 해당 지역(동작구)이 추후 조정대상지역으로 다시 지정된다면 그때는 종

[자료 7-8] 종부세 합산배제 관련 사례

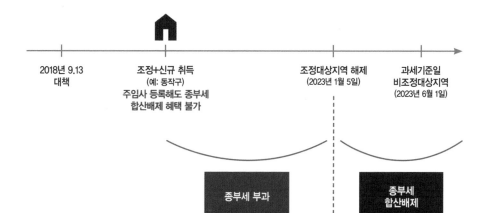

부세가 또 부과될 수 있다. 물론 9월 13일 이후 조정대상지역에서 신규로 취득한 주택만 그러하다.

5% 임대료
증액제한에 대한 정리

요건을 갖춰 임대주택으로 등록했다면 이를 유지하면서 준수해야 할 규정이 있다. 바로 '5% 임대료 증액제한'이다. 과거에는 법조문에 '연 5%'라고 표기되어 상당히 많은 혼선을 초래했는데 지금은 이에 대한 기준이 잡힌 상황이다.

우선 주택임대차보호법상 임대차 계약이 최소 2년이기에 우리 입장에서는 '2년 마다 5%'라고 알아두는 것이 중요하다. 이게 기본이며 그 외 5% 임대료 증액제한에 관련해 꼭 알아두어야 할 몇 가지를 설명하겠다.

첫째, 1년 미만 계약은 5% 증액이 불가하다. 관련 법에서는 1년 미만 단기 임대차계약을 하고 다시 재계약을 할 경우 5% 임대료 증액이 불가하다고 규정하고 있다. 따라서 최소 1년 임대를 마친 후에 재계약을 진행해야 5% 증액이 가능하다.

둘째, 1년 단위 임대차계약은 임차인 동의가 필수다. 만약 '1년마다 5% 인상으로 재계약' 이렇게 진행하고 싶다면 이때는 임차인 동의가 필수다. 주임사 제도는 임차인 보호를 가장 우선하고 특히 주택임대차보호법에서는 기본 2년을 보장하기 때문이다.

셋째, 공실 기간도 일부 포함될 수 있다. 그나마 다행인 점은 종전 임대차계약으로부터 1년이 지나야 5% 증액이 가능하다는 점이다. 가령 11개월 임대+2개월 공실이 발생했었다면 총 13개월, 즉 1년이 지난 시점이므로 이때는 5% 증액이 가능하다.

[자료 7-9] 렌트홈 임대료인상률 계산 방법

넷째, 공실 기간은 3개월 이내만 인정되며 초과 시 의무임대기간이 늘어난다. 예를 들어 2개월 공실이라면 이때는 의무임대기간 10년에 변화가 없다. 그러나 만약 4개월 공실인 경우 그만큼 의무임대 기간이 늘어나므로 10년+4개월을 임대해야 한다. 정리하면 3개월 이내 공실은 괜찮지만 만약 초과 시 의무임대기간을 더 늘려야 하고 혹시라도 이게 불안하다면 공실기간만큼 더 임대하면 문제가 없다.

다섯째, 5% 증액제한 계산은 꼭 '렌트홈'에서 진행해야 한다. 5% 증액 계산 역시 상당히 복잡하고 어렵다. 이 어려운 계산을 [자료 7-9]에서 확인할 수 있는 '임대료인상률계산(렌트홈 계산기)'를 통해 계산할 수 있다. 가령 1억 원에 월세 50만 원인데 이를 1억 원에 월세 55만원으로 올리고 싶을 때 이에 대해 감으로 계산하거나 부동산 등에서 시세를 보고 '대충' 진행하면 종부세 합산배제 혜택을 못 받는 것은 물론 추후 살펴볼 양도세 중과배제 및 거주주택 비과세 특례를 놓칠 수 있다. 물론 렌트홈 계산기 결과도 '불가'라고 나온다.

주택임대사업자 종부세 합산배제, 어떻게 활용하면 좋을까?

지금까지 주임사 종부세 합산배제 관련해 등록이 가능한 주택 유형과 준수사항 및 세제 혜택에 대해 살펴보았다. 이제 이를 어떻게 활용하면 좋을지 한 번 알아보도록 하겠다.

우선 전제 조건으로 임대개시 당시 기준시가가 6억 원 이하(수도권 밖은 3억 이하)인 주택이어야 한다. 따라서 일단 고가주택은 불가하다(당연히 아파트는 불가하다). 등록하면 10년 의무임대를 해야 하는데 말 그대로 '장기보유'다. 즉 오랫동안 보유할 만한 물건이어야 한다.

또한 의무임대기간 동안 5% 임대료 증액제한에 걸린다. 즉 보유 시 임대소득을 기대해서는 안 되며 추후 매각 시 발생하는 양도차익을 기대해야 한다. 쉽게 말해 전세 혹은 월세를 올릴 계획은 잠깐 접어두고 오래 보유했을 때 이득이 되는 그런 물건이 좋다.

어떤 물건이 좋을까? 단독, 다가구, 다세대 중 수도권 특히 서울 단독이나 다가구는 기준시가가 6억 원을 초과할 가능성이 높다. 특히 다가구는 모든 호실을 등록해서 관리해야 하기에 이에 대한 어려움이 클 수 있다. 그렇다면 다세대 혹은 오피스텔 등이 있는데 오피스텔은 10년이나 보유한다 해도 큰 시세차익을 기대하기는 어렵다.

따라서 남은 건 다세대밖에 없다. 다세대 중 10년 후에 큰 시세차익을 줄 수 있는 그런 물건은 어떤 게 있을까? 아무래도 해당 빌라나 다세대 물건이 언젠가 완전히 바뀌어야 할 듯하다. 즉 주임사 등록을 해서 무언가 이득을 볼 수 있는 물건은 재개발이 가능한 물건이라 볼 수 있다.

물론 무턱대고 재개발이 가능한 물건을 임대주택으로 등록하라는 뜻은 아니다. 이에 대해서는 현재 보유 중인 자산, 향후 투자계획, 등록하려는 물건의 정비 사업

진행정도, 본인 투자성향, 보유 중인 투자금 등 정말 여러 여건을 꼼꼼히 고려한 다음 임대주택으로 등록해야 한다.

주택임대사업자의 강력한 혜택(2): 거주주택 비과세

이번에는 주임사 제도의 큰 혜택인 주택임대사업자 거주주택 비과세 특례에 대해 알아보겠다. 너무나 큰 혜택이라 그런지 정부는 이 혜택을 '평생 1회'로 제한하고 있다. 잘만 활용하면 주택을 모두 보유하면서 비과세가 가능하지만 하나라도 실수하면 세금 폭탄을 맞을 수 있으니 다음 내용을 잘 확인하길 바란다.

주택임대사업자 거주주택 비과세 특례란?

이 제도를 이해하려면 먼저 그 '취지'에 대해 알아야 한다. 주임사 제도는 생각보다 역사가 길다. 모든 제도가 그랬듯 제도 초기에는 호응이 별로 없고 참여도가 적었다.

그래서 당시 정부는 하나의 당근을 제시했는데 바로 '거주하는 주택을 제외하고 모두 임대주택으로 등록하면 거주하는 주택을 매각할 때 해당 임대주택은 주택 수에서 제외하겠다'라는 당근이었다. 이 당근으로 인해 거주주택 하나만 남기는 것이 가능했기 때문에 양도세 비과세를 받을 수 있었다. 당시에는 이러한 혜택을 제공함으로써 등록임대주택을 더 많이 양성하고자 했다.

여기에서 중요한 점은 두 가지다. 첫째, 반드시 거주주택을 매각해야 한다. 즉 임대주택 등록만으로는 주택 수에서 제외되지 않고 사업자의 거주주택을 매각해

[자료 7-10] 주택임대사업자 거주주택 비과세 특례

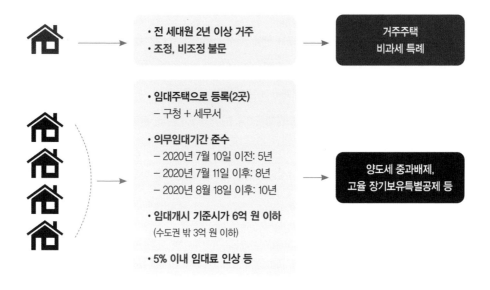

야 그때 임대주택을 주택 수에서 제외할 수 있다.

그런데 많은 사람이 단순히 '임대주택 등록하면 주택 수 제외'라고 알고 있어서 정말 안타까운 사례가 자주 발생한다.

둘째, 모든 요건을 다 갖추어야 주택임대사업자 거주주택 비과세가 가능하다. 이게 가장 핵심이다. 먼저 거주주택을 매각해야 하는데 이때 거주주택에는 전 세대원이 2년 이상 거주해야 한다. 조정대상지역, 비조정대상지역 불문이다. 무조건 거주다. 그래서 거주주택 비과세 특례인 거다([자료 7-10] 참조).

세대구성원 중 일부가 거주를 하지 못했다면 반드시 예외사유에 해당해야 한다. 통상 학업 혹은 근무상 형편 등인데 이는 과세당국에서 판단할 일이다. 따라서 일부 구성원이 거주를 하지 못한다면 이 부분이 괜찮은지 반드시 '사전에' 세무사와 상담해야 한다.

그리고 등록임대주택은 다수의 요건을 모두 충족해야 하는데 그 요건은 다음과 같다.

1) 지자체와 세무서 2곳 모두 등록해야 한다. 즉 하나만 등록해서는 세제 혜택이 불가하다.

2) 의무임대기간을 준수해야 하는데 등록 시점에 따라 5년, 8년, 10년 등으로 다르다. 본인이 언제 등록했고 몇 년을 의무임대해야 하는지 확인해야 한다.

3) 임대개시 기준시가가 6억 원(수도권 밖은 3억 원)이하여야 한다. 물론 이후에는 초과해도 무방하다.

4) 5% 임대료 증액제한을 준수해야 한다. 특히 2019년 2월 12일 이후 계약분은 더욱더 주의를 요한다.

[자료 7-10]의 내용처럼 등록임대주택이 4채라고 가정해보자. 이때 각각의 임대주택에 대해 요건이 '모두' 준수했는지 체크해야 한다. 이중 하나라도 어긋나면 주택 수가 카운트되고 그 결과 당연히 거주주택 비과세는 불가하다.

보유 중인 주택을 보유하면서 비과세가 가능하다?

이 제도가 좋은 이유는 보유 중인 주택을 '모두 보유하면서' 비과세가 가능하기 때문이다. [자료 7-10]에서 본 것처럼 무려 5채를 보유해도 주택임대사업자 거주주택 비과세가 가능하고 다른 제도와 중첩 적용도 가능하다.

예를 들어 주택임대사업자 거주주택 비과세 특례와 일시적 2주택 비과세 특례를 결합해 볼 수 있다. 다음 [자료 7-11]처럼 보유 중인 주택이 3채인데 2번 주택을 비과세로 받고자 하면 어떻게 해야 할까? 가장 쉬운 방법은 1번을 팔고 이어서 3번을 판 다음 마지막 2번을 팔아서 1주택 비과세를 받으면 된다.

[자료 7-11] 거주주택 비과세 + 일시적 2주택 비과세

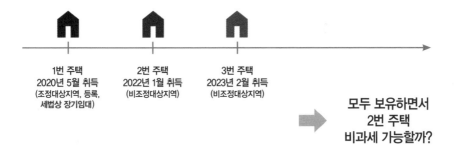

1번 주택
2020년 5월 취득
(조정대상지역, 등록,
세법상 장기임대)

2번 주택
2022년 1월 취득
(비조정대상지역)

3번 주택
2023년 2월 취득
(비조정대상지역)

모두 보유하면서
2번 주택
비과세 가능할까?

하지만 1번과 3번을 더 보유하고 싶을 때는 어떻게 해야 할까? 계속해서 주택 수가 늘어날 텐데 괜찮을까? 바로 이때 주택임대사업자 거주주택 비과세 특례와 일시적 2주택 비과세를 함께 활용하는 것이다. 즉 2번 거주주택을 매각할 때 등록된 임대주택 1번은 주택 수에서 제외될 수 있다. 물론 해당 요건을 다 갖추었을 테니 이를 '세법상 장기임대주택'이라 칭하겠다.

그러면 2번 주택과 3번 주택만 남는데(다시 강조하지만 1번 주택을 임대주택으로 등록해서 주택 수에서 제외되는 게 아니고 2번 거주주택을 매각해야 제외된다) 2번과 3번 주택으로 일시적 2주택 비과세 요건을 맞추면 된다. 즉 2번 주택 취득 후 1년 지나서 3번을 취득, 3번 주택 취득 후 3년 이내 2번을 매각할 때 이 2번 주택은 당연히 2년 거주하면 된다. 정리하면 [자료 7-12]와 같다.

여기에서 많은 사람이 '2번 주택은 비조정대상지역인데 굳이 2년 이상 거주해야 할까?'라고 생각하는데 그렇다면 이 제도는 활용하지 않는 게 좋다. 앞에서 이미 언급했듯 본 제도는 주택임대사업자를 활성화시키기 위해 만든 것이고 사업자가 거주하던 주택을 매각할 때 등록된 임대주택을 제외시켜 주택임대사업자 거주주택 비과세 혜택을 주기 위함이기 때문이다. 따라서 반드시 비과세 받으려는 주택에서 2년 이상 거주 후 거주주택을 매각해야 특례를 받을 수 있다. 이 점을 꼭 기억하기 바란다.

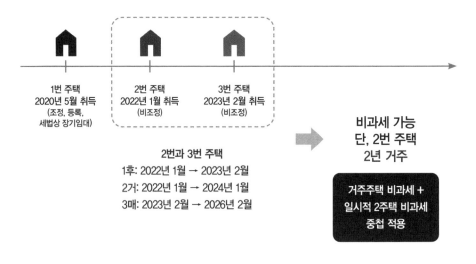

1번 주택
2020년 5월 취득
(조정, 등록,
세법상 장기임대)

2번 주택
2022년 1월 취득
(비조정)

3번 주택
2023년 2월 취득
(비조정)

비과세 가능
단, 2번 주택
2년 거주

2번과 3번 주택
1후: 2022년 1월 → 2023년 2월
2거: 2022년 1월 → 2024년 1월
3매: 2023년 2월 → 2026년 2월

거주주택 비과세 +
일시적 2주택 비과세
중첩 적용

거주주택 비과세의
잘못된 활용

방금까지 설명했듯 주택임대사업자 거주주택 비과세 충족 요건에서 하나라도 놓치면 거주주택을 매각해도 모든 등록임대주택이 주택 수로 카운트되고 그 결과 거주주택 비과세는 불가하게 된다(정말 중요하니 한 번 더 강조한다). 그런데 이것이 양도세 중과로 연결될 수 있다는 함정까지 있다면 어떨까?

[자료 7-13] 속 사례의 주인공은 총 3주택 보유 중이고 그중 1번 주택에서 거주했다. 그리고 2번 3번 주택은 임대주택으로 등록한 오피스텔이다. 주거용으로 사용했으니 당연히 양도세 비과세 판단 시 주택 수에 산입된다. 이 경우 1번 거주주택을 비과세 받고 싶다면 어떻게 하면 될까?

어렵지 않다. [자료 7-10]과 똑같은 상황이다. 다만 [자료 7-10]은 주택이 5채, [자료 7-13]은 주택이 3채라는 차이가 있을 뿐이다. 즉 거주주택을 매각하고 등록

[자료 7-13] 거주주택 비과세 잘못 활용한 사례

1번 주택
- 거주 중(서울 강동구)
- 양도차익 10억 원

2번 오피스텔
- 임대주택 등록
- 주거용으로 사용 중

3번 오피스텔
- 임대주택 등록
- 주거용으로 사용 중

이런 상황에서 1번 주택을
매도한다면?

된 임대주택(2번, 3번)이 요건을 '모두' 갖추었다면 주택 수가 제외되어 거주주택은 비과세가 가능할 수 있다. 그렇다면 실제 결과는 어땠을까?

우선 1번 주택에서는 전 세대원이 2년 이상 거주했으니 요건은 충족이다. 이제 2번, 3번 등록임대주택 요건을 확인해야 하는데 안타깝게도 다른 요건은 모두 준수했지만 딱 한 가지를 놓쳤다. 바로 '세무서 미등록'이다. 즉 해당 지자체에만 등록하고 바로 옆에 있는 관할 세무서에는 등록하지 않은 것이다. 그 결과 등록임대주택은 주택 수에 포함되었고 1번 주택 매각 시 3주택으로 간주되어 비과세가 불가했다.

문제는 그 다음이다. 당시는 2019년도였고 매각한 주택이 있던 곳 역시 그때는 조정대상지역이었던 서울 강동구였다. 지금이야 강동구가 비조정대상지역이고 설령 조정대상지역이더라도 2025년 5월 9일까지는 양도세 중과 한시배제라 일반과세로 세금을 내면 된다. 비록 양도차익 10억 원에 일반고세가 적용되면 양도세가 대략 4억 원 정도가 나오지만 말이다.

하지만 당시 강동구는 조정대상지역이었고 주택 수 역시 3주택으로 판정되어

3주택 중과가 적용되었고 약 7억 원의 세금이 발생했다. [자료 7-13]은 실제 사례이며 당시 이미 매각하고 3~4개월 정도 지나서 세무서에서 연락이 온 경우다. 이렇듯 주택임대사업자 거주주택 비과세 특례는 잘 활용하면 굉장히 좋지만 그 반대의 경우라면 세금 폭탄을 맞을 수 있다.

'평생 1회'
꼭 알아야 할 주의 사항

당시 정부는 등록임대주택 제도가 시장에 매물을 잠기게 해 주택 가격 상승의 원인이라고 판단한 듯하다. 그 결과 2019년 2월에는 관련 법을 바꾸어 주택임대사업자 거주주택 비과세 특례를 평생 1회로 제한했고 2020년 8월에는 '말소 제도'를 도입해 단기(4년)는 모든 주택 유형에 대해 그리고 장기(8년)는 아파트에 대해 자동말소와 자진말소를 시행했다.

　물론 당시 등록임대주택은 2018년 4월 1일부터는 8년으로 등록해야 세제 혜택이 많았기에 이로 인해 시장에 매물이 잠긴다는 의견이 어느 정도 일리가 있었다. 그렇다면 그 직전 연도인 2017년 12월 13일 '임대주택등록 활성화 방안'을 내놓으면서 동시에 주택 공급도 함께 진행했어야 맞지 않았을까?

　아무튼 이제는 주택임대사업자 거주주택 비과세 특례가 평생 1회로 제한되었지만 일반적인 비과세, 즉 1세대 1주택 비과세와 일시적 2주택 비과세 등은 요건만 맞으면 얼마든지 여러 번 비과세가 가능하다는 점을 꼭 기억해야 한다.

　그럼 평생 1회라면 적용 여부 정도는 선택할 수 있을까? 안타깝지만 주택임대사업자 거주주택 비과세 특례 요건에 해당하면 이에 대한 적용 여부를 선택할 수 없다. 예를 들어 [자료 7-14]의 내용 중 상단에 있는 거주주택은 양도차익이 5억 원이고 임대주택 역시 총 양도차익이 5억 원(-2억 원+3억 원)이다. 이 상황에서 주

[자료 7-14] 거주주택 비과세 사례

택임대사업자의 거주주택을 매각해 비과세를 받으면 양도차익 5억 원에 대해 비과세가 되며 이후 임대주택 의무임대기간이 끝나 1주택 비과세 등으로 매각한다면 전체 양도차익 5억 원이 아닌 3억 원에 대해서만 비과세가 된다.

왜냐하면 해당 임대주택과 거주주택이 함께 있는 기간 동안 오른 양도차익 2억 원에 대해서는 비과세가 되지 않기 때문이다. 이를 '직전 거주주택을 양도한 이후 양도차익에 대해서만 비과세'라고 표현한다.

단, 하단의 경우는 조금 다르다. 역시 거주주택과 (등록)임대주택이 있는데 임대주택이 5억 원 오를 동안 거주주택은 2억 원이 올랐다. 이때 주택임대사업자 거주주택 비과세 특례가 적용되면 거주주택 양도차익 2억 원에 대해서는 비과세가 되지만 거주주택이 있을 당시 발생한 임대주택 양도차익 5억 원에 대해서는 비과세가 되지 않고 거주주택을 매각한 이후 오른 양도차익 3억 원에 대해서만 비과세가 된다.

이는 거주주택과 임대주택의 투자 가치의 차이가 너무 크다면 평생 1회로 제한된 주택임대사업자 거주주택 비과세 특례가 오히려 독이 될 수도 있다는 의미다. 이 경우에는 차라리 1채를 더 매입해 주택임대사업자 거주주택 비과세를 받지 않거나 혹은 다른 요건을 미충족해서 비과세를 다음으로 미루는 것이 더 나을 수도 있다.

그럼 왜 이런 식으로 과세가 되는 걸까? 당초 주택임대사업자 거주주택 비과세 특례는 횟수 제한이 없었다. 그렇다고 무한정 비과세를 받을 수 있는 건 아니었고 주택임대사업자 거주주택 비과세를 받는 기간의 임대주택 상승분에 대해서 과세가 되는 제도였다.

[자료 7-15]를 통해 좀 더 자세히 알아보자. 처음에는 A, C, D 이렇게 3주택이

[자료 7-15] 거주주택 비과세 평생 1회 – 19.2.11 이전 취득 시

- 2019년 2월 11일 이전 취득한 거주주택
  - 요건 충족 시 별도 회수 제한 없이 비과세 가능
  - 단, 기존 거주주택 양도일 이후 발생한 양도차익에 대해 비과세(전체 비과세가 아님)

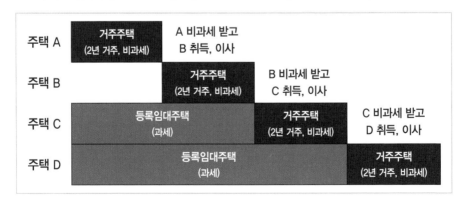

있었다고 가정하겠다. 이때 주택 A에서 2년 거주를 해 거주주택이 된 A를 매각하면 등록된 C, D주택은 주택 수에서 제외되어(모든 요건을 갖추었다고 가정) 거주주택인 A는 비과세가 된다.

그리고 주택 B로 이사가 다시 2년 이상 거주한 후 역시 마찬가지로 주택 B를 거주주택으로 매각하면 등록된 C, D주택은 주택 수에서 제외되어 주택 B 역시 비과세가 가능했다.

그런데 비록 주택임대사업자 거주주택 비과세 특례가 평생 1회로 제한되긴 했지만 만약 해당 주택이 모두 2019년 2월 11일 이전에 취득한 주택이라면 요건 충족 시 별도 횟수 제한없이 비과세가 가능하다. 따라서 사례의 A, B 주택이 모두 2019년 2월 11일 이전에 취득한 주택이라면 모두 거주주택 비과세가 가능하다.

재미있는 내용은 그 다음이다. 해당 주택임대사업자가 거주주택인 B를 매각하고 임대주택인 C로 이사를 갔다고 가정하겠다. 당연히 임대주택 C는 의무임대기간을 준수해야 한다. 그리고 나서 2년 거주 요건을 채우면 이제 주택 C는 임대주택이 아니라 거주주택이 된다. 이때 거주주택 C를 양도하면 어떻게 될까?

놀랍게도 결과는 똑같다. 주택임대사업자가 거주주택 C를 양도할 때 요건을 갖춘 등록임대주택(여기에서는 남은 D)은 주택 수에서 제외되며 그 결과 거주주택이 된 C는 비과세가 가능하다. 당연히 주택 C 역시 2019년 2월 11일 이전에 취득했어야 한다. 단, 등록임대주택 C는 기존 A, B 거주주택과 함께 있었기에 A, B가 비과세가 될 동안 임대주택 C의 상승분에 대해서는 '과세'를 한다. 이는 남은 임대주택 D 역시 마찬가지다.

그렇다면 계산은 어떻게 할까? 만약 주택 C라면 당초 취득가액, 거주주택 시작일, 거주주택 매각일 당시의 '기준시가'를 통해 안분계산을 진행한다. 구체적인 세액계산은 세무대리인의 도움을 받기를 권한다.

2019년 2월 12일 이후
취득한 주택만 있다면?

그렇다면 2019년 2월 12일 이후 취득한 주택이 있다면 어떻게 해야 할까? 이럴 때는 주택임대사업자 거주주택 비과세 특례 1회 그리고 남은 주택은 1주택 비과세(단, 일부만 비과세)를 노려볼 수 있다. 이를 이를 정리한 내용이 바로 [자료 7-16]이다. 모두 2019년 2월 12일 이후 취득한 주택이라고 가정할 때 먼저 주택 A는 요건만 갖추었다면 주택임대사업자 거주주택 비과세 특례가 가능하다.

그렇게 주택 A를 비과세 받고 이제 주택 B로 넘어가 거주한다. 그런 다음 주택 B를 매각하면 어떻게 될까? 등록임대주택인 C, D 주택이 주택 수에서 제외될까? 그렇지 않다. 2019년 2월 12일 이후 취득한 주택이고 거주주택 비과세 특례는 '평생 1회'로 제한되기 때문이다. 즉 다른 주택 매각 시 등록임대주택은 당연히 주택 수에 포함된다(임대주택으로 등록했다고 해서 주택 수 제외가 아니라는 사실을 꼭 기억하기

[자료 7-16] 거주주택 비과세 평생 1회 – 19.2.12 이후 취득 시

• 2019년 2월 12일 이후 취득한 거주주택
  – 최초 양도하는 거주주택에 대해 **평생 1회**로 비과세 제한
  – 임대주택을 거주주택으로 전환 시 마지막 임대주택만 **일부 비과세** 가능

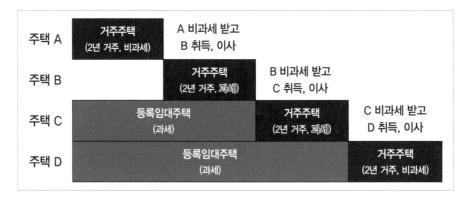

바란다).

이는 등록임대주택 C의 의무임대기간이 종료되어 해당 주택에서 2년 거주를 하더라도 마찬가지다. 여전히 D 주택은 주택 수에 포함된다. 주택임대사업자 거주주택 비과세 특례를 이미 활용했기 때문이다.

그렇다면 주택 C를 매각하고(과세) 이제 남은 주택 D에서 거주하면 어떻게 될까? 이때는 1세대 1주택 비과세는 가능할 것이다. 취득 당시 비조정대상지역이었다면 2년 보유만 해도 비과세가 가능하기 때문이다.

다만 전체 비과세는 되지 않는다. 직전주택이었던 주택 A, B, C를 매각하는 동안 [자료 7-16]의 '갈색' 부분은 과세되며 이후 주택 D 하나만 남았을 때 파란색 부분에 대해서만 비과세가 된다.

예를 들어 주택 D 가격이 10억 원이 올랐는데 갈색 부분이 8억 원이고 파란색 부분이 2억 원이라면 좋지 못한 결과가 나올 것이다. 보유 중인 주택 가격이 어떻게 될지는 모르지만 이런 큰 틀에서 흐름을 잡아가는 게 좋을 것이다.

주택임대사업자 공적 의무 사항
한눈에 파악하기

주택임대사업자 제도는 여전히 '반쪽' 제도라고 볼 수 있다. 일단 아파트 신규 등록이 불가한 상태이며 2018년 9월 14일 이후 조정대상지역에서 신규 취득하여 등록한 주택의 경우 종부세 합산배제 그리고 양도세 중과배제에서 혜택이 불가하다(종부세의 경우 과세기준일에 조정대상지역일 때만).

하지만 비아파트의 경우 요건을 갖추어 등록하면 종부세 혜택을 받을 수 있다. 이렇듯 장기 보유가 가능하다는 장점을 살려 재개발 혹은 소형주택을 통한 월세 수익형 투자를 진행하는 사람들이 여전히 주택임대사업자 제도를 활용 중에 있다.

필자 역시 이 제도를 합법적인 방법 내에서 잘 활용하는 것은 매우 좋다고 생각한다. 다만 등록임대주택은 세제 혜택과 별도로 이를 운영할 때 준수해야 할 공적 의무 사항이 꽤 많다. 특히 이러한 의무 사항을 지키지 못했을 때는 거액의 과태료는 물론 일부는 세제 혜택까지 놓칠 수 있으니 반드시 의무 사항을 꼼꼼히 알아두어야 한다.

공적 의무 사항에는
무엇이 있을까?

우선 주요 공적 의무 사항에 어떤 것들이 있는지 살펴보겠다. 주의할 점은 임대차계약 시, 계약 후 그리고 해당 임대주택을 매각할 때 체크해야 할 의무사항이 모두 다르니 그냥 통째로 외우기보다 단계별로 알아두면 더 좋다.

먼저 임대차 계약 시에는 신고 의무, 표준임대차계약서 사용 의무, 설명 의무, 부기등기 의무 그리고 보증보험가입 의무가 있다. 과태료는 세금이 아니다. 과태료를 부담했다고 세금을 내지 않는 것이 아니다. 이를 제대로 인지하지 않으면 최악의 경우 세제 혜택도 받지 못하고 과태료까지 내야 할 수 있다.

임대차 계약 후에는 5% 증액제한을 준수해야 한다. 그 외 의무임대기간 준수 및 임대차계약 유지 의무도 있다. 이렇게 임대차계약 시 그리고 계약 후 의무 사항을 잘 준수하며 운영하다 해당 임대주택을 매각할 때도 지켜야 할 사항이 있다. 바로 사전에 '양도 신고'를 해야 한다는 점이다. 필요 시 임차인 동의까지 받아야 하니 등록임대주택은 매각하기에도 참 까다로운 부동산으로 볼 수 있다. 이 중에서 특히 중요한 의무 사항을 좀 더 자세히 살펴보겠다.

5% 임대료
증액제한

5% 임대료 증액제한만큼 이슈가 많았던 항목도 없을 듯하다. 지금은 그렇지 않지만 초기에는 조문에 '연 5%'라고 쓰여 있었기에 많은 사람이 '1년에 5%니까 2년 계약이면 10%도 가능하겠네!' 하고 생각했던 적도 있기 때문이다.

하지만 당연히 그렇지 않다. 매번 계약 시 5% 이내로 증액해야 하고 주택임대차보호법상 임대차계약은 2년을 기본으로 하기에 현실적으로 2년에 5% 이내이며 도중에 임차인이 나간다면 이후 최소 1년은 지나야 이마저도 5% 인상이 가능하다. 만약 1년 미만이라면 5% 증액이 힘들다. 하지만 더 중요한 건 그 다음 내용이다.

[표 7-2] 5% 임대료 증액제한 준수 관련

구분	민간임대주택법	소득세법	조세특례제한법
대상	민특법상 공적 의무	양도세 중과배제, 거주주택 비과세 특례 등	장기보유특별공제 특례, 양도세 100% 감면 등
기준임대료	민특법상 최초 임대료 (2019년 10월 24일 이후)	2019년 2월 12일 이후 갱신된 임대차계약	등록 후 체결된 임대차계약
위반 시 불이익	과태료	세제 혜택 배제	세제 혜택 배제

* 장기보유특별공제의 경우 '처음부터' 5% 이내를 준수해야 한다(기존 등록자).

5% 임대료 증액제한은 [표 7-2]의 정리한 내용처럼 관련 법이 모두 다르다. 민특법에서는 2019년 10월 24일 이후, 소득세법에서는 2019년 2월 12일 이후가 중요하다. 해당 법에서는 과태료 그리고 양도세 중과배제와 같은 세제 혜택에 대해 각각 다루고 있다.

즉 과태료를 피하고 싶다면 2019년 10월 24일 이후 계약을 조심해야 하고 그 외 소득세법에서 규정하는 세제 혜택을 받고 싶다면 2019년 2월 12일 이후 계약을 유의해야 한다. 우리는 과태료도 피하고 세제 혜택도 받아야 하니 두 날짜 중 빠른 날인 2019년 2월 12일을 신경 써야 한다.

그런데 신경쓸 게 하나 더 있다. 바로 조특법에서 규정하는 장기보유특별공제 특례와 양도세 100% 감면과 같은 세제 혜택이다. 이중 '장기보유특별공제 특례'는 10년 임대 시 70%, 8년 임대 시 50%와 같은 장기보유특별공제 혜택을 주는 제도다. [표 7-2]에서 보았듯 이 혜택을 받으려면 '등록 후 체결된 임대차계약'이어야 한다. 즉 처음부터 5% 이내로 임대료 증액을 했어야 혜택을 받을 수 있다.

따라서 과태료도 피하고 소득세법상 세제 혜택도 받으며 조특법에서 규정하는 장기보유특별공제 혜택까지 받으려면 결과적으로 임대차계약을 맺을 때마다 5% 이내로 임대료를 증액해야 한다.

6개월 공실
괜찮을까?

주택을 임대하면 간혹 '공실'이 되는 경우가 생긴다. 등록임대주택의 경우 의무임대기간 10년이 있기 때문에 중간에 공실이 발생한다면 어떻게 대처해야 할까? 결론부터 말하면 3개월 이내 공실은 괜찮지만 이를 초과하면 전체 임대기간이 길어질 수 있다.

세법상 의무임대기간을 측정하는 시점은 ①실제 임대 중이어야 하고 ②지자체 등록은 물론 ③세무서 등록까지 완료되어야 한다. 따라서 [자료 7-17]의 내용처럼 2023년 12월부터 임대하고 있어도 실제로는 지자체와 세무서 등록까지 마친 2024년 2월부터 의무임대기간이 시작된다고 보아야 한다.

만약 중간에 2개월 공실이 생긴다면 이는 3개월 이내이므로 해당 공실 기간도 임대로 보아 별다른 이슈가 생기지 않는다. 하지만 공실 기간이 4개월이라면 전체 의무임대기간에서 4개월 더 추가로 임대해야 온전한 세제 혜택을 모두 받을 수 있다.

간혹 "6개월 공실도 괜찮다더라" 하는 사람도 있는데 이는 양도세 100% 감면 혜택 때문에 비롯된 거지 실제 6개월까지 공실 기간을 임대기간으로 인정한다는

[자료 7-17] 의무임대기간 측정 시작점

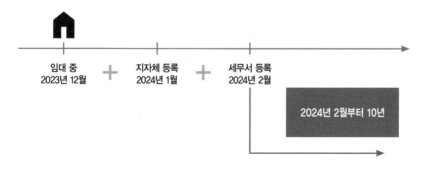

[표 7-3] 양도세 세제 혜택별 공실 기간 처리 규정

양도세 세제 혜택	공실기간 처리 규정
비과세 거주 요건 배제	–
거주주택 비과세	
다주택 양도세 중과배제	3개월 이내 공실기간은 의무임대기간으로 인정 (3개월 초과 시 공실기간만큼 추가 임대를 해야 함)
장기보유특별공제 추가 적용	
장기보유특별공제 특례 적용	
양도세 100% 감면	6개월 이내 공실기간은 계속 임대한 것으로 인정 (단, 공실기간만큼 추가 임대해야 함)

건 아니며 비록 6개월 정도의 공실이 있더라도 연속해서 임대한 것으로 보겠다는 의미로 해석해야 한다([표 7-3] 참조).

참고로 단기임대에서 장기임대로 전환한다면 2017년 9월 18일까지는 단기임대기간의 50%만 인정하며(5년 한도) 그 이후 전환 시 기간의 100%가 인정된다. 다만 의무임대기간을 경과한 후에 전환하는 경우에는 역시 기존 의무임대기간만 인정된다([표 7-4] 참조). 예를 들어 2017년 10월에 단기에서 장기로 전환했는데 단기 4년 중 3년이 지난 후 전환하면 3년 기간을 모두 100% 인정하니 나머지 5년

[표 7-4] 단기에서 장기로 전환 시

전환 시점	2014년 7월 16일 ~2015년 12월 28일	2015년 12월 29일 ~2017년 9월 18일	2017년 9월 19일 ~2020년 8월 17일
관련 법	임대주택법	민간임대주택법	민간임대주택법
전환 유형	단기 → 준공공		단기 → 장기
인정 임대기간	단기임대기간의 50%(5년 한도)		임대기간 100%(단, 의무임대기간 경과 후 전환 시 의무임대기간만 인정)

(8년 의무임대 가정)만 채우면 된다.

그런데 똑같은 경우인데 단기 4년 중 6년 임대 후 장기 전환을 했다면 비록 임대기간 100% 인정이더라도 6년이 아닌 단기 의무임대기간에 해당하는 4년만 인정된다. 따라서 남은 4년(8년 의무임대 가정)을 더 추가로 임대해야 한다.

보증보험
가입

보증보험은 주택임대사업자가 부담해야 하는 항목 중 이슈가 많은 사항에 속한다. 임차인의 보증금을 지킨다는 취지는 좋지만 이 때문에 오히려 임차인을 받지 못하는 사항도 발생한다. 그리고 보험료의 75%를 임대인이 부담해야 하는 것도 치명적이다. 심지어 임차인 중 일부는 본인이 부담해야 하는 25% 보험료에 대해서도 낼 수 없다고 반발하기도 한다.

보증보험은 가입의무가 면제되는 경우와 일부 가입을 해야 하는 경우로 나뉜다. 이중 일부 가입 시 알아두어야 하는 내용은 [자료 7-18]과 같다.

[자료 7-18] 일부 보증금액 산정과 주택 가격

일부 보증금액 산정

(담보권 설정 금액 + 임대보증금) − 주택가격 × 60%

주택가격 산정

1) 감정가액 2) 주택공시가격 × 적용비율(120~190%)

- 주택가격 상승 → 일부 보증금액 < 0 → 보증보험 가입 면제
- 주택가격 상승 → 감정가액 측면에서 유리할 수 있음(단, 수수료 발생)

주택가격의 60%보다 더 많은 담보권 설정금액과 임대보증금에 대해 일부 보증을 해야 하는데 이때 '주택가격'은 크게 감정가액으로 하거나 혹은 주택공시가격×적용비율을 반영해 산정한다. 그리고 이때 적용비율은 주택 유형별로 달라진다.

결론은 주택가격이 높을수록 유리하다(그래서 빌라 같은 경우 많이 힘들다). 주택가격이 높으면 일부 보증금액이 오히려 마이너스가 되기에 보증보험 가입이 면제되거나 그렇지 않더라도 일부 보증해야 하는 금액이 적어질 수 있으니 상대적으로 유리하기 때문이다. 예를 들어 보증금 5억 원, 주택가격이 10억 원일 때 [자료 7-18]의 산식으로 계산하면 일부 보증금액 산정 결과는 (5억-10억×60%)=(-)1억 원이 되어 보증보험 가입면제가 된다. 다만 이에 대한 내용은 임차인 동의서를 받아 관할 지자체에 제출해야 한다.

그 외 알아두면
좋은 사항들

지금까지 언급한 중요하지만 몇 가지 더 추가하면 다음과 같다.

첫째, 매각 전 반드시 '양도신고' 하기(과태료 3,000만 원)

등록임대주택을 매각한다면 양도하기 전에 반드시 '양도신고'를 해야 한다. 물론 이미 자진말소 혹은 자동말소가 된 주택은 해당하지 않지만 이를 놓칠 경우 거액의 과태료(3,000만 원)를 부담해야 한다.

둘째, 임대차계약 신고는 '계약일로부터 3개월 이내' 하기

주택임대사업자가 아니라면 임대차 신고(전월세 신고)를 계약일로부터 30일 내에 해야 하지만 주택임대사업자는 이보다 긴 3개월 안에 진행하면 된다. 다만 중요한 건 전세나 월세 잔금일이 아닌 '계약일'을 기준으로 해야 한다는 점이다.

예를 들어 전세계약서를 넉넉하게 일정을 잡아서 작성했다고 가정해보자. 2024년 7월 전세 계약서 작성 이후 2024년 10월부터 2년 동안 전세임대를 시작했다면 계약서 작성을 한 2024년 7월부터 3개월 즉 2024년 9월까지는 임대차계약 신고를 관할 지자체에서 해야 한다.

셋째, 등록임대주택은 '부기등기' 하기

주택임대사업자는 임대 중인 주택에 대해 부기등기를 함으로써 다른 임대주택과 달리 더 많은 임차인 보호 조치가 있음을 알려야 한다. 등기소에 직접 방문하든 인터넷 등기소를 활용하든 혹은 법무사 등 대리인을 활용하는 방법 등이 있다. 본인의 상황에 맞게 적절히 활용하되 임대사업자 등록이 말소되더라도 이는 자동말소가 되지 않으니 별도 말소신청을 해야 한다는 점을 기억하기 바란다.

[자료 7-19] 부기등기 사례

【 갑 구 】 (소유권에 관한 사항)			
순위번호	등 기 목 적	접 수	등 기 원 인	권 리 자 및 기 타 사 항
1	소유권보존	2015년3월1일 제200호		소유자
2	소유권이전	2018년2월2일 제100호	2018년2월1일 매매	소유자
2-1	민간임대주택등기	2019년5월4일 제101호	2019년5월3일 민간임대주택 등록	이 주택은 「민간임대주택에 관한 특별법」 제43조제1항에 따라 임대사업자가 임대의무기간 동안 계속 임대해야 하고, 같은 법 제44조의 임대료 증액기준을 준수해야 하는 민간임대주택임

제네시스박의 부동산 세금 트렌드 2025

초판 1쇄 발행 2024년 11월 27일
초판 2쇄 발행 2024년 12월 16일

지은이 박민수(제네시스박)
브랜드 경이로움
출판 총괄 안대현
책임편집 이제호
편집 김효주, 심보경, 정은솔
마케팅 김윤성
표지 및 본문디자인 유어텍스트

발행인 김의현
발행처 (주)사이다경제
출판등록 제2021-000224호(2021년 7월 8일)
주소 서울특별시 강남구 테헤란로33길 13-3, 7층(역삼동)
홈페이지 cidermics.com
이메일 gyeongiloumbooks@gmail.com(출간 문의)
전화 02-2088-1804 **팩스** 02-2088-5813
종이 다올페이퍼 **인쇄** 재영피앤비
ISBN 979-11-92445-93-9 (13320)